汪洪生新体诗歌集（第一集）

闻雁书屋诗集

The Poetry Collection of Wenyan Bookhouse

汪洪生 著

By Wang Hongsheng

美国华忆出版社

Remembering Publishing. USA

Copyright © 2025 by Remembering Publishing, LLC. USA

ISBN: 978-1-68560-170-6 (Paperback)
　　　　978-1-68560-173-7 (eBook)
Remembering Publishing, LLC
RememPub@gmail.com

The Poetry Collection of Wenyan Bookhouse
By Wang Hongsheng

汪洪生新体诗歌集（第一集）
闻雁书屋诗集

汪洪生 著

出　版： 美国华忆出版社
版　次： 2025 年 6 月 第一版 第一次印刷
字　数： 173 千字

All Rights Reserved.
No part of this book may be reproduced in any form or by any electronic or mechanical means, including information storage and retrieval systems, without permission in writing from the publisher. The only exception is by a reviewer, who may quote short excerpts in review.

作品内容受国际知识产权公约保护，版权所有，侵权必究

作者介绍

汪洪生，江苏省滨海县人，1965年6月18日生；1981年7月在滨海县中学高中毕业；1984年6月毕业于南京化工学校无机化工工艺专业；1984年7月至1997年8月在滨海县环境监测站工作，其间于1988年9月至1993年12月经成人高考参加同济大学的函授学习，1993年12月毕业于同济大学函授与继续教育学院环境工程专业，获工学学士学位；1997年9月考入同济大学环境科学与工程学院硕士生，2000年3月同济大学环境工程专业研究生毕业，获工学硕士学位，研究方向为环境评价与规划；其后在江苏省盐城市滨海生态环境局工作至今，其间自2004年4月开始参加江苏省高等教育自学考试学习，2006年6月南京师范大学文学院汉语言文学专业本科毕业。余生平雅爱诗文，出版有《华滋集》《青葭集》《芳晴集》《汪洪生诗集》（上、下册）、《汪洪生诗集二集》《汪洪生诗集三集》《汪洪生诗集贰集》《阳光书屋诗集》及《哦松书屋诗文集》，《汪洪生新体诗歌集（第一集）——闻雁书屋诗集》乃最新之诗歌作品，今结集于此，抛砖引玉，欲就教于大方之家；海内学者，幸以教我，至感尤深！今将个人信箱公布于此，欢迎指正：

wanghs200609@sina.com

序　言

灵动是诗歌的最高品质

　　夫诗言志，贵真情，无真情则不能感人，是以真情为诗歌之第一要义。灵动乃诗歌的最高品质。诗是传递和表达美感的，而美的表现方式和形式是多方面的。灵动乃空灵之同义语，与质实相对而言相比较而存在。灵动是形上的概念，质实是形下的体现。我们说，有所谓诗人之诗与学人之诗的说法；何谓诗人之诗？盖诗有别才，诗人具一种清灵之心志与心机，妙语清出，如若天籁，直从心田中发出，具击中与打动人心之妙用，此一种诗人独具之别才，清雅脱俗，许多人学不来。而学人之诗，堆积词藻与典故及学养，是皮毛之学，是质实之学，欠缺清新雅致之内涵与表现，难臻上乘，不是诗歌创作之正途与正路。衡量诗歌之好坏及成败，须从思想性与艺术性两方面去考量，若思想性与艺术性俱佳，则必定为上品；若思想性与艺术性不能俱至上乘，有一方面具突出表现，亦不失为佳作。艳词丽句，类若人之化妆，只是表象，无甚大用，只是装饰与辅助而已，不甚重要也。盖诗荷气，有清浊之分，一气运行，上天入地，若龙之行也，升腾有致；气未可用尽，嘎然而止，余音绕梁，具余力也。清者为上品，浊者为下品。灵动含空灵与清空二意，是清雅之同义词。

　　余致力于诗也有年矣，已达四十多年；博览群书，积极实践，已创作诗歌二万三千多首，积淀不可谓不深矣。而于大半生之践履实践中，渐次摸索与探索出一种新的诗歌体式，朗朗上口，基本上俱可哦唱，兼具诗、词、曲之特长，并吸取现代诗之自由化特点，形成了独具特色的新体诗歌，颇具美感之体验及美学之特征，为中国诗歌之发展开辟出一条新的路向，具广泛的发展潜力及前途。感谢美国华忆出版社提供了拙作《汪洪生新体诗歌集》系列的出版机会与荣耀，其第一集《闻雁书屋诗集》行将出版与广大的读者朋友们见面，其中定有许多缺点与不足，恳请读者朋友们及学界师友不吝斧正，余感激不尽矣！！！

  暑夜既深，清风旷来，余散坐书斋之中，写此一篇序言，简捷为上，多言何必，言下之意已具，即此搁笔为佳。再次向全球的广大读者朋友们致意，请大家多提宝贵意见，余衷心感谢矣！！！

闻雁书屋主人汪洪生
公元二零二五年六月六日晚
序于中国江苏省盐城市之滨海县

目 录

序 言　　灵动是诗歌的最高品质	I
一. 云雁祁祁	**1**
第一卷《公平集》	1
第二卷《新春集》	10
第三卷《噙香集》	20
第四卷《庐山集》	29
二. 鸿语怡怡	**39**
第五卷《上进集》	39
第六卷《和美集》	49
第七卷《扶正集》	59
第八卷《真诚集》	69
三. 秋意澹远	**78**
第九卷《春晓集》	78
第十卷《向往集》	88
第十一卷《厚道集》	97
第十二卷《吉祥集》	107
四. 人怀雅思	**117**
第十三卷《乐康集》	117
第十四卷《喜庆集》	127
第十五卷《学荣集》	136
第十六卷《秀兰集》	146

五．悠放歌唱　　　　　　　　　　156

第十七卷《瞻远集》　　　　　　　156
第十八卷《欢快集》　　　　　　　165
第十九卷《经邦集》　　　　　　　175
第二十卷《天广集》　　　　　　　184

六．礼颂上苍　　　　　　　　　　194

第二十一卷《怀仁集》　　　　　　194
第二十二卷《顺意集》　　　　　　204
第二十三卷《通达集》　　　　　　214
第二十四卷《运化集》　　　　　　223

七．修心向上　　　　　　　　　　233

第二十五卷《灿烂集》　　　　　　233
第二十六卷《辉煌集》　　　　　　243
第二十七卷《育人集》　　　　　　253
第二十八卷《振州集》　　　　　　262

八．天人康庄　　　　　　　　　　272

第二十九卷《滨海集》　　　　　　272
第三十卷《卷舒集》　　　　　　　281
第三十一卷《挺进集》　　　　　　291
第三十二卷《文焕集》　　　　　　300

九．地久天长　　　　　　　　　　310

第三十三卷《恒昌集》　　　　　　310
第三十四卷《自尊集》　　　　　　319
第三十五卷《快哉集》　　　　　　329
第三十六卷《飞藻集》　　　　　　339

一． 云雁祁祁

第一卷《公平集》

悠然心襟
       2024-9-14

悠然心襟，雅持吾之淡定。
时值暮阴，台风任从逼近。

金风旷行，宿鸟吱吱啼鸣。
灯下爽清，哦诗舒我激情。

人生奋兴，此生不为利名。
叩道之境，悟彻天人之亲。

红尘艰辛，百年生命苦境。
奋志前行，穿越艰深挺进。

爽风来动
       2024-9-14

爽风来动，暮阴苍霭重浓。
心志轻松，撰诗舒我灵动。

秋意初浓，凉快金风吹送。
雅洁心胸，男儿气象恢弘。

不为所动，名利害人无穷。
守我襟胸，淡荡晨昏清讽。

正志凌空，豪勇盈我肺胸。
踏实行动，努力济度世穷。

中秋既临近
       2024-9-15

中秋既临近，爽雅心襟。
天气又值阴，金风旷行。

散思展空灵，舒我情兴。
阖家享康平，颂神中心。

人生奋志行，穿山越岭。
回首何震惊，风光险峻。

淡泊盈心灵，体道振兴。
不畏惧艰辛，朗志挺进。

抛弃悲怅情，豁达身心。
欢愉含内心，秋春安平。

岁月走奋兴，老我霜鬓。
淡定晨昏境，骋志哦吟。

天阴时分
       2024-9-15

天阴时分，金风萧爽正宜人。
品茗意振，更写新诗适心神。

秋仲时分，万物丰盛美不胜。
赞出心身，大千世界妙无伦。

坎坷回间，人生只是客旅程。
岁月进深，华发斑苍一笑生。

路上车声，点缀世宇之平正。
感发心身，努力奋志奔前程。

中秋今正当
2024-9-17

中秋今正当，远野群蝉舒鸣唱。
天气阴晴间，总赖爽风吹奔放。

小酌真无恙，品茗情志俱增长。
小哦新诗章，一腔正气冲天昂。

人生何必讲，弹指华年演桑沧。
双鬓已斑苍，呵呵一笑也淡荡。

展眼长旷望，茂青田园真画廊。
愿展双翼翔，摩云快意万里航。

斜照清朗
2024-9-17

斜照清朗，蓝天白云漫飘荡。
东风清狂，爽我情志真无恙。

中秋正当，阖家安乐是情况。
父母健康，团圆佳节乐无上。

人生昂扬，未可久耽于安闲。
奋发向上，万里征途待辟创。

微笑浮上，情怀清新吾温让。
感发心间，哦诗舒出正意向。

云天舒朗
2024-9-17

云天舒朗，东风旷意吹畅。
休闲之间，读点诗书安祥。

落日西降，世界掩于茫苍。
感兴心间，哦诗舒发情肠。

何许嗟怅，合当奋发贞刚。
人生向上，努力克尽艰苍。

红尘无恙，大千运化流畅。
只是鬓苍，只是心地情长。

朗月生于东方
2024-9-17

朗月生于东方，暝蝉嘶鸣唱。
东风舒其悠扬，宿鸟纵飞翔。

灯下展我思想，人生正气昂。
时值中秋无恙，讴颂此秋光。

岁月多么奔放，人易变老苍。
心兴依然旷畅，不畏旅途艰。

振志舒我阳刚，迎难吾径闯。
山水阅历广长，悠悠放歌唱。

蓝天荡漾白云
2024-9-18

蓝天荡漾白云，我心爽清，
我心爽清，秋意初显分明。

电扇播送风清，适我心灵，
适我心灵，远野玄蝉嘶鸣。

雅洁是余心境，浩志凌云，
浩志凌云，脚踏实地追寻。

秋仲怡我身心，牵牛开俊，
牵牛开俊，玉簪洁白芳清。

漫天晴朗
2024-9-18

漫天晴朗，秀美白云堪欣赏。
东风流畅，写意秋光不胜芳。

心志悠扬，纵将新诗来哦唱。
秋分即将，时光飞逝吾何伤。

正志向上，人生千关已经闯。
英武襟房，力战魔敌并妖魍。

红尘艰苍，众生陷入名利网。
心怀清向，旷意田园并山乡。

秀丽白云
2024-9-18

秀丽白云，飘荡何其清新。
好风吹行，听见秋蝉嘶鸣。

我自清心，悠悠淡定品茗。
世事风云，不过缘起缘停。

岁月进行，不断老我苍鬓。
心怀雅净，陶冶胸襟清俊。

微笑浮萦，洒脱人生前行。
风雨之境，终有阳光照劲。

烈日如烘
2024-9-18

烈日如烘，白云漫飘灵动。
我自从容，清沐旷来东风。

秋意未浓，时节正届秋仲。
烂漫心胸，裁思哦诗清空。

振我襟胸，人生慷慨奋勇。
天涯恢弘，踏破山水前冲。

淡定之中，觑破世事如梦。
正直持中，修身晨昏凝重。

野蝉鸣唱
2024-9-19

野蝉鸣唱，秋阳洒照世界上。
东风和畅，大千寰宇似画廊。

振志张扬，新诗纵情以哦唱。
舒出情肠，人生正气何奔放。

心怀清昂，展眼云天长旷望。
青天无恙，朵朵白云漫飘翔。

胸襟晴朗，不惧关障奋前闯。
万里无疆，边走边歌边吟唱。

云天多情
2024-9-19

云天多情，斜照舒其光明。
秋风吹劲，爽快吾之身心。

远蝉振鸣，天空鸟飞清俊。
玉簪洁净，扁豆花开清新。

我自欢心，新诗从心哦吟。
开敞心襟，旷欲长天飞鸣。

岁月飞行，秋仲清展美景。
人生振兴，万里长途奋行。

百炼千锤之间
2024-9-21

百炼千锤之间，我已化为纯钢。
体道振兴昂扬，不惧风雨苍凉。

此际秋阴正放，金风舒其萧爽。
天气初清凉，快意心地间。

读书写诗上网，生活淡淡荡荡。
身心无机奸，努力奋向上。

修身是无止疆，道德一生讲倡。
神恩广无量，赐福万民康。

金风爽送
2024-9-21

金风爽送，斜照正浓。
心地轻松，裁思哦讽。
人生情钟，正志朗颂。
叩道持中，步履从容。

金风爽送，心志和慵。
休闲意动，淡荡心胸。
情怀灵动，名利弃空。
高蹈襟胸，契意松风。

宿鸟雅鸣唱
2024-9-21

宿鸟雅鸣唱，心志安祥。
从容哦诗章，情思旷畅。

金风正送爽，华灯点上。
清坐理思想，发为哦唱。

人生正志刚，不惧苍凉。
努力展顽强，浩志远疆。

岁月走流畅，秋分明访。
淡荡盈襟房，不取狂猖。

煦阳洒清新
2024-9-22

煦阳洒清新，秋分今日正临。
商风吹清劲，蓝天白云飘行。

我心雅开屏，休闲品味清静。
淡淡且品茗，袅起诗人意兴。

红尘是艰辛，叵耐我心坚定。
纵展志凌云，此生不图利名。

岁月度均平，风雨吾已饱经。
旷怀持雅净，淡泊秋春之境。

蓝天秀丽白云
2024-9-22

蓝天秀丽白云，雅洁吾之身心。
牵牛开妍俊，玉簪芳美清。

今日秋分正临，林野金风旷行。
清坐思无垠，哦诗复朗清。

振奋吾之心灵，人生骋志前行。
标的明于心，天涯觅风景。

流年感动余心，斑苍减却英俊。
一笑还爽净，豁怀堪可凭。

享受休闲
2024-9-22

享受休闲，中心淡淡荡荡。
秋风来旷，适我心志情肠。

煦阳洒放，妙丽白云飘荡。
生活安祥，品茗倩怀无恙。

好自慨慷，人生振志昂扬。
卑弱抛光，标举正义阳刚。

眼目明亮，因我心无机奸。
圣洁襟房，蕴涵真理奔放。

自在人生
2024-9-22

自在人生，雅持吾之纯真。
不妄纷争，不为世俗沉沦。

心志清芬，淡眼漫天云纷。
秋风清呈，爽我意兴无伦。

阖家安稳，中心颂赞神恩。
努力灵程，努力加强修身。

意取深稳，不为名利所乘。
清贫不论，清心读书晨昏。

斜照朗朗
2024-9-22

斜照朗朗，炽热闪其光芒。
云天淡荡，商风舒其狂放。

定当心间，清思聊发扬长。
叩心哦唱，写出心地情肠。

人生向上，不必计较艰苍。
磨难任放，我心坚若磐壮。

红尘攘攘，心怀未可污脏。
田园山庄，可以颐养襟房。

洒脱人生
2024-9-22

洒脱人生，雅持信念诚真。
奋发刚正，万里长途驱骋。

抛开心疼，人生淡定沉稳。
豁怀天人，叩道向上奋争。

此际秋分，夕照正展西沉。
清风吹呈，世界爽朗十分。

吐诗诚正，舒出心地清芬。
旷意生成，妙曼情志缤纷。

又闻喜鹊鸣唱
2024-9-22

又闻喜鹊鸣唱，愉悦吾之襟房。
夕照闪射余光，秋意一片苍茫。

心地情思悠长，西风吹来爽凉。
写诗舒出情肠，人生寄托感想。

今日秋分正当，和平是此寰壤。
生活秩序安常，路上车熙人攘。

清坐思发无限，正见支撑理想。
不畏风暴雨狂，努力骋志奔放。

晨鸡清唱
2024-9-23

晨鸡清唱，漫天星斗正灿光。
秋风清畅，野地蟋蟀响清靓。

早起三光，时节正届五更间。
鸟已啼唱，引我情怀起欢畅。

爽凉无恙，读书写诗复上网。
悠悠扬扬，清度岁月也安康。

神恩广长，导引人生正方向。
修心必讲，正志努力叩道藏。

夜黑华灯放
2024-9-23

夜黑华灯放，清展吾之思想。
街上叫卖唱，远际歌声悠扬。

写诗复流畅，舒出我的昂扬。
秋意展淡荡，爽快盈于襟房。

颂赞出心肠，世界美好无恙。
努力往前闯，不计烟雨苍凉。

五十九载放，赢得华发斑苍。
心境仍晴朗，喜笑眉眼之间。

妙悟心襟
2024-9-24

妙悟心襟，身心雅持朗晴。
不图利名，恒向诗书用劲。

秋日正阴，爽风其来吹行。
哦咏心灵，舒出吾之清静。

牵牛红俊，玉簪洁白芳清。
鸟语欣鸣，怡悦我之胸襟。

奋向前行，穿越山水无垠。
天涯远景，乃是希望所凝。

杨柳袅袅梳风
　　　　　　　　　　　2024-9-24

杨柳袅袅梳风，秋雨细洒清濛。
散步兴无穷，水鸟飞从容。

心性雅持中庸，不为名利所动。
清贫何足诵，淡泊盈襟胸。

人生快慰心胸，磨难任叠其重。
意志若钢耸，傲骨不随众。

哦诗雅洁清空，天际阴云正浓。
裁诗舒灵动，旷怀涵云风。

群星灿烂未央
　　　　　　　　　　　2024-9-25

群星灿烂未央，五更雀鸟啼唱。
写意秋风正清凉，早起是三光。

写诗激情张扬，舒出意志情肠。
人生努力向前闯，关山风光畅。

只是我已斑苍，霜华日渐清涨。
依然心志如铁钢，旷意去飞翔。

胸襟淡淡荡荡，原也无所遮藏。
正意支撑我襟房，浩志万里疆。

好花迎人笑
　　　　　　　　　　　2024-9-26

好花迎人笑，我自逍遥。
秋阳洒正好，蓝天云飘。

阖家康且好，清度逍遥。
神恩赐丰饶，清展微笑。

小风来骚骚，情志逍遥。
哦诗适情抱，一展洒潇。

人生奋前道，风雨逍遥。
振志发朗啸，声入云表。

云烟飘荡
　　　　　　　　　　　2024-9-26

云烟飘荡，烂漫心地间。
秋仲无恙，小风清吹旷。

我自安祥，休闲惬心肠。
读书意畅，激情入诗唱。

体味平常，名利合淡忘。
振襟之向，真理力寻访。

穿越艰苍，一笑还澹荡。
百年慨慷，男儿奋志向。

秋花舒其烂漫
　　　　　　　　　　　2024-9-26

秋花舒其烂漫，洁白玉簪，
牵牛红绽，扁豆花开紫灿。

煦阳洒照辉展，鸟飞妙曼，
云行悠澹，爽风吹来雅安。

读书写诗好玩，舒我心胆，
呼出浩瀚，人生努力扬帆。

此生履尽坷坎，一笑爽然，
正志向前，不畏困苦傲岸。

闲情释放
2024-9-26

闲情释放，暮色初展茫苍。
清风来翔，田园不尽茂昌。

秋仲正当，裁思哦咏汪洋。
情志之向，恒是天涯远方。

不取张扬，笑傲岁月风浪。
身心慨慷，男儿振志奔放。

卑媚抛光，展我英武气象。
乾坤朗朗，旷行真理天良。

暮阴无恙
2024-9-26

暮阴无恙，浓霭苍苍。
宿鸟啼唱，写意风翔。

秋仲情长，舒出感想。
小哦诗章，裁思向上。

暮阴无恙，华灯点上。
清理思想，正志奔放。

人生昂扬，迈越关障。
一笑爽朗，眉眼光亮。

早起校诗章
2024-9-27

早起校诗章，情志悠扬。
野境蟋蟀唱，鸟鼓鸣放。

此际天初亮，幼霞东方。
秋意何凉爽，心怀无恙。

人生矢向上，不畏难艰。
骋志天涯向，奋发顽强。

身心清且畅，哦歌奔放。
舒出我昂扬，舒出贞刚。

阳光清洒照
2024-9-27

阳光清洒照，世界美妙。
朗怀撰诗稿，爽风潇潇。

秋野入画稿，田园丰饶。
有鸟纵飞高，刺向云霄。

情思何娟好，诗兴勃了。
舒出正义饶，男儿洒潇。

不为名利扰，清心就好。
诗书郁风骚，振志逍遥。

清意人生
       2024-9-27

清意人生，别致雅度秋春。
哦唱晨昏，写诗舒我心身。

秋风吹骋，爽快吾意十分。
清坐思深，惜福修心奋争。

道德力遵，不为名利俯身。
人格清芬，正义积淀深沉。

努力前奔，岂惧山高水深。
旷怀无伦，标的天涯驰骋。

阳光洒照
       2024-9-27

阳光洒照，心志吾清好。
静定心窍，雅思入诗稿。

秋仲美好，小风怡襟抱。
四围静悄，养颐何其妙。

洒脱尘嚣，不为物欲扰。
持心骚骚，南山是情调。

诗书涤抱，晨昏纵哦了。
吾心潇潇，旷怀出尘表。

烈日朗照
       2024-9-27

烈日朗照，秋阳此际正骄。
爽风洒潇，涤我心志清好。

怡然情抱，向阳身心逍遥。
人生晴好，沐浴神恩笼罩。

红尘险要，吾绝不走歪道。
正义心窍，叩道正意丰饶。

世界美妙，大化运行何巧。
质朴微笑，君子人格显造。

多言无功
       2024-9-27

多言无功，何如静默守中。
斜照清送，写意旷来秋风。

我自灵动，哦诗舒出清空。
淡荡之中，履尽山水浑雄。

男儿豪勇，不为名利所动。
追求成功，追求契道恒永。

红尘汹涌，扬帆稳渡从容。
不做孬种，奋发一身刚猛。

休闲无恙
       2024-9-27

休闲无恙，淡泊情志吾安康。
享受风凉，享受静悄四野间。

人生慨慷，未可久耽于安闲。
奋发向上，矢志克去千重艰。

岁月澹荡，老我霜华何必讲。
正志之向，依然是在至远方。

红尘艰苍，爽朗情怀不退让。
攀越险嶂，大好风光展悠扬。

暝色渐苍

2024-9-27

暝色渐苍，天际霭淡漾。
小风清爽，宿鸟欢啼唱。

晚饭无恙，阖家享安祥。
父母健康，儿心喜洋洋。

秋意茫苍，展眼云淡荡。
世事评量，只是幻万象。

振志阳刚，未可卑弱放。
男儿好钢，快马扬鞭上。

夜幕笼降

2024-9-27

夜幕笼降，城市华灯灿然放。
心志莽苍，小酌之后意增长。

人生向上，未可屈于名利障。
空空尘壤，人是客旅何必讲。

情怀安祥，内叩心弦发交响。
新诗哦唱，呼出身心之张扬。

正志闯荡，不畏困苦并艰苍。
胸襟爽朗，男儿应该豪勇壮。

第二卷《新春集》

东方微熹红

2024-9-28

东方微熹红，早起兴冲冲。
晨鸡远方颂，雀鸟清啼中。
秋风写意动，爽我心与胸。
鞭炮忽嚣猛，打破宁静浓。

东方微熹红，五更甫毕中。
写诗适襟胸，淡荡吾清空。
心志入诗颂，实干显豪雄。
多言竟无功，搁笔深思浓。

东方微熹红，城市车马动。
生活守平慵，安常吾和同。
正志在云风，旷怀包宇穹。
诗书恒用功，践履道义隆。

东方微熹红，心意向谁送。
身心骋奋勇，风雨兼程冲。
患难不言痛，苟且全抛空。
独立心襟雄，愿与化同共。

喜鹊喳鸣放

2024-9-28

喜鹊喳鸣放，惬意情肠。
休闲吾无恙，仰看天壤。

蓝天青碧放，云烟淡荡。
秋风微微漾，一片爽凉。

合当振气象，男儿雄刚。
不畏惧艰苍，果敢顽强。

努力骋志向，奔向远方。
山水叠雄壮，悠放歌唱。

秋光大好

2024-9-28

秋光大好，我意裛起骚骚。
朝阳洒照，煦然是此尘表。

鸟纵鸣叫，写意风来清好。
涤我情抱，身心何其洒潇。

世界美妙，皆是真神创造。
努力前道，努力灵程扬飙。

困苦回瞧，往事遁入烟销。
未来瞻眺，依然激情盈抱。

爽意人生

2024-9-28

爽意人生，领略神恩是真。
风雨历程，磨砺我心刚正。

此际秋呈，煦阳洒照温存。
心志平正，读书哦诗意芬。

红尘滚滚，幻化桑沧成阵。
客旅行程，百度人生一瞬。

修心秉诚，叩道努力十分。
道德生成，慧目清光闪盛。

秋气犹有残燥

2024-9-28

秋气犹有残燥，总赖爽风清潇。
品茗意逍遥，朗哦新诗好。

天晴淡霭雅飘，野鸟纵飞其高。
周末休闲妙，身心俱朗好。

岁月清度洒潇，不许名利缠绕。
清贫不紧要，贵在奋心窍。

叩道征途迢迢，履尽千关险要。
绝不回头瞧，前方风光饶。

东风其来荡浩

2024-9-28

东风其来荡浩，我的心襟美妙。
喜鹊鸣声何高，惬我心志逍遥。

品茗意兴丰饶，读书怡我情抱。
朗放哦声高，愉悦度晨朝。

人生合当洒潇，生辰客旅迢迢。
不为物欲扰，清心堪可瞧。

生活步步升高，神恩何其丰饶。
悟彻是大道，正志奋前造。

胸襟淡荡

2024-9-28

胸襟淡荡，为因无执于心间。
清风来航，不尽心境之悠扬。

好秋无恙，一片田野青碧壮。
鸟纵歌唱，惬我情志也扬长。

正意之向，依然是在诗书间。
寻觅道藏，真理正道叩清昂。

展眼天壤，蓝天白云清悠荡。
远野平望，淡淡青霭妙浮漾。

适意人生

2024-9-28

适意人生，履尽险恶是真。
患难浮生，总赖神恩丰盛。

此际心芬，享受秋风清纯。
爽雅心身，哦诗热情显逞。

奋向前骋，不惧山高水深。
浊世红尘，磨砺我心纯正。

笑意清生，人生客旅行程。
天国永生，寄托希望真正。

惬意红尘

2024-9-28

惬意红尘，人生力保纯真。
苦痛历程，正好磨砺心身。

此际风逞，秋意爽雅宜人。
清坐思深，写诗舒我精诚。

自我慰问，天人大道叩证。
修心之程，向上攀登奋身。

微笑清纯，我心芳美诚正。
展眼云层，卵青天宇爽神。

雅思旷展

2024-9-28

雅思旷展，人生正志冲霄汉。
不畏艰难，不畏困苦与坷坎。

爽风来绽，秋意无限展烂漫。
牵牛芳展，妍红娇美引惊叹。

我自雅安，写诗读书意浩瀚。
矢脱庸凡，骋志叩道奋扬帆。

云天妙曼，鸟语啾啾欢非凡。
舒发心胆，哦咏情志是当然。

心志清畅

2024-9-28

心志清畅，淡眼云天长望。
秋意平康，东风旷吹奔放。

好自昂扬，人生奋马快闯。
关山无恙，饱览风光无限。

不取张扬，人生实干为上。
豪情心间，化为新诗哦唱。

情志安祥，胸怀茁壮理想。
不惧险艰，不惧巨风卓浪。

写意云风

2024-9-28

写意云风，惬意我的心胸。
秋意未浓，青野一片芳浓。

鸟掠晴空，蓝天白云飘动。
爽朗襟胸，哦诗舒出灵动。

旷怀无穷，身心远抛沉痛。
神恩恢弘，赐我阖家福隆。

奋发行动，前驱不计艰浓。
英武心胸，原也雅洁清空。

淡淡定定人生场

2024-9-28

淡淡定定人生场，不取轻狂，
不取张扬，正志指向云山间。

秋来情怀好快畅，煦煦灿阳，
洒脱风翔，写意花鸟竞奔放。

我心雅自取平康，名利捐放，
性天敞亮，骋志天涯长驱闯。

五十九载一瞬间，华发染霜，
身心清昂，振意恒是在前方。

云天风鼓快畅

2024-9-28

云天风鼓快畅，爽我情肠，
爽我意向，纵哦新诗适情肠。

蓝天清旷云翔，鸟纵飞畅，
花开妍芳，田园妙丽胜画廊。

好自清心休闲，品茗澹荡，
岁月平章，人生奋志莫稍忘。

展转世界桑沧，一笑爽朗，
身心奔放，领受神恩何浩荡。

骋志人生吾向上

2024-9-28

骋志人生吾向上，不畏强梁，
傲骨强刚，男儿卑媚全抛光。

秋风旷意来吹放，惬意情肠，
诗兴勃放，快意从心作诗行。

一点情志水云乡，胸襟坦荡，
正直阳光，力战魔敌与妖魍。

红尘客居何必讲，天国家邦，
永生无恙，蒙神引领奋前航。

随缘履历沧桑

2024-9-28

随缘履历沧桑，身心勃放，
正意平康，叩道体道昂扬。

抛开痛苦忧伤，神恩奔放，
喜悦心间，阖家领受安祥。

岁月任其激荡，稳渡安航，
万里无疆，标的天国无恙。

人生蒙恩广长，思此泪淌，
颂神讴唱，努力灵程奋闯。

人生向上

2024-9-28

人生向上，扬我贞刚。
奋发顽强，矢志闯荡。

山水无疆，我意奔放。
鼓气昂扬，万里脚量。

人生向上，难免阻艰。
神恩广长，赐与力量。

心灵清旷，力战魔帮。
凯归故乡，永生天堂。

拙正心襟

2024-9-28

拙正心襟，向阳光明。
叩道秉勤，慎用身心。

圣洁己心，灵程挺进。
穿越险境，前方坦平。

拙正心襟，淡定前行。
平和己情，振奋心灵。

披荆奋进，风雨不停。
标的心明，情志朗晴。

爽风清来开意境

2024-9-28

爽风清来开意境，
老柳摇摆多情。
呼啸声响颇动听，
胸襟怀有雅情。

写诗真快我心灵，
似有奔跳精灵。
舒出灵动之身心，
原也打动人心。

正意从来盈心襟，
远辞害人利名。
终生清贫不要紧，
贵在圣洁心灵。

努力前行风雨境，
冲决凄悲艰辛。
前路终有大坦平，
神必赐与安宁。

心志贞定

2024-9-28

心志贞定，览尽尘世浮云。
吾不惧惊，暴雨雷电经行。
朗晴心襟，领受神恩无垠。
努力前行，悠悠放我歌吟。

此际天晴，秋风爽意多情。
淡泊心境，写诗舒发心灵。
生活康平，神恩铭感于心。
灵程挺进，胜过魔敌仇兵。

奋发人生

2024-9-28

奋发人生，领略风景纯正。
灵程奋骋，胜过试炼艰深。

一笑和温，人生客旅行程。
天国永生，才是福分真正。

丰沛神恩，思此泪水不胜。
颂赞真诚，努力圣洁灵魂。

红尘滚滚，正好磨炼心身。
冲决困城，前路通达平顺。

洒脱心襟

2024-9-28

洒脱心襟，人生正意心灵。
悠远之境，才值我去追寻。

秋意爽清，旷风吹展多情。
振奋身心，读书写诗怡情。

处变不惊，人生雅秉淡定。
尘世利名，只是骗人之景。

浩志凌云，人生踏实挺进。
天涯风景，矢志力去觅寻。

人生潇潇

2024-9-28

人生潇潇，洒脱撰诗稿。
雅持心窍，质朴具风骚。

风来遥迢，身心吾清好。
体道玄妙，正志奋前道。

世界美好，桑沧变幻饶。
百年飞飘，不觉已苍老。

心犹高傲，不肯恋马槽。
努力飞啸，云天正广辽。

骋志人生

2024-9-28

骋志人生，最贵心之清纯。
不妄纷争，不为名利俯身。

淡定红尘，叩道雅具本真。
修心之程，履历迢迢艰深。

浩志生成，人生奋发刚贞。
魔敌凶狠，下定决心斗争。

努力灵程，振志风雨历程。
试炼任生，我心坚如磐正。

履历红尘

2024-9-28

履历红尘，我心空清平正。
奋发灵程，冲决艰苍困阵。

一笑爽生，神恩领受丰盛。
振志驰骋，风雨之中兼程。

岁月进深，秋仲美好清纯。
阳光洒呈，旷风吹来温存。

鸟语缤纷，点缀世宇清芬。
花开妍胜，妙美我自惊震。

心志焕发真诚
2024-9-28

心志焕发真诚，人生纵情而论。
山水越清纯，正意盈心身。

胸襟雅秉温存，男儿厚重其身。
名利抛而扔，挺志叩道诚。

清贫浑然不论，哦咏诗书晨昏。
微笑清新生，道义尽力振。

旷风吹来意芬，秋仲美好难论。
爽雅之心身，淡泊度秋春。

清美红尘
2024-9-28

清美红尘，人生未可沉沦。
振志驰骋，向上唯一指针。

世事缤纷，只是演化幻阵。
众生愚蠢，镇日利夺名争。

吾持清纯，遁向田园清芬。
坐拥书城，修心养德奋争。

岁月飞骋，老我斑苍不论。
身心纯正，眼目清新有神。

休闲休闲
2024-9-28

休闲休闲，何必镇日匆忙。
养颐应当，修身尽力加强。

淡淡荡荡，清心听取鸟唱。
风来爽凉，快我心襟意向。

红尘狂猖，众生争夺奋抢。
人格失陷，败坏身心天良。

奋志向上，领受神恩广长。
前进方向，标的天国家邦。

散思闲旷
2024-9-28

散思闲旷，激情奔涌嚣张。
风来清畅，身心倍感安祥。

秋意平旷，田野一片画廊。
老柳毵荡，鸟歌宛转奏唱。

心志无限，不为物欲所障。
性天清朗，显现湛湛天良。

努力奋闯，越过山水万方。
一笑舒畅，人生应该这样。

优雅心襟
2024-9-28

优雅心襟，纵展志向凌云。
斜照朗晴，秋仲怡悦身心。

心志康平，人生雅怀奋兴。
新诗哦吟，舒出心地激情。

坎坷艰辛，而今视作闲寻。
奋志凌云，脚踏实地追寻。

体道振兴，人生不图利名。
加强修心，颐养道德丰俊。

随缘安平
                                    2024-9-28

随缘安平，名利不必追寻。
持心静定，加强修养身心。

秋意均平，斜照朗朗清明。
快意风行，惬我心志心灵。

阖家康平，父母健康在庭。
神恩丰盈，赐福何其昌兴。

岁月进行，不必计较斑鬓。
仍怀多情，仍向往彼远景。

雅旷人生
                                    2024-9-28

雅旷人生，总持信念诚真。
淡度红尘，不妄追逐纷争。

笑意清生，豁怀自是无伦。
身心康盛，努力步履灵程。

秋仲时分，天晴风和十分。
休憩心身，写诗自我慰问。

时事纵论，大化运行自稳。
桑沧叠成，皆是幻化之呈。

振意朗吟
                                    2024-9-28

振意朗吟，舒出心志均平。
人生奋兴，展眼秋空爽清。

洒然心襟，笑傲尘世浮云。
不惹利名，不妄去乱追寻。

高蹈心灵，田园山庄怡情。
合时高吟，大风中心歌劲。

淡定身心，处世优雅空灵。
力战魔兵，还我天下康宁。

谦正心襟
                                    2024-9-28

谦正心襟，雅含着旷意豪情。
正志力行，矢志冲决彼艰辛。

神恩充盈，赐福我阖家康平。
努力前行，不惧彼试炼苍劲。

人生怀情，展转沧桑吾镇定。
高蹈心灵，诗书体道修身心。

黄昏又临，写意红尘秋意境。
爽风来行，惬我心志非常寻。

17

暝色正苍

2024-9-28

暝色正苍，心兴袅起茫茫。
宿鸟鸣唱，西天淡霞微漾。

好风流畅，秋意无限清凉。
爽洁情肠，诗意漾起无恙。

纵情歌唱，生活步入康庄。
神恩广长，心灵雅怀力量。

振志向上，不惧一切艰苍。
心怀阳光，朗晴心志奔放。

惜福人生

2024-9-28

惜福人生，力将道德修成。
奋志刚贞，原不惧怕困顿。

观此红尘，乃是幻化之阵。
名利害人，合当弃而抛扔。

骋志昌盛，君子自我约身。
加强修身，矢志济度世困。

暝色深深，华灯灿起丰盛。
晚风清纯，惬我心意十分。

哦歌诚真，舒出心志灵魂。
笑意清生，雅度淡泊秋春。

抛开心疼，过往浑不相论。
未来旅程，定然山水雄浑。

心志轻松

2024-9-28

心志轻松，雅将生活歌颂。
暝色重浓，儿童嬉戏声隆。

灯下哦讽，情怀何其清空。
圣洁心胸，矢沿灵程前冲。

世事如梦，名利究有何功。
百年飞送，斑苍不减英勇。

叩道持中，男儿一身刚雄。
谦德凝重，正志支撑襟胸。

慈悲莫忘

2024-9-28

慈悲莫忘，雅持圣洁情肠。
悲悯之间，发见真正天良。

心志阳光，罪恶尽力抛光。
修身向上，体道雄浑阳刚。

华灯灿放，城市明媚无恙。
晚风清爽，带来一片爽凉。

内叩襟房，人生秉持理想。
慧灯燃亮，烛照前路远长。

欢快人生

2024-9-28

欢快人生，灿烂是我心身。
神恩丰盛，赐福美妙无伦。

晚风吹骋，爽洁情怀十分。
灯下哦申，舒出情志真诚。

旷雅秋春，乐观世事缤纷。
淡守分寸，不妄追逐过分。

质朴心生，浑厚境界深沉。
正义刚贞，不惧风浪生成。

心志灵动

2024-9-28

心志灵动，哦咏新诗清空。
爽洁盈胸，旷欲奋飞宇穹。

人生堪讽，正意穿越雨浓。
心态晴空，不惧困厄重重。

淡泊之中，时光飞逝匆匆。
时值秋仲，晚风恣意来动。

一笑微动，豁达享此和慵。
淡定持中，矢向前路冲锋。

定志凝神

2024-9-28

定志凝神，心志雅秉清真。
远际歌声，清听如此动人。

晚风清纯，爽我心志十分。
灿放华灯，容我哦咏真诚。

坎坷人生，不必回放深深。
未来征程，鼓勇骋志奋争。

红尘滚滚，努力守护心身。
擎掌心灯，不准黑暗近身。

展我心胸

2024-9-28

展我心胸，人生正意凝重。
不惧成翁，依然持有英勇。

奋发前冲，跨越风雨艰浓。
朗晴襟胸，一生淡定从容。

光明襟中，矢沿正道奋冲。
魔敌鬼凶，全部败退匆匆。

人生凌风，正见盈于心中。
桑沧幻浓，磨炼质朴清空。

旷飞乘风，直入云霄宇穹。
百年非梦，业绩奋创恢弘。

清坐思涌，叠奏新诗哦讽。
与化同工，上进无有止穷。

第三卷《嚼香集》

人生奋争

2024-9-28

人生奋争，因有理想支撑。
风雨历程，旷雅心志生成。

此际夜深，爽风清新吹逞。
时值二更，不眠思发深深。

淡定心神，叩道自我审问。
修心征程，力胜试炼艰深。

感谢神恩，赐我阖家康盛。
讴呼真诚，努力奋行灵程。

歌声嘹亮

2024-9-28

歌声嘹亮，打动吾之情肠。
感兴升上，新诗哦咏成章。

爽雅心房，人生不忘理想。
正义阳刚，矢志力战污奸。

灵程奋闯，两军鏖战艰苍。
神亲主掌，魔敌败退逃亡。

圣洁心间，眼目凝聚慧光。
标的天堂，永生何其辉煌。

城市灯火辉煌

2024-9-28

城市灯火辉煌，我心雅靓。
此际休憩情肠，享受安祥。

清心撰写诗行，舒发情肠。
雅洁并且清芳，内蕴昂扬。

人生矢志驱闯，何惧险艰。
一切顺理成章，共缘履航。

坦腹无机悠扬，微笑浮上。
红尘不是故乡，客旅无恙。

勤俭节约乃是宝

2024-9-28

勤俭节约乃是宝，切莫丢掉，
切莫丢掉，地球资源何其少。

积德修心才为高，叩道逍遥，
叩道逍遥，万里长途奋刚傲。

红尘风云茁壮饶，未可草草，
未可草草，持心雅洁清新妙。

奋向天国之终标，努力长跑，
努力长跑，凯旋回乡何荣耀。

兴致清昂

2024-9-28

兴致清昂，雅将新诗哦唱。
晚风清凉，爽洁秋仲无恙。

容我哦唱，心中激情高涨。
人生张扬，快意心襟无量。

城市妙靓，灿放灯火华光。
路上车响，点缀生活平康。

振我情肠，思想达至远疆。
高远天堂，乃是最终标向。

慨慷心境
        2024-9-28

慨慷心境，正志放我歌吟。
人生经行，奋发当展凌云。

心怀殷殷，修身叩道秉勤。
抛弃浮云，脚踏实地前行。

大力挺进，览尽关山风云。
振奋心灵，一路悠放哦吟。

岁月进行，不觉已是斑鬓。
雅思空灵，旷怀诗意无垠。

妙悟天真
        2024-9-28

妙悟天真，心灵心志清芬。
向上力争，努力保守纯正。

抛弃心疼，沉痛暂且不论。
风雨历程，磨炼我心雅诚。

秋仲时分，夜色妙美生成。
城市华灯，灿烂未央真正。

清坐思深，恒向未来瞻骋。
高远灵程，通向天国永生。

激越人生
        2024-9-28

激越人生，淡定雅自生成。
正直立身，力保身心纯正。

丰富神恩，赐下何其馨芬。
感沛深深，讴颂发自心身。

回思人生，感发有泪生成。
起死回生，神恩丰美无伦。

此际兴奋，此际清风来奔。
此际夜深，此际情思深沉。

挺志人生
        2024-9-28

挺志人生，笑傲世俗纷纷。
力展刚正，叩道奋不顾身。

行走灵程，力战魔敌凶狠。
神恩无伦，导引正道驰奔。

试炼任生，我心磐石同等。
智慧生成，烛照光明前程。

夜既已深，睡意全无毫分。
精神提振，写诗不了兴奋。

身心雅持澹荡

2024-9-29

身心雅持澹荡，清心听取蚤唱。
四更之时间，村鸡清鸣放。

秋夜小风清凉，爽洁吾之情肠。
猫狗发清响，打破宁静祥。

醒转又复上网，写诗舒发襟房。
中心之所唱，依然是理想。

人生正见昂扬，长驱万里无恙。
风雨无法挡，铁志早成钢。

东方红霞泛

2024-9-29

东方红霞泛，引余观瞻，
引余赞叹，朝暾初出光华灿。

喜鹊旷鸣喊，悦余心胆，
写诗颂赞，好个秋仲何妙曼。

独自傲立尘寰，铁骨钢般，
与魔力战，蒙神引领奋前站。

天国家园归还，荣美非凡，
永生当然，与神同在万万年。

浓霭迷漾

2024-9-29

浓霭迷漾，心志蔼然旷。
灿烂朝阳，秋意复清畅。

牵牛妍芳，娇美真无上。
扁豆花靓，引余长欣赏。

早起情扬，新诗从心唱。
哦出昂藏，哦出气奔放。

卵青天壤，鸟儿纵飞翔。
喜鹊大唱，激越何雄壮。

体气贞刚

2024-9-29

体气贞刚，人生吾阳光。
蓬勃向上，朝气眉宇间。

散步兴旷，听见喜鹊唱。
有汗沁淌，快意心地间。

漫天晴朗，秋仲真澹荡。
心怀漫浪，新诗纵哦唱。

岁月奔放，老我似瞬间。
心志不减，少年之相仿。

情志轩昂

2024-9-29

情导轩昂，人生纵情唱。
东风舒凉，心地何快畅。

秋仲无恙，清朗洒阳光。
白云飘荡，妙丽似画廊。

激情心间，旷欲去飞翔。
高天广长，尽我张翅膀。

往事回想，不尽是艰苍。
未来瞻望，神恩赐无限。

人生安祥
2024-9-29

人生安祥，雅怀豁达情肠。
正志之向，山水跨越无疆。

秋风吹爽，惬意心襟无限。
撰写诗章，一舒快意情况。

展转桑沧，赢得心襟潇朗。
男儿豪旷，不执名利前闯。

摩云以航，快哉心地之间。
高天广长，尽我振翼舒放。

爽意人间
2024-9-29

爽意人间，金风舒旷。
灿烂阳光，洒照无恙。
心志向上，讴咏奔放。
悠悠情肠，婉转扬长。

爽意人间，神恩无限。
阖家平康，喜悦心房。
颂赞应当，立身昂扬。
前驱慨慷，持志无疆。

午后阳光鲜而靓
2024-9-29

午后阳光鲜而靓，
清坐读书哦诗章。
一曲舒发我情肠，
十分正义蕴其间。
旷畅秋风吹清爽，
感发人生费平章。
展转尘世吾不伤，
裁思道尽世苍凉。

清意人生场
2024-9-29

清意人生场，正志向上。
物欲引丧亡，合当弃放。

心地有明光，慧烛秉掌。
不畏惧险艰，迎难敢上。

世事不平常，幻变桑沧。
感概心地间，不作嗟怅。

高远是理想，情志茁壮。
努力向远方，兼程而闯。

此际秋意向，此际阳光。
此际风吹旷，此际平康。

人生奋昂扬，男儿豪壮。
冲决困与障，纵马无疆。

天气多云

2024-9-29

天气多云，天上飘幻彩云。
煦阳清俊，田野旷风吹劲。

我自多情，雅将新诗哦吟。
舒出心灵，舒出情志振兴。

裁思空灵，人生大力辟进。
困障克清，天涯风景觅寻。

坎坷艰辛，不过是一幻境。
而今康平，而今享受安宁。

野风骚骚

2024-9-29

野风骚骚，吹来何其美好。
夜色笼罩，世界清凉逍遥。

清撰诗稿，舒出人生情调。
一身洒潇，名利早已弃掉。

红尘草草，桑沧连续构造。
百度飞飙，时光旷催人老。

纵我才调，传世雅有诗稿。
正气朗傲，兼具谦贞情抱。

正志人生

2024-9-29

正志人生，心灵洒脱时分。
时值二更，清风爽来怡神。

灯下思深，逍遥情志清骋。
哦出缤纷，哦出质朴灵魂。

秋意清呈，雅洁世界无伦。
快意心身，人心自我叩问。

努力灵程，修心奋不顾身。
叩道历程，山重水复层层。

快慰心襟

2024-9-29

快慰心襟，人生享受坦平。
夜风爽清，时值三更不眠。

心志殷殷，人生奋发雷霆。
大力进行，除腐除旧布新。

秋仲多情，写诗哦出身心。
淡泊康宁，不为名利缠萦。

加强修心，人生正志凌云。
岁月进行，仍持不老心灵。

人生旷展多情

2024-9-29

人生旷展多情，哦咏身心，
体道均平，淡度秋春清宁。

此际三更风清，爽我心灵，
情志奋兴，秋夜雅享静宁。

舒出不老身心，振志凌云，
不妄追寻，一生注重修心。

俭德由来铭心，惜福康平，
神恩丰盈，悠度岁月温馨。

智慧人生
2024-9-30

智慧人生，秉持吾之纯真。
清风阵阵，四更醒转时分。

秋蛩清振，点缀安平十分。
心志生成，哦点新诗怡神。

清思人生，笑傲名利之阵。
清贫勿论，我有正志刚贞。

嗟此红尘，幻化如此迷人。
慧意心生，穿越浓雾艰深。

四围安静
2024-9-30

四围安静，秋夜此际清醒。
风来多情，爽洁吾之心灵。

有猫发情，叫声打破宁静。
有蛩清吟，唧唧颇自动听。

四更之境，心志如此清明。
写诗舒情，男儿浩志凌云。

踏实追寻，此生不计利名。
旷雅无垠，一生骨格坚挺。

哦咏真诚
2024-9-30

哦咏真诚，舒出心地清芬。
秋意渐深，四更爽凉风呈。

蟋蟀声声，惬我心志灵魂。
不眠思深，思想旷意生成。

清度世尘，不惹名利是真。
笑傲红尘，傲骨刚健清贞。

努力修身，汰去身心浮尘。
圣洁心身，叩道奋行灵程。

人生爽雅之境
2024-9-30

人生爽雅之境，辞去利名，
辞去利名，总持一份淡定。

高蹈吾之心灵，诗书用劲，
诗书用劲，哦咏新诗多情。

此际秋夜爽清，有蛩清鸣，
有蛩清鸣，打动余之身心。

悠悠是余心襟，奋志践行，
奋志践行，胸怀茁壮风云。

人生漫自多情
2024-9-30

人生漫自多情，磨难损了心襟。
依然志取凌云，一任衰减斑鬓。

红尘是有意境，太多纷扰争竞。
吾持淡雅身心，远辞无益利名。

叩道奋我心灵，保持纯真胸襟。
烂漫秋春经行，不减旷志豪情。

岁月添人奋兴，回思不必泪倾。
瞻望未来怀情，向往长天雷霆。

村鸡喔喔唱
　　　　　　　　2024-9-30

村鸡喔喔唱，五更时间。
早起吾三光，精神爽朗。

秋风吹清畅，带来凉爽。
野境蛩奏响，唧唧安祥。

聊以撰诗章，舒出昂扬。
性天吾敞亮，处世不茫。

红尘幻无恙，弹指桑沧。
华发任斑苍，情志奔放。

流年有清淌，回思故往。
旧事难商量，烟锁深藏。

未来长旷望，风云涤荡。
骋志力闯荡，山水无疆。

霾烟纵横
　　　　　　　　2024-9-30

霾烟纵横，心志重沉。
旷风吹骋，天燥犹盛。

人生前奔，山水清芬。
哦歌真诚，舒我本真。

舒我本真，身心清纯。
不妄纷争，淡定秋春。
读书晨昏，写诗丰盛。
裁思雅正，人格毕呈。

呼吸不畅
　　　　　　　　2024-9-30

呼吸不畅，皆因雾霾狂猖。
祸因推访，是因人心污脏。

吾今何讲，雅将环保讲唱。
人心向上，文明才有指望。

鸟清鸣唱，不知忧患悲怅。
小风吹翔，无奈呼吸不畅。

奋志昂扬，力将环保提倡。
人心净爽，生态才会安祥。

心志雅净
　　　　　　　　2024-9-30

心志雅净，淡眼漫天浮云。
秋日又阴，小风递来鸟鸣。

此际心清，哦咏新诗多情。
舒出心灵，舒出吾之振兴。

感发心襟，时光如此飞迅。
华发苍鬓，一笑合当淡定。

不谈利名，不准损我身心。
高蹈水云，野境怡我胸襟。

标举性灵，叩道灵程奋进。
男儿豪英，不肯屈于利名。

休憩心境，品茗袅起雅兴。
四围清静，清喜阖家康平。

心志守我平常
2024-9-30

心志守我平常，人生莫忘向上。
此际旷风畅，秋意何清爽。

那就哦写诗行，舒出我的情肠。
体道意清昂，风雨兼程闯。

岁月飞逝流畅，老我似乎瞬间。
一笑颇顽强，情怀堪平章。

野境正如画廊，天气阴晴之间。
老柳毵毵荡，风情展无恙。

爽风进行中
2024-9-30

爽风进行中，恐有时雨将送。
时既值秋仲，旷怀雅具灵动。

红尘真汹涌，演绎故事千重。
心志吾清空，哦诗激情盈中。

淡荡且奋勇，不执名利前冲。
一路风光浓，一路山水浑雄。

心志不平庸，男儿荷德凝重。
傲立若山峰，人生岂做孬种。

情志堪讽
2024-9-30

情志堪讽，人生舒我灵动。
不惧成翁，清展英武心胸。

天阴云浓，时节雅届秋仲。
清坐思涌，舒发感情浓重。

坎坷回送，惊叹人生如梦。
大化谁懂，命运铸人浑雄。

展我英勇，奋发身心前冲。
山水无穷，惬我心襟重浓。

乌云弥满天空
2024-9-30

乌云弥满天空，爽风清动。
秋仲行将雨送，燥热销融。

淡泊是我襟胸，裁思灵动。
哦出正义情浓，奋我刚雄。

男儿岂是孬种，名利弃空。
诗书骋志奋勇，诵读旷讽。

清新人生前冲，不惧险重。
优雅心志中庸，修德恒永。

有鸟飞动

2024-9-30

有鸟飞动，摩云何其从容。
长风吹送，怡悦值此秋仲。

天阴云涌，时雨行将洒送。
休憩襟胸，哦诗意兴何浓。

人生前冲，男儿果敢英勇。
不屈艰浓，奋发旷怀凝重。

恣展灵动，舒出心志如虹。
正义心胸，原不屈于恶凶。

旷怀雅正

2024-9-30

旷怀雅正，清心度此红尘。
不必竞争，共缘雅去驰骋。

淡泊心身，人生秉具真诚。
叩道奋争，百年朝夕只争。

爽风来逞，天阴秋仲时分。
哦诗怡神，情志雅淡十分。

岁月进深，心志愈加沉稳。
斑苍勿论，浩志弥满乾坤。

闷热宇中

2024-9-30

闷热宇中，宿鸟清新鸣颂。
旷来晚风，秋雨清洒从容。

舒出情浓，舒出吾之感动。
舒出清空，舒出气象沉雄。

休闲之中，情思舒展灵动。
振意哦讽，男儿是有情钟。

关山险重，难阻我往前冲。
英武襟胸，原不甘于平庸。

麻雀吱喳唱

2024-9-30

麻雀吱喳唱，晚风来航。
秋雨细洒降，减此燥亢。

灯下撰诗章，舒发感想。
人生振意向，不取狂猖。

情志向谁讲，孤旅奋闯。
持心以淡荡，不执清狂。

谦贞是情肠，好学向上。
斑苍复无妨，铁志成钢。

情志放空

2024-9-30

情志放空，叩道裁以圆融。
处缘中庸，正直一生奋勇。

神恩恢弘，赐我阖家福隆。
灵程前冲，胜过试探艰浓。

雅思盈胸，呼出正义情浓。
追求成功，追求大道畅通。

远抛心痛，人生淡泊清空。
微笑浮动，秋晚清听鸟颂。

远犬叫汪汪
2024-9-30

远犬叫汪汪，点缀世宇平康。
生活颇安祥，秋暮细雨正降。

灯下展思想，舒出人生昂扬。
不屈于艰苍，心志怀有阳光。

红尘是无恙，世界是神所创。
灵妙无法讲，骋志吾矢向上。

修心晨昏间，几微之间评量。
正直一生旷，力战恶虎豺狼。

暝色四野苍
2024-9-30

暝色四野苍，夜幕初初笼降。
城市华灯放，秋风秋雨爽肠。

哦出我奔放，哦出激情张扬。
哦出我贞刚，哦出男儿雄壮。

不畏惧艰苍，鼓勇我奋前闯。
关山越万幢，饱览大好风光。

心志骋清昂，人生向上飞扬。
微笑眉眼间，乐天知命不茫。

第四卷《庐山集》

檐前滴沥发清响
2024-9-30

檐前滴沥发清响，秋雨清洒降。
爽风其来也悠扬，快畅我襟房。

城市夜幕已笼上，华灯灿烂放。
居近市郊颇清爽，少有噪声响。

灯下清思发汪洋，心弦泻流淌。
人生正意天涯间，努力去闯荡。

平生坷坎不必讲，贵在奋志向。
纵马万里越无疆，男儿纵豪放。

秋窗风雨又生成
2024-10-1

秋窗风雨又生成，时值四更，
风声雨声，天气凉爽正宜人。

灯下不眠以思深，奋志灵程，
人生纵论，不惧艰险不畏深。

滚滚运行是红尘，名利弃扔，
高蹈心身，君子人格立端诚。

笑傲尘世吾安稳，心地净纯，
叩道奋争，弹指华年任逝骋。

骋志人生吾清好

2024-10-1

骋志人生吾清好，不走险道，
旷发逍遥，正志挥洒何刚傲。

此际秋夜清风扫，有雨来到，
爽盈襟抱，四更不眠撰诗稿。

身心雅具倩情调，南山美好，
容我洒潇，辞去名利叩大道。

诗书人生纵笑傲，尘世扰扰，
清心为要，坐拥书城度昏朝。

雅享人生

2024-10-1

雅享人生，饱经忧患是真。
唯赖神恩，赐下平安福分。

窗外风声，时刻初届五更。
秋仲风骋，寒潮袭击时分。

心志清芬，新诗容我哦骋。
舒出心身，舒出正义刚贞。

笑傲红尘，不为名利所乘。
清贫勿论，男儿气节纯正。

天值五更兮

2024-10-1

天值五更兮，窗外风声。
灯下思深兮，情志兴振。

秋仲时分兮，远野蛩振。
余心清纯兮，谁来慰问。

孤旅奋骋兮，山高水深。
神恩无伦兮，阖家康盛。

清宁心身兮，秉具真诚。
叩道奋身兮，道德力遵。

纫兰修身兮，洁美芳纯。
正志无伦兮，旷怀雅深。

沧桑成阵兮，尽力以骋。
奋行灵程兮，神恩丰盛。

晨起意浓

2024-10-1

晨起意浓，雨停风不动。
爽凉无穷，裁思哦灵动。

人生奋勇，坚决往前冲。
山水浑雄，引我心激动。

年已斑慵，情志不平庸。
振志行动，高歌颂云风。

茁壮心胸，高远至无穷。
踏实行动，追求彼成功。

爽凉秋仲

2024-10-1

爽凉秋仲，振志奋我歌咏。
清风徐送，五更甫毕之中。

灿烂心胸，雅将生活歌颂。
神恩丰隆，赐我阖家福重。

雀鸟鸣颂，打动我的心胸。
飒飒秋风，快意吾心无穷。

人声甫动，四围安静之中。
灯下思涌，激情迸发灵动。

雀鸟惬鸣唱

2024-10-1

雀鸟惬鸣唱，我意飞翔。
天色初明亮，秋仲风旷。

心志放飞扬，人生情涨。
哦出我昂扬，正义襟房。

不畏惧艰苍，不怕豺狼。
男儿挥刀枪，斩杀恶奸。

岁月染华霜，一笑爽朗。
人生试炼场，奋志向上。

体道平康

2024-10-1

体道平康，人生正志向上。
岁月飞旷，不必惧怕艰苍。

迎难敢上，男儿果敢顽强。
世事平章，总赖神恩奔放。

阴云密漾，老柳氄氄清荡。
秋风吹狂，心地一片爽凉。

休闲之间，雅将新诗哦唱。
不必张扬，淡淡定定前闯。

爽意秋风

2024-10-1

爽意秋风，愉快吾之心胸。
鸟纵飞空，自由搏击苍穹。

心志灵动，写诗舒出清空。
体道从容，不为名利所动。

雅淡襟胸，向往水云松风。
活泼意浓，奋志万里矢冲。

斑苍惜重，淡然一笑凝重。
人生非梦，业绩力创恢弘。

云天澹荡

2024-10-1

云天澹荡，心志此际安祥。
鞭炮震响，生活热闹瞬间。

商飙鼓荡，野境清新鸟唱。
清展思想，人生正意昂扬。

容我闯荡，自由搏击天苍。
风雨任狂，我心我意贞刚。

展眼旷望，天际淡霭浮漾。
心事浩广，却向何人演讲。

散淡情肠

2024-10-1

散淡情肠，原也雅具安康。
金风送爽，快意盈满人间。

我自慨慷，新诗纵情哦唱。
正意奔放，人生旷舒扬长。

休闲无恙，品茗惬意增长。
不屈艰苍，人生迎难敢上。

朝阳舒光，秋野真如画廊。
鸟歌激昂，奋飞直插天壤。

心志阳光

2024-10-1

心志阳光，人生正义情肠。
此际休闲，此际心襟敞亮。

灿烂朝阳，洒照清光无恙。
秋意澹荡，商风骋意吹旷。

我自昂扬，新诗连踵哦唱。
舒出奔放，舒出吾之贞刚。

红尘攘攘，心系水云之乡。
利名弃放，情怀田园松岗。

一夜雨打风狂

2024-10-1

一夜雨打风狂，此际商飙犹荡。
雨霁天晴朗，蓝天白云旷。

假日休憩情肠，雅将新诗哦唱。
激越且清昂，人生正气壮。

岁月添人感想，悠悠咏出澹荡。
名利害人肠，吾已弃精光。

乡野正如画廊，鸟歌舒其奔放。
神恩吾清享，颂赞理应当。

铁锤敲击丁当

2024-10-1

铁锤敲击丁当，工人作工正忙。
汗水不白淌，创造展辉煌。

此际秋风正畅，蓝天清显澹荡。
假日享清闲，纵情哦诗行。

阖家享受平康，神恩赐下茁壮。
颂赞出心房，灵程奋力闯。

清思旷发扬长，正见支撑理想。
情志勃勃放，昂首向前方。

拙正人生疆场

2024-10-1

拙正人生疆场，意气风发昂扬。
清度尘世间，人格最为上。

小酌微醺无恙，诗意越发增长。
清对秋风旷，浩志云霄间。

展眼田园画廊，生活步步向上。
正志作导航，人生奋前闯。

不畏困难苦艰，我有贞志如钢。
红尘寄居间，叩道恒奔放。

人间不是天堂

2024-10-1

人间不是天堂，多有苦痛深艰。
修行理应当，胜过试炼障。

红尘熙熙攘攘，众生多有失陷。
名利肆狂猖，杀人无止疆。

吾持清心情肠，正志水云之间。
诗书奋清昂，养德力向上。

百年飞逝迅忙，不计华发斑苍。
客旅人世间，灵程努力闯。

骋志阳光

2024-10-1

骋志阳光，心灵蓬勃向上。
秋日煦阳，洒照何其辉煌。

长风吹旷，白云悠悠飘翔。
休憩之间，情思入诗哦唱。

不取狂猖，人生定定当当。
努力闯荡，力战吃人豺狼。

洒脱心向，不执名利之障。
性天敞亮，慧意内蕴广长。

煦阳普照

2024-10-1

煦阳普照，心志此际清好。
商飙正饶，蓝天白云飘飘。

闲适情抱，品茗振意洒潇。
撰写诗稿，舒出吾之逍遥。

人生晴好，奋发叩求大道。
朗意风标，诗书一生笑傲。

未许胡搞，修身养德首要。
正道迢迢，风雨兼程奔跑。

爽朗人生

2024-10-1

爽朗人生，心志挥洒刚贞。
奋不顾身，鼓舞情志前骋。

山高水深，显我英勇沉稳。
神恩丰盛，导此步步灵程。

秋仲风盛，淡泊情思生成。
哦诗清芬，如兰如蕙之纯。

芳洁人生，努力加强修身。
物欲弃扔，享受清贫安分。

休憩心襟

2024-10-1

休憩心襟，人生胡不静定。
世事纷纭，吾守内心清静。

大化运行，演绎故事幻境。
人生前行，勿为名利分心。

加强修心，努力叩道挺进。
百年飞迅，莫被物欲牵引。

红尘惊心，正邪搏击拼命。
持正守心，力战魔敌妖兵。

闲暇之间
2024-10-1

闲暇之间，内叩自己天良。
洁净情肠，原也内蕴慧光。

污秽抛光，圣洁心灵清芳。
体道清昂，矢沿正路闯荡。

红尘艰苍，沧桑幻无止疆。
人生不长，百年匆若瞬间。

奋往天堂，求取永生之场。
幸福无疆，共父万年久长。

爽朗秋风振意向
2024-10-1

爽朗秋风振意向，心地情长，
心地情长，能不新诗纵哦唱。

清意勃发化诗行，字里行间，
字里行间，赤子之心在跳荡。

红尘气焰放万丈，名利嚣猖，
名利嚣猖，杀人胜过彼刀枪。

清心挺志水云乡，洁净情肠，
洁净情肠，皎若月光之相仿。

秋光大好
2024-10-1

秋光大好，雅怡吾之情抱。
风来骚骚，白云漫自流飘。

心志清好，洒脱憩此尘表。
不取高傲，谦贞向阳情操。

红尘扰扰，履尽太多险要。
神恩丰饶，赐我阖家康好。

努力前道，不惧风云骚扰。
风雨嚣嚣，容我奋志奔跑。

不必过度操劳
2024-10-1

不必过度操劳，随缘任运就好。
一任风雨萧骚，坚守清贞情操。

红尘洒洒飘飘，人生转瞬就老。
心志奋发刚傲，坚持正直不倒。

此际斜阳朗照，远际歌声清潇。
清坐思绪逍遥，写诗热情娟好。

岁月飞逝如飙，往事无法寻找。
坚持真理正道，守护心灵首条。

力战魔军

2024-10-1

力战魔军，守住素朴寸心。
红尘惊心，两军对垒拚命。

努力前行，神恩丰富丰俊。
魔敌败临，逃遁消失无形。

圣洁己心，奋沿灵程挺进。
叩道均平，正直一生是凭。

无机心襟，显现天良清净。
步步为营，终将抵达天庭。

喜鹊清鸣唱

2024-10-1

喜鹊清鸣唱，引起吾之遐想。
岁月真流畅，又到秋仲之间。

斜照展辉煌，流风恣意鼓畅。
清爽心地间，雅将新诗哦唱。

得意莫狂猖，清守谦贞情肠。
向学奋志向，沉潜诗书无恙。

人生贵思想，正见支撑理想。
秋春度安祥，不惧风雨苍凉。

妙运思想

2024-10-1

妙运思想，人生正志强刚。
不惧风浪，不惧凄雨苍凉。

笑傲桑沧，贞洁自守安祥。
清贫何妨，我有正义情肠。

年渐斑苍，一笑颇自爽朗。
叩道向上，悟彻天人之间。

骋意奔放，正直一生是尚。
不惧艰苍，力战恶虎凶狼。

人生未许猖狂

2024-10-1

人生未许猖狂，谦虚谨慎为上。
叩道之路漫长，努力长途驱闯。

人生已近夕阳，更应奋发图强。
未可随风逐浪，清贞自守向上。

红尘太多艰苍，我心一笑爽朗。
力战虎豹豺狼，还我天下平康。

神恩无比广长，赐我心灵力量。
奋沿灵程闯荡，荣归天国故邦。

呵呵一笑温存

2024-10-1

呵呵一笑温存，人生奋志刚正。
冲决一身困顿，努力灵性旅程。

秋风清扫正逞，黄昏落日温存。
长天澹荡云层，生活平安和稳。

清坐思发深沉，哦歌热情显呈。
不屈世事红尘，傲立铁骨铮铮。

淡荡盈我心身，感佩丰富神恩。
步履前面旅程，风云壮阔无伦。

人生情志娟好
2024-10-1

人生情志娟好，舒展吾之逍遥。
哦诗洒潇，黄昏清妙，
秋风其来骚骚。

旷展身心逍遥，奋发广长前道，
关山险要，风光美妙，
惬我心志无二。

总持吾之心窍，乐叩清美大道。
清贫风骚，正义刚傲，
前驱不屈不挠。

田园展其美妙，老柳随风舞摇。
雀鸟飞高，野禽鼓叫，
我心开怀大笑。

不可急功近利
2024-10-1

不可急功近利，静守淡定氛围。
此时秋夜正催，二更灯下思维。
人生奋斗唯美，努力舒发心扉。
正志向前旷飞，越过山水纯粹。
标的天国芳菲，永生福分妙丽。
哦诗聊舒心肺，清展心灵之美。
不惹世俗是非，守定中心之维。
万事共缘而随，不可急功近利。

率意情肠
2024-10-1

率意情肠，人生正义向上。
履尽险艰，而今坦平情况。

心志清昂，读书写诗上网。
抓紧时间，转眼叠变桑沧。

内叩襟房，发见真光清亮。
高远志向，支撑吾之理想。

奋发闯荡，不惧山高水艰。
不回头望，前路无限远长。

正志凌云
2024-10-1

正志凌云，不惧旅途艰辛。
奋力挺进，努力开拓意境。

二更正临，秋夜如此之清。
灯下哦吟，舒出人生振兴。

自我调停，时间切须抓紧。
岁月飞迅，人生转眼衰鬓。

大千旷运，道德尽力遵循。
正直身心，不可苟且因循。

人妖颠倒
2024-10-1

人妖颠倒，世界太多瞎搞。
神恩广饶，奋志力斩魔妖。

心志不傲，谦贞一生力保。
穿越险要，前方风光美妙。

此际思俏，雅思哦入诗稿。
激情写照，莫忘淡定心窍。

秋风清绕，二更宁静美好。
灯下思饶，旷想古今逍遥。

磨难人生

2024-10-1

磨难人生，奋志吾刚贞。
苦痛任深，傲骨更铮铮。

奋力相争，不屈服世尘。
名利弃扔，高蹈吾心身。

心痛抛扔，沉默更沉稳。
努力灵程，挥洒吾纯正。

世风不论，修心迢迢历程。
质朴心身，淡定清心端正。

扬眉吐气人生场

2024-10 1

扬眉吐气人生场，步履康庄，
步履康庄，一生总蒙神恩壮。

此际灯下畅思想，激情张扬，
激情张扬，讴颂不尽神恩壮。

前驱灵程奋慨慷，力战魔帮，
力战魔帮，胜利凯歌讴雄壮。

夜黑二更秋风爽，意志扬长，
意志扬长，瞻眺未来雄心壮。

心志守平常

2024-10-1

心志守平常，不卑不亢。
人生信步间，万水千嶂。

此际我思想，激情嚣张。
旷意哦诗行，一泻流淌。

中心之意向，恒在远疆。
步履迈坚壮，风雨兼闯。

不畏惧险艰，迎难敢上。
迎接大辉煌，神恩茁壮。

喜悦心地间

2024-10-1

喜悦心地间，人生扬长。
淡泊情志放，立身昂藏。

不忘我理想，正志强刚。
努力以驱闯，雄心正壮。

好汉不易当，铁骨贞刚。
旷怀有包藏，天地玄黄。

秋风清吹翔，一片凉爽。
意志早成钢，风雅不忘。

情志悠扬

2024-10-1

情志悠扬，清听音乐流畅。
动我心房，哦诗顺理成章。

激情张扬，旷欲奋飞无疆。
坦坦荡荡，人生正志昂藏。

悠悠扬扬，岁月如花之放。
秋仲之间，惊叹时光之殇。

男儿向上，修身养德尽量。
勿使碍妨，名利尽量抛光。

玄妙心地间

2024-10-1

玄妙心地间，奋志向上。
人生有力量，灵程奋闯。

时光畅飞翔，老我瞬间。
惊叹无用场，珍惜时间。

修身吾尽量，体道昂扬。
穿越关山障，悠放歌唱。

红尘非故乡，天国家邦。
努力回归向，荣美天堂。

人生务须厚重

2024-10-1

人生务须厚重，奋发向上勇猛。
身心勿使滞重，清心才能畅通。

红尘太过汹涌，大化运行穷通。
理想支撑心胸，人生未可平庸。

茁壮是我襟胸，正意何其芳浓。
不为艰险所动，奋心穿越雾浓。

光明存留心中，天国仰望敬崇。
努力奋发行动，回归故邦光荣。

大好秋光

2024-10-1

大好之秋光，旷使余欣赏。
灯下哦激昂，舒发感想。

中心好漫浪，正见与理想。
努力向前闯，雄心贞壮。

向上尽力量，畅意以飞翔。
人生标的放，荣归故邦。

天国美无疆，永生福何康。
共父万年长，妙难思量。

二. 鸿语怡怡

第五卷《上进集》

华年菲芳
2024-10-2

华年菲芳，弹指一瞬间。
人渐老苍，心志仍健壮。

纵我慨慷，不畏惧艰苍。
男儿豪放，鼓勇骋志上。

秋日朝阳，散布彼明光。
和煦心间，振志作讴唱。

人生不狂，谦贞兼淡荡。
百炼成钢，磨难任成行。

人生雅持感动
2024-10-2

人生雅持感动，烂漫是此晴空。
白云曼飞动，清爽走秋风。

休憩心襟清空，人生不惧成翁。
笑意展灵动，修身振襟胸。

流年飞逝何猛，斑苍心志凝重。
不肯随世风，正直立如钟。

世事任缘去动，大化谁人真懂。
百年并非梦，奋沿灵程冲。

云飞淡荡
2024-10-2

云飞淡荡，旷野白鹭漫飞翔。
小风清畅，惬人秋意雅无恙。

黄昏之间，清坐旷展我思想。
一点情肠，原也清新雅无量。

舒展奔放，裁心哦诗正激昂。
世事平章，起承转合似文章。

心志安祥，人生雅怀着理想。
矢志向上，不畏风雨不畏艰。

流年雅堪欣赏
2024-10-3

流年雅堪欣赏，情思悠扬。
旷发贞志情肠，努力向上。

此际五更之间，早起三光。
灯下清展思想，一舒扬长。

振志纵我慨慷，雅怀向往。
正气心地之间，人生茁壮。

不畏前路险艰，果敢顽强。
淡荡身心奔放，力战豺狼。

淡泊心志平康

2024-10-3

淡泊心志平康，挥洒奔放。
秋仲美好安祥，野境蛮唱。

此际天犹未亮，五更无恙。
清心理我思想，发为哦唱。

那就舒出情肠，展我昂扬。
人生正义强刚，骋志遐方。

红尘未为故乡，客旅扬长。
不为物欲所障，性天清凉。

情志人生场

2024-10-3

情志人生场，正气何壮。
骋志以飞扬，冲决艰苍。

男儿是好钢，百炼茁壮。
身心持雅靓，无机襟房。

履尽是艰苍，心犹爽朗。
不畏惧豺狼，提刀敢上。

一笑也安祥，澹荡心间。
正直奋志向，万里驱闯。

人生正意作导航

2024-10-3

人生正意作导航，风雨任壮，
标举理想，努力骋志旷飞扬。

心地时有痛与怅，努力抛光，
正志昂扬，一生神恩领茁壮。

而今斑苍吾何讲，情志悠扬，
身心慨慷，不屈不挠往前闯。

远野村鸡又啼唱，五更之间，
情志清旷，哦咏新诗何快畅。

人生快马容我闯，关山叠障，
心志强刚，览尽风光之清苍。

爽然一笑真无恙，矢志向上，
叩道无疆，心田心地有明光。

人生未须紧张

2024-10-3

人生未须紧张，合当骋志悠扬。
信步人生场，风云任茁壮。

五更鸟语宛唱，秋风清扫奔放。
早起意扬长， 雅奏新诗行。

听取荒鸡之唱，享受心地安祥。
叩我之襟房，正气原昂扬。

展转尘世疆场，身心叠遭伤创。
神恩广无量，起死回生壮。

休养身心

2024-10-3

休养身心，不必镇日费哦吟。
听听鸟鸣，享受风来之雅清。

红尘惊心，叵耐我心持镇定。
名利云云，只是骗人之奇景。

淡定心襟，休闲养生实要紧。
斑苍之境，不必过于去拚命。

自我调停，加强修养我身心。
清雅心境，值得一生去推行。

别致人生

2024-10-3

别致人生，力保吾之纯真。
神亲慰问，导引步步灵程。

圣洁心身，努力叩道驰骋。
山水丰盛，悠悠放我歌声。

红尘滚滚，清度客旅人生。
秋仲时分，休闲惬意生成。

清风来振，听见鸟语纷纷。
斜晖朗逞，白云秀丽缤纷。

休闲无恙

2024-10-3

休闲无恙，远际正嘹歌唱。
心地情长，能不把诗吟放。

品茗意涨，诗意中心酝酿。
读书清香，身心逸意扬长。

阖家平康，神恩领受茁壮。
奋发向上，未可止于安闲。

展眼旷望，秋野画廊相仿。
白云飘荡，烂漫自由飞翔。

金风舒爽

2024-10-3

金风舒爽，湛蓝天宇漂亮。
白云飘翔，野禽鼓唱飞旷。

妙美天堂，人间乐土此邦。
秋仲安祥，体道裁思奔放。

哦咏诗章，舒出人生昂藏。
奋发意向，一腔热血鼓荡。

正义情肠，原不含有污脏。
圣洁襟房，修身养德向上。

清新展夕照

2024-10-3

清新展夕照，无限美好。
写诗适情抱，舒出逍遥。

人生吾晴好，风雨经饱。
唯赖神恩饶，平安显造。

红尘是扰扰，名利弃抛。
清心吾洒潇，正志奋跑。

关山越险要，天涯朗造。
百年有终标，天国无二。

天日苍茫

2024-10-3

天日苍茫，人生感兴雅放。
哦咏诗章，哦出正义襟房。

心襟激荡，向上奋我力量。
关山险壮，男儿骋志阳刚。

中心阳光，冲决黑暗之障。
万里无疆，天涯矢志闯荡。

一笑爽朗，傲骨撑住天纲。
世界神创，不许鬼魅狂猖。

人生昂扬

2024-10-3

人生昂扬，骋志恒在远方。
步履强壮，风雨无法阻挡。

岁月奔放，不惧老之来访。
信步之间，已越万水千嶂。

红尘无恙，天人大道通畅。
贞定情肠，叩道体道向上。

我心安祥，不为名利起浪。
淡淡荡荡，矢向天涯驱闯。

独立人生

2024-10-3

独立人生，思想清新生成。
苍凉浮生，磨砺意志刚正。

一笑清生，豁怀自是无伦。
淡荡心身，云水胸中荡存。

柔和清芬，君子人格育成。
向上力争，不屈虎狼之阵。

丰沛神恩，导引吾之灵程。
天国永生，何其丰美妙胜。

清裁志向入诗章

2024-10-3

清裁志向入诗章，
人生哦出昂扬。
情志烂漫心地间，
不畏旅途险艰。

五十九载逐飞浪，
履尽痛苦深艰。
神恩赐下何奔放，
领受平安吉祥。

淡定人生之疆场，
风风雨雨何妨。
迎难敢于奋发上，
克敌制胜强刚。

秋来心事费平章，
哦咏舒出悠扬。

展转桑沧一笑昂，
独立傲骨贞壮。

三更校诗章
2024-10-4

三更校诗章，激情张扬。
正意雅舒放，凭心细详。

四围安静间，小风流畅。
秋仲何清爽，惬我情肠。

人生怀力量，振志前闯。
山水雄浑放，悦我襟房。

五十九载间，赢得斑苍。
情思仍悠扬，贞怀何刚。

人生雅具力量
2024-10-4

人生雅具力量，正义情肠。
向上尽我心量，体道平康。

秋夜三更之间，清放思想。
中心正见昂扬，达至遐方。

不为物欲侵妨，性天清凉。
我心定定当当，修心奔放。

几微之间衡量，情思娟放。
一生阔大无疆，胸怀寰壤。

早起五更兮
2024-10-4

早起五更兮，精神振奋。
灯下思深兮，没有鸟声。

岁月进深兮，秋仲时分。
爽雅心身兮，振志人生。

奋力以骋兮，山高水深。
英武以奋兮，志包宇城。

红尘滚滚兮，吾今何论。
一笑爽神兮，默不作声。

朝霞灿烂于东方
2024-10-4

朝霞灿烂于东方，瑰丽无疆。
林野小鸟复鼓唱，欢快昂扬。

早起吾持以雅靓，衷心讴唱。
新诗舒出我情肠，无机淡荡。

秋仲美好真无恙，小风来爽。
痛快身心持奔放，旷欲飞翔。

人生不计彼坎苍，迎难敢上。
万里征程任险艰，一笑爽朗。

朝暾初出兮灿华光
2024-10-4

朝暾初出兮灿华光，
大地人民兮喜洋洋。

秋仲美好兮且安祥，
野禽鼓唱兮讴奔放。

向学情肠兮奋激昂，
正直人生兮振志向。

不畏险难兮不畏艰，
努力前骋兮尽力量。

爽意人生
2024-10-4

爽意人生，总赖信仰诚真。
叩道历程，容我奋不顾身。

此际朝暾，此际青霭浮逞。
此际鸟声，此际清风慰问。

秋仲时分，心志平和生成。
读书意振，朗哦声入云层。

努力前奔，越过山水丰盛。
丰沛神恩，导引吾之人生。

心志吾平正
2024-10-4

心志吾平正，人生振意云层。
旷雅纵生成，新诗哦咏兴奋。

感谢神之恩，赐我阖家平顺。
奋志走灵程，胜过试炼艰深。

朝日灿烂呈，蓝天白云飘纷。
秋风爽意神，鸟语欢快啼振。

牵牛红妍盛，惬我心意十分。
休闲淡荡生，展眼旷望云层。

惬意红尘
2024-10-4

惬意红尘，许我淡泊生成。
名利勿论，诗书清栽哦芬。

秋仲时分，商风吹来萧冷。
清思人生，旷怀无比纯正。

努力前程，修心正意秋春。
养德晨昏，情系水云乡村。

白云流奔，野境鸟语温存。
自我慰问，品茗休憩心身。

人生易老
2024-10-5

人生易老，惬意秋风扫。
重阳近了，簪菊欲登高。

喜鹊鸣叫，我欲开怀笑。
品茗意俏，激情哦诗稿。

正志洒潇，不为名利扰。
清心为要，叩道乐逍遥。

雅持襟抱，奋力辟前道。
山水丰标，真理力寻找。

和气心地间

2024-10-5

和气心地间，人生正志昂扬。
秋意正平旷，灿烂洒此朝阳。

身心俱平康，雅将新诗哦唱。
努力奋前闯，关山风光悠扬。

信心百倍强，力沿灵程向上。
胜过试炼艰，力斩鬼魅妖魍。

体道吾无恙，休闲情志增长。
听见喜鹊唱，我心激越奔放。

蓝天秀变白云

2024-10-5

蓝天秀变白云，正志中心。
秋意无限清平，怀情哦吟。

牵牛开得妍俊，引我倾心。
重阳时节已近，时光惊警。

休闲好自开心，旷雅品茗。
人生淡淡定定，心志爽清。

合当振志前行，不耽安宁。
男儿旷怀雄心，志取凌云。

爽风进行

2024-10-5

爽风进行，无妨心志静定。
阴晴不定，我意旷展空清。

休闲之境，悠悠情志清俊。
向阳心襟，雅怀浩志凌云。

人生挺进，穿越山水无垠。
展转艰境，赢得意志铁凝。

红尘多辛，苦我大块经营。
奋向天庭，求取永生福盈。

正意清度人生场

2024-10-5

正意清度人生场，心须定当，
心须定当，不为名利而奔忙。

秋仲天气真无恙，爽风清旷，
爽风清旷，鸟语清新且悠扬。

人生骋志在遐方，不畏险艰，
不畏险艰，傲岸男儿奋前闯。

五湖归来何所讲，情系澹荡，
情系澹荡，修心养德启无疆。

人生未可过劳

2024-10-5

人生未可过劳，保守身心重要。
身心保养好，才能行远道。

此际秋风萧萧，不幸连日感冒。
休憩吾雅骚，养颐实重要。

努力奋行远道，山水履历迢迢。
艰险不重要，贵在奋心窍。

红尘徒是扰扰，清心叩求大道。
正气何朗傲，力战邪与妖。

不思不想
　　　　　　　　　　2024-10-5

不思不想，一任时光流淌。
心志安祥，休闲养颐无恙。

情怀澹荡，中心不起波浪。
正义情肠，终生清贫何妨。

寻觅慧藏，架上诗书成行。
晨昏哦唱，舒出人生昂扬。

天阴风旷，秋仲听取鸟唱。
写意尘壤，正似妙美画廊。

秋风萧骚兮
　　　　　　　　　　2024-10-5

秋风萧骚兮，容我裁思清好。
阴晴不定兮，云烟流变飘飘。

内叩心窍兮，人生情志雅好。
拙正弃巧兮，叩道体道逍遥。

人生奔跑兮，山水越尽丰标。
回首长瞭兮，烟霭锁住故道。

扬心洒潇兮，冲决艰苍困扰。
心志不傲兮，谦贞一生力保。

俊朗人生
　　　　　　　　　　2024-10-5

俊朗人生，历尽风雨凄深。
努力前骋，叩道奋不顾身。

观此红尘，正好磨炼心身。
男儿刚正，不卑不媚立身。

笑意清生，豁雅情怀无伦。
感沛神恩，赐下如此丰盛。

秉持真诚，尽力加强修身。
道德敬遵，力战邪恶凶狠。

暮色清凝
　　　　　　　　　　2024-10-5

暮色清凝，雀鸟悒啼鸣。
灯下思清，新诗雅哦吟。

秋风清劲，爽我身与心。
淡淡定定，人生奋前行。

阖家康平，神恩感于襟。
颂出心灵，灵程奋挺进。

不计艰辛，不计我苍鬓。
努力振兴，叩道吾秉勤。

暮阴时分
　　　　　　　　　　2024-10-5

暮阴时分，宿鸟欢快啼纯。
心志生成，激情盈满周身。

奋发刚正，哦诗清雅无伦。
质朴心身，体道用道精准。

滚滚红尘，磨炼意志十分。
如钢之纯，男儿豪勇前骋。

感谢神恩，赐福无比丰盛。
讴出心身，努力前面灵程。

立身应能贞定

2024-10-5

立身应能贞定，
随风逐流可不行。
洒脱是我身心，
笑傲尘世之风云。

一笑如此淡定，
名利抛弃且抛清。
正志雅洁凌云，
身心若松之虬劲。

人生领受艰辛，
苦尽甘来吾何云。
裁出空灵身心，
颂赞神恩之丰盈。

岁月催人警醒，
不可贪恋红尘境。
人是客旅之行，
标的务须明于心。

天国一生仰景，
力战魔敌奋前行。

胜过试炼之凌，
神赐平安福分匀。

灯下思展殷殷，
哦诗吐出我激情。
男儿独立清宁，
傲骨支撑天之青。

人生踏实前行

2024-10-5

人生踏实前行，穿越崇山峻岭。
不必计较艰辛，红尘不唯险境。

神赐平安心领，灵程奋发挺进。
战胜凶恶之兵，凯歌响彻寰境。

笑意清新爽俊，得胜荣归天庭。
永生福分无垠，共父万年均平。

敞开吾之身心，讴颂神之恩情。
起死回生何俊，新的生命丰盈。

千锤百炼始成钢

2024-10-5

千锤百炼始成钢，
人生骋尽顽强。
此际心志正清昂，
悠悠把诗吟唱。

秋夜远际歌声响，
撩动吾之襟房。
人生感慨心地间，

47

化为新诗哦唱。

红尘艰苍不必讲，
人人均知其详。
奋发意志之强刚，
远抛卑媚伪奸。

修身上进无止疆，
圣洁自己情肠。
百年飞度真苍茫，
务须珍惜韶光。

秋意渐深

2024-10-5

秋意渐深，正值晚凉时分。
灯下思振，远际悠响歌声。

岁月进深，斑苍日渐加盛。
一笑和温，人是客旅行程。

尽力修身，污秽矢志抛扔。
圣洁精诚，叩道体道奋骋。

山水险胜，惬我情志十分。
豪勇心生，不畏艰苦困顿。

雅知吃亏是福分

2024-10-5

雅知吃亏是福分，
人生步履前程。
莫为名利所侵损，
努力端正心身。

一生感谢天父恩，
导此丰美灵程。
力战魔敌之凶狠，
圣洁自我心身。

万里迎难吾奋骋，
风风雨雨不论。
坎坷艰辛一笑生，
男儿豪勇刚贞。

五十九载是飞骋，
而今斑苍生成。
回思人生吾何论，
衷心颂赞父神。

孝敬是人伦之本

2024-10-5

孝敬是人伦之本，
报答不尽父母恩。
生我养我以成人，
并且起死回生。

秋夜灯下清思生，
从容哦诗吐清芬。
远际歌唱撩心神，
惬我心志十分。

纵论历史之驰骋，
唯赖丰沛之神恩。
导引历程美不胜，
起承转合妥稳。

世界善恶摆成阵，
魔敌骋尽其凶狠。
天父亲自临战阵，
圣徒凯归圣城。

新天新地美无伦，
义人才可进入城。
共父万年恒是春，
永生福乐丰盛。

雅思从心而生成，
化为新诗泉涌喷。
舒出正义与热忱，
展我清新灵魂。

第六卷《和美集》

子夜时分
2024-10-6

子夜时分，校诗心志温存。
细细推审，努力做到精准。

人生纵论，学习是吾本份。
积淀良深，哦诗倾注热忱。

斑苍生成，淡淡一笑雅芬。
客旅之生，标举心志灵魂。

灵程奋骋，越过山高水深。
加强修身，胜过试炼深沉。

爽雅心襟
2024-10-6

爽雅心襟，纵展我正气凌云。
四更之境，秋夜安宁且温馨。

心志开屏，哦咏新诗吾多情。
胸怀激情，旷怀世界都包并。

此际心清，人生不只为利名。
修身要紧，奋发志向叩道境。

努力上进，淡泊身心持雅净。
一点灵明，如水之纯如冰清。

人生振意向
2024-10-6

人生振意向，心志吾安祥。
天色初明亮，时雨犹清降。
几声啼鸟响，一阵风吹旷。
秋意渐深广，能不感苍茫。

人生振意向，晨起读华章。
悠扬且激荡，情志盈中膛。
骋志在遐方，踏实去寻访。
山水任险艰，男儿志雄壮。

时雨清降兮哗啦作响
2024-10-6

时雨清降兮哗啦作响，
清思旷发兮哦咏中肠。
秋意渐深兮感兴增长，
天气爽凉兮木叶未殇。
时近重阳兮吾今何讲，
人生向上兮克尽重艰。
时光如电兮过往难访，
寸阴珍惜兮努力前闯。
风雨艰苍兮一笑爽朗，
男儿振节兮志在遐方。
莫为名利兮心被缠绑，
清心人生兮骋志奔放。
高山万幢兮显我雄刚，
迎难径上兮困厄难挡。
斑苍无妨兮身心昂扬，
标的天涯兮风光灿靓。

清度人生场
2024-10-6

清度人生场，正意作导航。
不畏风雨艰，迎难敢于上。
磨炼意志刚，铁骨撑天壮。
笑傲尘世间，名利未许障。

清度人生场，情志天涯向。
览尽关山苍，一笑还澹荡。
人生百年间，时光逝若狂。
分秒珍惜间，业绩力造创。

休闲无恙
2024-10-6

休闲无恙，哦诗口吐莲花藏。
激情张扬，舒出情志之芳香。

秋阴无恙，田野爽风旷吹畅。
天气萧凉，添衣正襟读诗章。

岁月无恙，斑苍增长复何妨。
我意悠扬，共缘履历也安祥。

人生无恙，振志恒是在远方。
诗书平章，雅骚情怀水云间。

休闲情志美无恙
2024-10-6

休闲情志美无恙，雅淡情肠，
读书上网，豁达平康惬意向。
人生中心不张惶，体道安祥，
正志向上，履尽烟雨情贞刚。

苦难困厄成过往，未来广长，
神恩苴壮，步履恒向天涯闯。
此际秋阴旷风畅，好个清凉，
好个寰壤，引我诗兴大发扬。

世事历尽

2024-10-6

世事历尽，总凭心灵感应。
情志贞定，不畏苴壮风云。

人生前行，履尽高山峻岭。
壮志豪情，支撑我矢挺进。

一笑空清，世界如同梦境。
所谓利名，只是骗人之景。

挥洒激情，哦出灵动心襟。
淡泊康平，我心雅守静宁。

秋风既吹旷

2024-10-7

秋风既吹旷，萧雨复滴响。
感时不苍凉，早起天未亮。
鸟已放鸣唱，灯下清思想。
重阳接近间，时光真飞殇。

秋风既吹旷，人生振慨慷。
怀情在远方，心志恒增长。
老来复何妨，贵在意刚强。
天初蒙蒙亮，早起吾三光。

丈夫意志有坚定

2024-10-7

丈夫意志有坚定，
冲决岁月艰辛。
骋尽心中之豪英，
业绩矢志创寻。

风风雨雨不要紧，
磨炼意志刚硬。
铁胆雄心天涯进，
览尽关山雄峻。

五湖归来何所云，
一笑怡情爽清。
人生正气纵凌云，
不灭中心豪情。

岁月侵人入双鬓，
斑苍减却英俊。
心中仍然有激情，
一生追求光明。

人生尽情而骋

2024-10-7

人生尽情而骋，心灵奋我刚贞。
淡荡中心生成，不畏艰险厄深。

此际秋阴时分，雀鸟清新啼纯。
小风其来慰问，爽我心志意神。

履尽滚滚红尘，心怀黎民苍生。
不为名利所乘，奋志天涯驰骋。

一笑旷雅清芬，中心正气凝成。
努力前面旅程，风光阅历雄浑。

雅思旷然展
2024-10-7

雅思旷然展，情志舒妙曼。
秋阴颇好玩，青野堪耐看。
有鸟惬鸣喊，有风吹浩瀚。
牵牛开浪漫，诗兴旷起澜。

挺志人生
2024-10-7

挺志人生，悟醒之时分。
挺志人生，力战魔敌凶狠。

秋阴风生，鸟语啭纷纷。
惬意生成，纵哦新诗雅芬。

感谢神恩，导引我灵程。
岁月进深，恩典更加丰盛。

努力前程，不计艰与深。
凯归圣城，永生幸福无伦。

旷意红尘
2024-10-7

旷意红尘，浪漫从心生成。
努力灵程，努力奋我心身。

魔敌凶狠，肆其罪恶十分。
圣徒抗争，两军对敌成阵。

神亲临阵，杀伐声震乾坤。
凯归圣城，荣享天国永生。

此际情振，哦咏新诗清芬。
此际意骋，雅思纵展缤纷。

人生正气浓
2024-10-7

人生正气浓，雅奋吾之心胸。
秋意日浓重，添衣哦咏从容。

身心展灵动，不为名利怂恿。
静定晨昏中，安度秋春和惝。

振志往前冲，穿越关山浑雄。
情志澹无穷，一笑旷雅清空。

百年飞匆匆，华发斑苍堪讽。
道德力推崇，修身养性奋勇。

人生情意浓
2024-10-7

人生情意浓，舒出吾之感动。
正志以哦讽，雅旷心胸清空。

鼓舞情志冲，领略山水浑雄。
感发于心胸，哦咏新诗灵动。

此际暮阴中，飒飒秋风吹送。
小鸟惬鸣颂，天际苍霭凝浓。

体道兴无穷，裁心正意奋勇。
正直立心胸，邪曲污脏弃空。

心志平正

2024-10-7

心志平正，人生莫忘驰骋。
履历艰深，情怀依持纯真。

浊世红尘，磨炼心志十分。
中庸心身，拙雅并且清芬。

秋意渐深，飒飒爽风吹逞。
时光迅奔，寒露明日访问。

感谢神恩，丰美丰硕丰盛。
努力灵程，努力克敌制胜。

人生境界从容

2024-10-7

人生境界从容，不为邪风所动。
正直一生奋勇，努力破雨冲风。
淡定盈于心胸，旷雅若云飞动。
展转尘世清空，叩道趋入圆融。

人生境界从容，男儿岂是孬种。
诗书晨昏清诵，著作等身不庸。
和平秋春之中，向上骋尽勇猛。
万里天涯寻踪，踏破山水无穷。

人生履历非为梦

2024-10-7

人生履历非为梦，
振志始终在云风。
历尽坎坷千万重，
迎来坦平快心胸。

神恩赐我何恢弘，
导引灵程径直冲。
天国家园妙无穷，
圣洁灵魂享光荣。

岁月多苍凉

2024-10-8

岁月多苍凉，情怀吾何伤。
今日寒露访，早起天寒凉。
飒风吹清畅，野地鸟欢唱。
灯下哦清昂，曲曲多激荡。

岁月多苍凉，感兴心地间。
发诗为哦唱，情志两慨慷。
人生恒前方，轻身万里疆。
名利不必讲，意在道德彰。

东方朱霞涨

2024-10-8

东方朱霞涨，晨起听鸟唱。
寒露风清畅，萧萧有寒凉。
身心多欢旷，新诗讴昂扬。
人生怀向往，裁志水云间。

裁志水云间，名利宜稍忘。
正义人生场，立身持坦荡。
无机之襟房，眼目清无恙。
学取菊傲霜，梅花斗寒芳。

万里江山富灵动

2024-10-8

万里江山富灵动，
朝日此际吐红。
旷风清来鸟鸣颂，
喜鹊喳声何洪。

公园音乐响灵动，
惬我心志意胸。
雅哦新诗舒情浓，
赋出身心清空。

人生正气多灵动，
不为名利怂恿。
淡定立身且从容，
叩道骋尽奋勇。

桑沧幻化叠灵动，
历史容我哦讽。
未来瞻望情盈胸，
激情万里径冲。

正志人生往前闯

2024-10-8

正志人生往前闯，
吾不屈于艰苍。
此际秋阳洒清靓，
爽风其来悠扬。

纵情我开笑口敞，
讴颂神恩茁壮。
矢沿灵程奋发闯，
胜过魔敌阻挡。

岁月赐我以萧凉，
所赖神恩奔放。
而今阖家享平康，
镇日笑意昂扬。

展眼旷望青野间，
一片鸟语花芳。
老柳迎风而摆荡，
娇媚难描堪赏。

赞美世界与人生

2024-10-8

赞美世界与人生，
领受丰沛之神恩。
导引灵程美不胜，
圣徒欢唱凯歌声。
心灵圣洁且清纯，
污秽矢志彻底扔。
标的天国美无伦，
永生福乐万年春。

适然人生存意向

2024-10-8

适然人生存意向，心地情长，
欣听鸟唱，享受灿烂此秋阳。

今日寒露正届当，天喜晴朗，
蓝天云翔，萧飒商风正吹畅。

清坐旷展我思想，品茗无恙，
世事平章，不尽幻化是桑沧。

正志人生奋慨慷，莫耽安闲，
努力向上，前路万里风云壮。

雅知平安是福分
2024-10-10

雅知平安是福分，
全家领受神恩。
此际暮烟清新逞，
宿鸟吱鸣成阵。

明日重阳将访问，
人渐苍老何论。
正直身心一笑纯，
力战魔敌凶狠。

旷振意志走灵程，
胜过试炼艰深。
不畏风雨之艰盛，
男儿铁骨刚贞。

展转桑沧吾不论，
心灵心志温存。
叩道用道体道诚，
儒雅心地清芬。

节届重阳吾何讲
2024-10-11

节届重阳吾何讲，天喜阳光，
天喜晴朗，只是雾霾又狂猖。

正襟危坐哦诗章，一曲流畅，
一曲清响，舒出心弦之奔放。

人生弹指染华霜，一笑安祥，
正志向上，不畏困苦不畏艰。

正邪搏击是艰苍，奋发心光，
黑暗退藏，山河大地敷明光。

神恩赐下是无量，导引慈航，
回归天堂，永生福乐何无疆。

百年人生领苍茫，修身昂扬，
养德清芳，学有余力著文章。

心志生成
2024-10-11

心志生成，此际夕照黄昏。
淡定心身，休闲旷雅意芬。

重阳届正，不必惊叹嗟震。
时光飞骋，未许老我心身。

清度世尘，淡泊心志十分。
一笑和温，君子人格修成。

铁骨刚正，不屈世难纷纷。
如松虬贞，如杉如柏清纯。

天气阴晴颇不定
2024-10-12

天气阴晴颇不定，
霾烟弥满野境。

小鸟依然在啼鸣，
意志颇为坚定。

晚秋风吹我清醒，
时光飞逝何劲。
淡定立身叩道境，
一笑雅洁清新。

天人之间费追寻，
修身正直为凭。
莫使名利污身心，
遮蔽吾之灵明。

红尘只是艰险境，
众生失落堕井。
感谢神恩大无垠，
导引灵程挺进。

地球生态须衡平，
万物才能勃兴。
物欲过盛祸即临，
战争杀戮不停。

正志向天我大鸣，
众生务须警醒。
道德人生最要紧，
务须淡泊心灵。

秋深叶初黄

2024-10-13

秋深叶初黄，斑其色相。
喜鹊讴鸣唱，我意悠扬。

小风来清爽，天阴晨间。
远际嘹歌唱，动人情肠。

早起读诗章，润我襟房。
激越颇张扬，情思盈腔。

人生振意向，万水千嶂。
未可耽安闲，裹足婆样。

清志发昂扬，快马纵闯。
风雨任艰苍，一笑爽朗。

百年飞迅狂，转眼斑苍。
韶华惜心间，努力向上。

天阴矣

2024-10-13

天阴矣，商风吹正紧。
叶斑矣，萧飒是情景。

心安定，写诗聊舒情。
秋深矣，时光惊飞迅。

人老矣，心怀犹俏俊。
不老心，支撑我前行。

微笑矣，共缘以旅行。
志淡定，不妄惹利名。

情康宁，奋志以凌云。
踏实行，关山阅风云。

苍苍鬓，无妨我坚定。
红尘境，桑沧任幻并。

清思凝,吐诗复清新。
家温馨,父母健在庭。

奋身心,诗书恒用劲。
内调停,叩道领意境。

不疾不徐方好

2024-10-13

不疾不徐方好,心志静定为要。
人生长途奔跑,体力须调节好。

此际秋风清萧,天阴雨将洒浇。
清坐思展逍遥,心怀晴朗美妙。

不为名利倾倒,贞定是我情操。
前路风雨任饶,坚定信念朗造。

心志洒洒潇潇,叩道深入玄妙。
不为名利倾倒,清贫并不紧要。

诗书怡我昏朝,向阳情志清好。
越过关山险要,五湖归来一笑。

岁月侵人苍老,斑鬓无妨笑傲。
百年人生如飘,传世留有诗稿。

时雨淅淅进行

2024-10-13

时雨淅淅进行,心志体道均平。
休闲领意境,放松我身心。

晚秋雅具清新,林野斑斓清境。
有鸟旷啼鸣,有风吹清劲。

哦诗舒出心灵,人生振志前行。
年轮奋飞迅,华发渐斑鬓。

心怀雅洁堪凭,不为物欲损襟。
淡定吾心灵,雅思入诗吟。

天气正阴

2024-10-13

天气正阴,爽凉清喜均平。
心志温馨,哦诗热情显明。

秋深意境,林野斑斓多情。
鸟语空清,点缀世宇安宁。

阖家康平,感谢神恩丰盈。
努力前行,努力圣洁心灵。

红尘之境,正好磨炼身心。
天国美景,召唤我矢追寻。

心志旷然生成

2024-10-13

心志旷然生成,红尘何须细论。
人生梦幻之生,标的唯有天城。

努力圣洁心身,莫为名利沉沦。
叩道奋不顾身,力胜试炼艰深。

魔敌诡诈凶狠,奸计百般显逞。
努力圣洁心身,努力克敌制胜。

感谢天父鸿恩,屡屡起死回生。
我心颂赞真诚,奋志步履灵程。

旷来田野风

2024-10-13

旷来田野风，散步吾从容。
白鹭飞行灵动，芦花白头翁。

秋深天阴浓，爽凉快心胸。
舒出中心灵动，新诗哦清空。

老柳雅梳风，水鸟点水冲。
大好野景灵动，适我意无穷。

人生正心胸，淡荡秋春中。
难掩中心灵动，哦咏舒情浓。

抛开苦与痛，神恩赐恢弘。
灵程奋行灵动，物欲弃空空。

纵展我襟胸，寰宇盈心中。
男儿一身灵动，奋济世厄穷。

过往无影踪，未来瞻于胸。
前路旷挥灵动，正直奋勇猛。

坎坷入烟浓，旷怀雅无穷。
振志清展灵动，天涯径直冲。

休闲真的无恙

2024-10-13

休闲真的无恙，容我放飞情肠。
读读诗章，品茗激昂，
散步悠扬，情思奔放，
呼吸清风何快畅。

此际暮阴之间，灯下哦咏诗行。
宿鸟啼唱，怡我心房，
诗意宇间，大千旷放，
人生能不放讴扬。

坎坷不必回放，要向未来瞻望。
关山清芳，我志强刚，
风雨任放，兼程勇闯，
呵呵一笑也澹荡。

心怀无比安祥，神恩领受无量。
尽力向上，不惧艰苍，
迎难而上，迈越广长，
修心养德吾贞刚。

有雨清降

2024-10-13

有雨清降，夜幕已笼上。
华灯灿放，檐前滴沥响。
晚秋无恙，天气正凉爽。
雅洁情肠，应将诗哦唱。

舒出心房，舒出我奔放。
舒出昂扬，舒出吾贞刚。
好个悠扬，四围静悄间。
檐前雨响，滴滴润襟房。

无风之晨

2024-10-15

无风之晨，雾霾致人昏昏。
天惜阴沉，牵牛努力开盛。

秋已经深，天气凉爽十分。
读书时分，品茗意兴加增。

鸟语声声，点缀世宇意芬。
内叩心身，发诗哦咏诚真。
嗟此红尘，众生太多沉沦。
切祷神恩，济度世之厄困。

清度人生
      2024-10-15

清度人生，奋发吾之刚贞。
不畏艰深，不向世俗投诚。
谦正心身，道德尽力加增。
困厄任生，我志如钢之纯。

感佩神恩，屡屡起死回生。
叩道秉诚，心灵心志清芬。
秋深时分，清思旷发和温。
淡荡生尘，一生持正奋争。

天地昏沉
      2024-10-15

天地昏沉，雾霾笼此乾坤。
叹息心生，人欲乃为祸根。
鸟语啼纯，秋花开得妍盛。
清坐思深，哦诗倾吐心身。

合当奋身，叩道履尽行程。
风雨艰深，磨炼意志坚正。
心志雅芬，却向谁人细论。
孤旅秋春，振意读书朗声。

第七卷《扶正集》

狗儿相跃跳
      2024-10-15

狗儿相跃跳，吠人声何高。
引我哑然失笑，此是世之碌小。

秋风正萧萧，鸟语惬情抱。
诗兴旷然发了，哦出吾之雅骚。

红尘是美妙，神恩赐丰饶。
奋行灵程大道，叩道深入玄妙。

展眼向天瞧，天际云烟飘。
青野富丽丰饶，田园雅入画稿。

不思不想
      2024-10-16

不思不想，休憩吾情肠。
一任时光，静静之逝淌。

秋深无恙，野境禽鸣唱。
小风舒爽，惬我之意向。

不读诗章，清心品茗间。
诗意袭上，裁心哦诗行。

人生扬长，名利合弃放。
内叩襟房，正直且坦荡。

心志安祥

2024-10-16

心志安祥，秋风正清旷。
写意尘间，惬听鸟之唱。

牵牛妍芳，晚秋开无恙。
引余欣赏，引余诗兴扬。

时光逝淌，人生易老苍。
不必悲怅，微笑吾平康。

红尘之间，故事演万桩。
不过桑沧，不过幻万象。

正志之向，水云容憩享。
诗书平章，诗书哦扬长。

斑鬓何妨，中心怀阳光。
清净情肠，修身力向上。

朗月在望

2024-10-16

朗月在望，秋夜好清爽。
二更之间，尽兴读词章。

人生昂扬，不为物欲障。
矢向远方，览尽风光靓。

险恶何妨，我志早成钢。
一笑潇荡，情怀展悠扬。

小风来爽，惬我之意向。
生活无恙，开朗且奔放。

秋深天阴

2024-10-17

秋深天阴，时雨行将进行。
散坐清心，读书上网品茗。

悠悠心襟，惬听喜鹊之鸣。
爽风吹劲，中心坦荡和平。

斑斓野境，快慰吾之身心。
人生怀情，能不振志讴吟。

红尘之境，如烟如梦之行。
德操贞定，正志修身上进。

别致是我人生

2024-10-17

别致是我人生，由我自主创成。
浊浪任滚滚，清心吾憩骋。

此际秋阴时分，爽风飒飒生成。
情志正茂盛，新诗哦真诚。

旷野禽鸟鸣振，惬我心志十分。
阖家俱安稳，父母健生存。

向往天涯驱骋，寻觅山水清芬。
纵有风雨盛，无妨我兼程。

激越人生

2024-10-17

激越人生，总赖理想支撑。
叩道诚真，积淀思想深沉。

暮阴时分，商风倾情吹骋。
几声鸟振，打动余之心身。

灯下思深，人生正志驰骋。
越过深沉，越过桑沧之阵。

一笑馨温，五十九载逝奔。
霜华生成，心志犹然青春。

雨霁天晴兮雀鸟朗鸣

2024-10-18

雨霁天晴兮雀鸟朗鸣，
和风清新兮情志淡定。

秋深叶斑兮苍茫野境，
牵牛开妍兮色彩鲜明。

余心开朗兮悠悠品茗，
读书朗哦兮雅思空灵。

裁思咏诗兮一曲振兴，
歌咏生活兮康乐和平。

秋日晴朗

2024-10-18

秋日晴朗，云烟袅袅是情况。
雀鸟鸣唱，爽风清新惬襟房。

心境淡荡，品茗读书意洋洋。
时光逝淌，不计华年增斑苍。

情怀安祥，人生骋志向遐方。
山高路艰，鼓舞心襟矢前闯。

淡笑浮漾，人间世味已谙尝。
心志犹刚，傲岸学取松虬苍。

爽意人生

2024-10-18

爽意人生，灯下清思生成。
窗外风声，商飙吹袭成阵。

回思人生，不过客旅行程。
澹荡秋春，诗书纵情驰骋。

秋已经深，天气初初清冷。
心志刚正，奋发是我人生。

淡雅心身，标举性灵清纯。
叩道奋争，不畏山水行程。

豁达人生

2024-10-19

豁达人生，清怀雅思展无伦。
哦咏真诚，舒出情志之芳纯。

红尘滚滚，大化太多折弄人。
桑沧生成，一生所赖唯神恩。

此际秋深，此际朔风吹成阵。
此际意振，此际情怀清无伦。

惬意十分，新诗脱口而哦骋。
舒出心身，舒出人生之刚正。

休闲休闲休闲

2024-10-19

休闲休闲休闲，人生莫忘休闲。
此生艰苍漫长，未可费尽紧张。

阳光此际敞亮，秋云无比澹荡。
商风吹来浩荡，写意鹊噪奔放。

清心品茗无恙，兴起读读诗章。
周末合当休闲，颐养精神平康。

心境悠然开朗，纵情哦咏诗行。
舒出情之所向，原也是在远疆。

爽风清新

2024-10-19

爽风清新，秋意清展分明。
散坐思萦，不了是心情。

坎坷生平，回忆正如电影。
奋向前行，未可耽安宁。

红尘惊心，狼烟屡屡惊警。
坦平心境，神恩正充盈。

心志振兴，旷欲向天飞鸣。
山水远景，寄托余心灵。

河水汤汤

2024-10-19

河水汤汤，莆苇苍苍。
散步兴上，清吸秋风是爽畅。

音乐缓放，惬我情肠。
鸟语悠扬，一使吾心是快畅。

云天澹荡，鸟飞奔放。
激越情肠，诗意袅起是扬长。

好个寰壤，好个清凉。
世界苍茫，君子立身持坦荡。

夜幕降临兮华灯灿放

2024-10-19

夜幕降临兮华灯灿放，
秋风清畅兮引余意扬。

爽洁情肠兮诗意袅上，
哦咏诗章兮激情张扬。

人生骋志兮一生慨慷，
不计红尘兮万千艰苍。

微笑浮漾兮吾不张扬，
定志遐方兮用脚丈量。

淡定人生场

2024-10-19

淡定人生场，总凭良知作导航。
雾中不迷茫，心中正意是阳光。

神恩赐无量，屡屡起死回生壮。
奋沿灵程闯，胜过试炼之深艰。

心志清无恙，名利于我无意向。
真理力寻访，踏破山河一笑扬。

五十九载间，悲喜泯灭淡荡放。
客旅尘世间，唯有德操最高尚。

情怀正清好

2024-10-20

情怀正清好，旷撰吾之诗稿。
秋深子夜妙，读书写诗洒潇。

人生不取傲，谦贞情操力保。
神恩赐丰饶，思此颂赞声高。

努力奋前道，关山履历迢迢。
风光吾经饱，谙尽世事美妙。

豁怀正无二，扬长人生险道。
拙正是为要，此生绝不讨巧。

心志不取萧凉

2024-10-22

心志不取萧凉，夜晚华灯正放。
秋意渐增长，明日是霜降。

人生正志向上，力胜试炼深艰。
名利诱人肠，务辞务抛放。

此际清展思想，哦出心志昂扬。
人虽已斑苍，心性犹奔放。

岁月何须平章，贞怀无比扬长。
诗书沉潜间，不计老来访。

休闲之意境

2024-10-24

休闲之意增，小酌怡情。
午时阳光俊，欢快心襟。

晚秋吾多情，讴咏尽兴。
努力向前行，不计艰辛。

试炼一任凌，圣灵护心。
旷怀正无垠，胸涵白云。

人生慨慷境，奋我刚劲。
苦难不必云，事如烟影。

百年之生命，修心要紧。
歧路未可行，慧目须明。

展转艰苍境，不减豪情。
一笑爽然清，正志凌云。

寂寞人生场

2024-10-24

寂寞人生场，我自悠扬。
清思舒狂放，聊哦诗章。

此际阳光靓，此际安祥。
此际鸟鸣唱，此际平康。

叩道发哦唱，一曲奔放。
抛去彼苍凉，心志定当。

展转这桑沧，情怀清昂。
未可卑弱放，振志强刚。

悠悠百年间，醒转情长。
尘世若梦仿，泡影之间。

唯赖神恩壮，导引慈航。
激越怀理想，不计艰苍。

奋发以闯荡，山水远长。
风光历无限，涤我襟房。

天涯是标向，骋志顽强。
英武心地间，男儿豪刚。

不屈这世网，不屈沧桑。
不屈名利障，不屈虎狼。

年虽已斑苍，心犹茁壮。
展眼向天望，胸襟昂藏。

心志生成

2024-10-25

心志生成，今日早起五更。
读书怡神，写诗舒我精诚。

人生驰骋，历尽山高水深。
心犹温存，一生感谢神恩。

努力前程，风光历历清纯。
振我精神，哦咏心志清芬。

清度世尘，不为名利俯身。
傲骨刚贞，如松气象生成。

一笑和温，君子人格显逞。
冬夏秋春，朗放读书之声。

淡定平生，内叩自我心身。
处事平正，旷怀清雅绝伦。

云天澹荡

2024-10-25

云天澹荡，晚秋好清爽。
金风舒旷，木叶逝而降。

诗意心间，化为新诗唱。
不必感伤，霜华任清涨。

心志清昂，人生纵马闯。
名利孽障，合弃合下放。

矢志向上，万里无止疆。
正直襟房，远辞机与奸。

红尘攘攘，众生争竞忙。
吾取安祥，潜志诗书间。

心怀漫浪，无机且扬长。
清洁心肠，良心作主张。

叩道奔放，历尽关与障。
情怀贞刚，正意无限量。

中心理想，支撑我前闯。
风光清靓，险恶亦无妨。

斜照清好

2024-10-25

斜照清好，心志吾骚骚。
品茗意俏，新诗哦逍遥。

秋已深了，木叶逝飞飘。
田野斑妙，层林尽染潇。

心怀娟妙，读书意气饶。
人生奋跑，万里乐心窍。

旷怀美好，神恩领丰饱。
奋行前道，关山任险要。

华灯灿放

2024-10-25

华灯灿放，远际又嚓歌唱。
心志温良，幸福盈满襟房。

阖家平康，颂赞神恩丰穰。
感发情肠，化为新诗哦唱。

秋深无恙，天气清显凉爽。
振意奔放，旷怀无比扬长。

努力向上，努力驱向遐方。
努力昂扬，努力业绩造创。

群星在望

2024-10-26

群星在望，早起五更吾无恙。
村鸡啼唱，秋深时节正清凉。

纵情哦唱，品读词章吾悠扬。
情之所向，是在舒发我中肠。

人生向往，恒在天涯之远疆。
关山万幢，显我男儿之豪壮。

历尽艰苍，心中始终怀阳光。
穿越雾障，穿越风雨艰深况。

一笑浮漾，人生得意不张狂。
谦正情肠，诗意盈心舒奔放。

斑苍任放，铁志早已成韧钢。
清展顽强，清展心怀与气象。

风怀清好

2024-10-26

风怀清好，人生莫付草草。
斜日清照，周末心境洒潇。

秋已深了，有菊初初开俏。
引我微笑，惬意增长逍遥。

红尘微妙，修心之路迢迢。
名利辞掉，高蹈吾之心窍。

淡泊情抱，憩意诗书潜造。
著书不了，正意舒发清标。

旷怀雅正

2024-10-26

旷怀雅正，人生奋志驰骋。
不嗟艰深，男儿豪勇刚正。

滚滚红尘，磨炼心襟真正。
不为所损，保守心志灵魂。

感谢神恩，导引丰美灵程。
风光清纯，惬我心志灵魂。

一笑清生，豁达清度秋春。
纵情哦申，舒我心志灵魂。

斜晖朗逞，时节正届秋深。
小风慰问，身心无比安稳。

阖家康盛，努力步履前程。
万里征程，历练心志灵魂。

暮阴时分
2024-10-26

暮阴时分，秋野苍苍生成。
散步意振，睹见水鸟飞逞。

蔼然心生，欣赏芦花纷纷。
老柳青春，自在梳风温存。

粉蝶翩振，掠过田野轻身。
农人俯身，田中忙活勤奋。

悠然心身，诗意从心生成。
淡荡生辰，步履前程迅奋。

四更之时间
2024-10-27

四更之时间，不眠复上网。
秋夜正清凉，四围无声响。
灯下展思想，人生振慨慷。
心志正苗壮，斑苍不萧怅。

四更之时间，情怀体激昂。
读书作诗章，激情若水淌。

体道吾平康，人生怀向往。
悠扬心地间，能不哦昂藏。

四更之时间，路上偶车响。
小风来清爽，虫儿不讴唱。
澹荡盈襟房，情思致远方。
五十九载放，一笑复爽朗。

四更之时间，一杯牛奶香。
休憩复何妨，内叩我襟房。
身心怀道藏，眼目蕴慧光。
矢志道义间，卑媚力抛光。

读书激情逞嚣张
2024-10-27

读书激情逞嚣张，
哦出中心之刚强。
秋深天阴爽风扬，
几声啼鸟叶飞旷。
振志人生骋昂扬，
不屈艰苍奋前闯。
清度红尘持漫浪，
坚贞谦正怀理想。

心志不嗟老
2024-10-27

心志不嗟老，五十九载辞掉了。
情志犹刚傲，奋发人生迈前道。

红尘胡不好，客旅生涯吾逍遥。
爽然余一笑，些许名利是扰扰。

旷展吾洒潇，诗书沉潜吾笑傲。
秋深落叶飘，诗意弥襟哦风标。

天阴喜鹊叫，芦花苍苍具情调。
黄菊开正俏，灿烂色相何美妙。

展眼天际瞧，但见苍霭野境罩。
田园若画稿，层林尽染何风骚。

振意听啼鸟，品茗读书乐无二。
声震入云霄，男儿旷雅且清豪。

骋志人生

2024-10-27

骋志人生，舒出吾之真诚。
不畏艰深，人生果敢沉稳。

骋志人生，舒出吾之兴奋。
履历红尘，迎战浊浪滚滚。

骋志人生，舒出吾之刚贞。
努力灵程，努力奋志修身。

骋志人生，舒出吾之温存。
人格显逞，儒雅并且清芬。

情怀雅好

2024-10-27

情怀雅好，旷然撰诗稿。
秋已深了，天阴细雨飘。

有风萧萧，有鸟清啼叫。
我意潇潇，读书怡情窍。

人生晴好，千山已经了。
开怀一笑，红尘胡不妙。

瞻眺前道，风光容朗造。
山水迢迢，英武盈襟抱。

涤荡人生

2024-10-27

涤荡人生，雅秉吾之纯真。
斑苍生成，心志更加沉稳。

晚秋清骋，朔风吹袭成阵。
落叶逝纷，黄花却自开盛。

远辞青春，身心依然刚正。
奋志乾坤，力战虎狼凶狠。

情怀清芬，不惹俗世凡尘。
名利弃扔，此物无益心身。

窗外雨声，窗外苍霭生成。
写诗怡神，快慰心襟无伦。

一笑清生，豁怀叩道诚真。
不计艰深，努力奋发驰骋。

时雨进行

2024-10-27

时雨进行，时雨雅然进行。
心志开屏，旷将新诗哦吟。

适我心襟，秋深淡自品茗。
读书怡情，加强修养身心。

红尘惊警，木叶纷纷逝零。
爽风来行，爽雅吾之心灵。

骋志前行，穿越关山峻岭。
一笑多情，男儿气宇凌云。

心志安祥

2024-10-27

心志安祥，清听秋雨之吟唱。
朔风吹凉，爽意乾坤何潇畅。

清撰诗章，舒出情志之昂扬。
不羁心房，原也匡世有雅量。

红尘攘攘，勿为名利而失陷。
性天清朗，显现湛湛之天良。

奋志前闯，风风雨雨是寻常。
裁思奔放，边走边歌何清旷。

爽意心间

2024-10-27

爽意心间，人生无执于襟房。
共缘徜徉，缘起缘落吾安祥。

心怀漫浪，不为名利而狂狷。
谦贞情肠，原也清新无机奸。

秋深雨降，长风吹袭何奔放。
木叶飘荡，不尽诗意弥宇间。

阖家安康，感恩颂神心地间。
奋志驱闯，定志天涯至远方。

暝色重浓

2024-10-27

暝色重浓，雀鸟清啼颂。
商风吹送，雨止爽凉中。

心志清空，写诗赋灵动。
一曲中庸，一曲激情涌。

红尘之中，大化在运动。
百年如梦，时光飞匆匆。

努力前冲，业绩创恢弘。
诗书情钟，晨昏放哦咏。

第八卷《真诚集》

阳光此际清朗

2024-10-28

阳光此际清朗,蓝天白云清旷。
从心作华章,讴出情奔放。

晚秋其实无恙,东篱菊正绽芳。
清风吹舒畅,鸟语复扬长。

我的心志开敞,情怀无比昂扬。
品茗读书旷,微笑浮面庞。

神恩多么丰穰,雅将颂赞献上。
奋发矢前闯,体道入悠扬。

夕照清好

2024-10-28

夕照清好,心志吾洒潇。
雅撰诗稿,南山具情调。

黄花正骚,引我开怀笑。
商风清扫,落叶逝飘飘。

人生晴好,努力奋前道。
轻身为要,名利不紧要。

展颜微笑,生辰有雅好。
百年风标,积淀是诗稿。

大千美妙,田园入画稿。
容我笑傲,容我适情抱。

霜华任老,心怀犹俊俏。
不肯嗟悼,情滋若芳草。

闲情聊表(之一)

2024-10-29

闲情聊表,天际烟云正飘渺。
阳光洒照,蓝天白云漫自飘。

清风恣绕,秋深惬我情怀抱。
心襟不老,奋发前程犹刚傲。

不为所扰,名利于我不紧要。
镇定心窍,内叩心弦发朗啸。

岁月逝飘,青春心志堪可瞧。
力辟前道,关山风光阅险要。

鹧鸪鸣唱

2024-10-29

鹧鸪鸣唱,惬意吾之情肠。
小风送爽,散步何其扬长。

水鸟飞翔,粉蝶翩翩飞旷。
卵青大壤,适我心襟意向。

秋深苇苍,芦花白头悠扬。
心境欢畅,雅将新诗哦唱。

情怀安祥,感谢神恩丰穰。
阖家安康,世界沐浴阳光。

情志生成

2024-10-30

情志生成，旷雅心襟无伦。
朝日朗遑，雀鸟啼振纷纷。

秋已经深，木叶飘逝纷纷。
心襟振奋，读书品茗惬生。

哦咏真诚，舒出心志清芬。
人生驰骋，风光阅历清纯。

笑意清生，豁达人生温存。
神恩丰盛，赐我阖家安稳。

涤荡生尘

2024-10-30

涤荡生尘，悟彻心灵十分。
一笑清纯，清度客旅秋春。

此际秋深，此际爽风生成。
此际鹊振，此际阳光洒遑。

清坐思深，袅起意境深沉。
人生纵论，弹指华年逝奔。

回首惊震，五十九载逝损。
向前瞻骋，不惧卓浪生成。

红尘滚滚，磨炼吾之心身。
淘沙真正，心灵心志清芬。

苍烟野横，田园斑斓惬人。
哦诗真诚，舒出心地意振。

心志更加沉静

2024-10-30

心志更加沉静，人生奋志前行。
秋深展意境，木叶纷飘零。

暮色初初情景，爽风此际进行。
欢快心与灵，新诗纵情吟。

爽雅是余心灵，豁达清度安平。
风浪不要紧，名利合辞屏。

高蹈余之心灵，趋向水云之境。
体道余康宁，微笑旷清映。

年轮飞奔

2024-10-30

年轮飞奔，又值秋之深。
灯下思深，二更四围静无声。

人生纵论，华年易逝骋。
不必惊震，桑沧只是一幻阵。

笑意清生，豁怀是无伦。
容我轻身，踏遍青山万里程。

红尘滚滚，太多磨炼人。
一身刚正，卑媚软弱矢志扔。

感谢神恩，赐福何丰盛。
灵程驰奔，叩道体道我青春。

天涯历程，冲决迷雾阵。
阳光心身，济世情怀振十分。

星斗灿光

2024-10-31

星斗灿光，早起五更情无恙。
诵读词章，心境悠然且澹荡。

秋深之间，天气清展其凉爽。
快意心间，能不衷情发讴唱。

人生向上，此生已克千关障。
身心平康，体道激越奋茁壮。

时间飞旷，老我斑苍不必讲。
惜福贞刚，修身养德培雅量。

坦荡心襟

2024-10-31

坦荡心襟，人生正志凌云。
秋深意境，爽凉商风经行。
黄花开屏，惬我心襟意兴。
木叶飘零，又使余颇伤情。

喜鹊清鸣，此际朝日灿映。
早起心清，旷哦新诗多情。
岁月空清，中心一无所凭。
共缘朗行，悠度万水千岭。

清志人生场

2024-10-31

清志人生场，正意作导航。
此际阳光靓，此际清风翔。
此际鸟歌唱，此际情思旷。
此际哦诗章，此际欢无恙。

清志人生场，努力奋向上。
不为物欲障，性天吾敞亮。
骋心叩道藏，正直秋春间。
诗书以潜藏，积淀智慧粮。

清志人生场，一生不狂猖。
谦贞持情肠，心地颇安祥。
无机温和漾，儒雅有清芳。
惬意晨昏间，体道纵昂藏。

适意人生

2024-10-31

适意人生，仰赖丰沛神恩。
阳光清逞，惬怀无比芳纯。
商风清骋，鸟语欢放声声。
白云飘纷，木叶飘零逝损。
阖家安稳，享受天伦真正。
颂出心身，赞美丰盛神恩。
努力灵程，努力奋我心身。
努力驰骋，努力挥洒刚正。

阳光既潇爽

2024-10-31

阳光既潇爽，喜鹊复鸣唱。
晚秋此无恙，田园似画廊。
木叶纷逝降，黄花开正芳。
情怀吾雅靓，哦诗舒清肠。

阳光既潇爽，白云漫自翔。
商风吹逍旷，惬意天地间。
怀情吾悠扬，澹荡读华章。
身心无机奸，质朴清扬长。

秋风清扫荡

2024-11-1

秋风清扫荡，林野斑其色相。
喜鹊欢声唱，愉悦余之襟房。

心境持澹荡，雅将新诗哦唱。
自得且安祥，品茗读书无恙。

人生奋强刚，未可久耽安闲。
合向天涯闯，关山任叠万幢。

吾心不猖狂，谦贞盈满襟房。
向上尽力量，不畏险阻困障。

一笑展昂扬，人生舒我高抗。
矢向前路闯，冲决迷烟雾障。

阳光心地间，眉眼灿烂奔放。
倾志万里疆，风雨兼程力闯。

时时检点心灵

2024-11-1

时时检点心灵，人生努力上进。
污秽务抛清，圣洁己身心。

此际夜幕降临，晚秋商风正劲。
灯下思雅清，哦出气凌云。

修身之事要紧，努力奋我心灵。
上进路难行，一若攀山岭。

未可放松身心，心灵务须警醒。
修身领意境，层层入云岭。

领略人生

2024-11-1

领略人生，苦痛并且艰深。
丰沛神恩，导引我矢前骋。

清夜生成，商风吹袭成阵。
灯下思深，不灭是我心灯。

奋发刚正，人生冲决困顿。
英武心身，努力加强修身。

前进路程，穿越山高水深。
心志雄浑，叩道奋不顾身。

苦痛抛扔，剩有一腔清纯。
旷怀无伦，矢向天涯驰奔。

容我轻身，不为名利所乘。
高蹈心身，胸中白云流芬。

秋已经深，东篱黄花正盛。
读书意振，豪情盈我周身。

往事回问，烟云锁住深深。
未来瞻骋，努力纵马奋身。

雀鸟清鸣唱

2024-11-2

雀鸟清鸣唱，晨朝无恙。
金风旷吹翔，木叶凋丧。

我意自慨慷，不取张扬。
人生振志向，矢去闯荡。

展转此疆场，意志成钢。
力战恶虎狼，任血流淌。

神恩赐茁壮，起死奔放。
享受此安祥，朗放歌唱。

阖家是平康，身心昂扬。
颂赞理应当，阔步前方。

清志何贞刚，哦入诗章。
骋志向遐方，风雨兼闯。

晚秋之时光，天气清凉。
爽我之意向，坦腹哦唱。

红尘是无恙，神恩广长。
叩道尽力量，舒我心光。

霾烟笼宇中

2024-11-2

霾烟笼宇中，雀鸟只顾啼诵。
心志吾清空，十月小春和慵。

读书颇激动，哦诗舒出情浓。
品茗惬意中，阖家安稳福丰。

努力前路冲，不甘耽于平庸。
振志入云中，冲决物欲灵动。

展眼田野送，迷烟四野罩笼。
人民乐从容，自得安度和慵。

神恩赐恢弘，导引灵程妙浓。
奋志灿无穷，挥洒一生刚勇。

远际鞭炮动，撩我心襟振动。
英武之心胸，雅洁叩道从容。

世界存妙境

2024-11-2

世界存妙境，用心去找寻。
内叩心与襟，踏破山与岭。
回首吾不惊，烟云任掩映。
岁月多清俊，故事演不停。

世界存妙境，雅秉吾良心。
正志万里云，脚踏实地行。
微笑吾清映，豁怀清无垠。
名利是险境，合弃合当屏。

阳光白而苍

2024-11-2

阳光白而苍，霾烟锁尘壤。
心志平静间，秋风吹清畅。
读书颇激昂，品茗惬意涨。
裁心哦诗行，舒出心弦旷。

舒出心弦旷，人生吾奔放。
倾心诗书间，不计老将访。
红尘是攘攘，太多机与奸。
无机情怀靓，正直体昂藏。

闲情聊表（之二）

2024-11-2

闲情聊表，人生正意骚骚。
阳光朗照，霾气犹未减消。

心志洒潇，清撰吾之诗稿。
黄花正俏，引我躬身鞠腰。

正思盈抱，人生不付草草。
奋我刚傲，力战魔敌仇妖。

洒脱逍遥，诗书朗哦清好。
奋叩大道，君子人格修造。

不为名利所扰

2024-11-2

不为名利所扰，清心守我静悄。
清贫不紧要，奋发叩大道。

此际秋深清好，商风吹来萧骚。
清坐理心窍，发而为诗稿。

人生不取骄傲，谦贞一生力保。
诗书我逍遥，清贫不紧要。

微微展颜一笑，清听喜鹊鸣叫。
东篱菊开俏，引我诗兴饶。

斜日朗照

2024-11-2

斜日朗照，心志吾清好。
读书洒潇，骋意撰诗稿。

晚秋美妙，东篱黄菊骚。
林野斑了，木叶逝飞飘。

我自高蹈，名利弃而抛。
清心微笑，红尘胡不好。

履尽险要，关山朗观照。
心情大好，振志入云霄。

休闲无恙

2024-11-3

休闲无恙，诗书费我平章。
秋深叶殇，朝日正自舒光。

淡朴情肠，名利吾无意向。
身心平康，养颐吾之襟房。

红尘安祥，清听雀鸟鸣唱。
小风来扬，爽洁余心快畅。

振志之向，依然是在远疆。
展眼旷望，辽天无比广长。

云淡天青

2024-11-3

云淡天青，放飞吾之心情。
商风经行，欣听喜鹊之鸣。

悠悠品茗，周日淡淡定定。
心志康平，读书写诗怡情。

旷怀无垠，雅将世界包并。
振奋心灵，叩道体道前行。

修我身心，不为外缘所侵。
内省心灵，污秽矢志抛清。

芳美人生

2024-11-3

芳美人生，情志从心生成。
阳光洒逞，秋意美妙不胜。

哦咏声声，清思袭入云层。
鸟语欢振，惬余心意十分。

阖家安稳，享受天伦真正。
神恩丰盛，赐下幸福盈门。

努力前程，未可耽于平顺。
旷怀无伦，倾情天涯远程。

阳光清洒照

2024-11-3

阳光清洒照，人生纵我逍遥。
尽情撰诗稿，舒出南山风标。

东篱菊正俏，野境响着啼鸟。
商风吹爽萧，惬我情思意抱。

红尘是美好，乃是真神所造。
人生乐洒潇，谦正盈满心窍。

勿为物欲扰，生活温饱就好。
道德力朗造，君子人格骚骚。

晒晒太阳

2024-11-3

晒晒太阳，心境好个悠扬。
品茗之间，意兴袭起扬长。

读书上网，时间未可费浪。
秋深无恙，黄花开绽正芳。

情志安祥，此心不起狂浪。
平静安享，内叩自我心房。

人生向上，修身未有止疆。
百年艰长，骋志叩取慧藏。

煦阳洒照

2024-11-3

煦阳洒照，心志旷然清好。
浴后洒潇，品茗更加意俏。

清撰诗稿，一舒情志逍遥。
人生晴好，心境朗然美妙。

倩展微笑，红尘胡不美好。
风云烟渺，茁壮情志无二。

旷野瞻眺，林野苍苍斑了。
有鸟啼叫，天际青霭正袅。

苍茫夕照

2024-11-3

苍茫夕照，人生吾逍遥。
不为名扰，不为利动摇。

心志骚骚，人生享晴好。
风雨经饱，赢得开怀笑。

神恩丰饶，赐福何美妙。
阖家康好，平安乐洒潇。

清听啼鸟，惬意西风绕。
秋已深了，黄花开何俏。

宿鸟一片喳喳唱

2024-11-3

宿鸟一片喳喳唱,
麻雀最为响亮。
暮烟此际正清涨,
天地苍茫无恙。

打开灯光撰诗章,
舒出情之昂扬。
人生千关已经闯,
一笑淡然清旷。

五十九载回首望,
叹息中心良长。
风雨艰苍不堪讲,
饱经患难厄障。

唯赖神恩之奔放,
屡屡起死扶伤。
而今身心享安康,
雅将颂赞献上。

寂寞人生场

2024-11-3

寂寞人生场,我今何讲?
秋深渐苍凉,夜幕掩降。
灯下展思想,情思奔放。
人生合昂扬,未可悲怅。

奋志向前闯,风雨任艰。
神恩赐辉煌,心灯燃亮。
灵程矢志上,力战虎狼。
胜过试炼艰,舒发心光。

遐方寄理想,未来广长。
天堂是标向,永生安祥。
世事多迷茫,利锁名缰。
慧目务擦亮,定志前方。

人渐入老苍,一笑爽朗。
清度人生场,污秽抛光。
圣洁己心肠,正直阳光。
挺立若松苍,傲骨强刚。

感秋无恙

2024-11-3

感秋无恙,心地裹起苍茫。
清听歌唱,浮起淡淡忧伤。
夜幕已降,城市灯光灿靓。
内叩襟房,发为新诗哦唱。

人生向上,冲决苦痛悲怅。
风雨艰苍,磨炼我之心房。
心灯燃亮,人生学取阳光。
努力奔放,努力发热发光。

放空思想

2024-11-3

放空思想,看看电视上上网。
书本抛放,享受此际之悠闲。

夜幕已降,远际公园音乐放。
秋风清凉,爽我意向并情肠。

人初老苍,心志未可稍颓唐。
奋发向上,前路尚有万里疆。

淡淡荡荡，中心无有机与奸。
修身昂扬，德操尽力以加涨。

身处尘壤，不为名利而失陷。
心怀贞刚，豪旷男儿意奔放。

清坐思想，人生正气当阳刚。
卑媚抛光，正直一生持坦荡。

心志沉静

2024-11-3

心志沉静，雅将真理追寻。
秋夜静宁，灯下思致空清。
人生前行，难免穿山越岭。
风光无垠，惬我心志心灵。

风雨艰辛，虎狼结队成群。
提刀奋进，任从血洒殷殷。
神恩丰盈，起死回生屡经。
天国美景，恒召唤我前行。

四更无恙

2024-11-4

四更无恙，清哦吾之诗章。
路上车响，打破宁静安祥。

秋夜爽凉，灯下清展思想。
人生奔放，未可耽于止疆。

向前向上，追求吾之理想。
不为物妨，性天应取清靓。

人生回望，故往惹人愁怅。
心志怀刚，未来尚待驱闯。

心地悠扬，内叩自我襟房。
开凿慧光，活出人生昂藏。

情志平旷，从容步履前方。
风雨艰苍，缘起缘落瞬间。

纵我强刚，人生矢志向上。
高远遐方，览取风光无限。

时光飞殇，不必计较霜涨。
淡淡荡荡，雅思裁入诗章。

时近立冬

2024-11-4

时近立冬，心志吾取和慵。
四更之中，不眠哦诗从容。

灯下哦讽，舒出余之感动。
人生情钟，万水千山奋勇。

回首何功，应向未来冲锋。
风光灿弘，壮我意念心胸。

斑苍凝重，男儿和而不同。
人格中庸，叩道圆通运用。

神恩盛丰，赐我阖家福隆。
颂出心胸，步履灵程彩虹。

静悄之中，激情如潮之涌。
才思灵动，旷怀包藏宇穹。

三. 秋意澹远

第九卷《春晓集》

北风瑟而萧
2024-11-4

北风瑟而萧,秋深景致骚。
木叶漫地飘,黄花东篱俏。
写意鸣啼鸟,朝日东方照。
心境复洒潇,哦诗激烈饶。

北风瑟而萧,叩心发朗啸。
男儿独立豪,卑媚远远抛。
身心肝胆傲,正直立尘表。
不屈复不挠,淡荡一生骚。

芦花摇曳也多情
2024-11-4

芦花摇曳也多情,散步吾经行。
飒飒秋风吹尽兴,爽洁吾心襟。

纵展气象以凌云,男儿怀豪情。
不畏艰苍困厄境,神恩赐丰盈。

努力步履山水境,哦歌心朗晴。
五十九载若电影,回首不必惊。

瞻眺未来怀激情,奋志以前行。
关山涤我之心灵,化作诗哦吟。

休憩吾之心襟
2024-11-4

休憩吾之心襟,窗外商风经行。
遍地落叶也多情,
袅起吾之诗兴。

悠悠淡定品茗,一任时光逝行。
人生情怀持贞定,
此生不图利名。

展转桑沧之境,赢得爽然心襟。
微微一笑也镇定,
世事徒幻烟云。

我心晴朗空清,叩道趋向圆明。
正直一生历险境,
而今享受康平。

午时阳光朗俊,鸟语啭其幽情。
卵色天空霭弥行,
田野斑斓灿景。

阖家雅享安平,生活步入康俊。
温和心襟灿无垠,
颂神讴出心灵。

儒雅人生

2024-11-4

儒雅人生，力保吾之纯真。
叩道刚正，踏遍山水层层。

秋风清生，窗外呼啸声声。
落叶漫逞，诗意弥满乾坤。

淡泊心身，雅哦新诗诚真。
呼出意振，讴咏吾之人生。

努力前程，大好风光雄浑。
名利弃扔，高蹈心襟清芬。

黄花开盛，清新并且芳醇。
笑脸迎人，惬我心志十分。

心襟温存，诗书哦咏晨昏。
清度秋春，共彼大化同骋。

清裁志向入诗章

2024-11-4

清裁志向入诗章，
哦出人生昂扬。
此际阳光正洒靓，
秋意动地之苍。

惬意盈满我心房，
清听商风之唱。
书本抛放稍不望，
休憩吾之情肠。

人生得意莫狂猖，
谦正是余情况。

一生努力向前闯，
踏破山水千障。

红尘不是我故乡，
奋沿灵程闯荡。
求取天国永生场，
灵魂永远不亡。

洒脱人生

2024-11-4

洒脱人生，抛弃名利是真。
容我轻身，叩道领略深沉。

阳光洒逞，鸟语啾啾清振。
朔风成阵，呼啸一似狂奔。

木叶逝纷，飘飘何其惬人。
诗意心生，哦出吾之精诚。

人生驰骋，冲决山高水深。
万里征程，鼓我情志前奔。

爽雅心身

2024-11-4

爽雅心身，呼出人生兴奋。
品茗惬生，逸意袅入云层。

北风成阵，残秋黄花开盛。
阳光洒逞，温暖世界如春。

舒我心身，哦咏新诗温存。
人格显逞，君子儒雅十分。

读书意振，古今由我纵论。
嗟此红尘，时光飞逝如奔。

力戒平庸
2024-11-4

力戒平庸，奋志纵我刚雄。
人生矢冲，越过山水重重。

暮阴鸟颂，晚秋商风清送。
冷寒不重，心志颇自轻松。

灯下思浓，呼出吾之灵动。
淡泊襟胸，原也雅洁清空。

不为所动，不做名利孬种。
正义刚洪，诗书镇日哦讽。

晨起鸟鸣唱
2024-11-5

晨起鸟鸣唱，东方霞涨。
情志正清爽，新诗哦唱。

天气冷寒间，听见鸡唱。
心境何潇旷，雅讴诗行。

振志人生场，因循抛光。
奋发我昂扬，万里驱闯。

关山越万幢，豪情苴壮。
未来正无疆，纵马径闯。

岁月何奔放，立冬即将。
更应惜时光，我已斑苍。

微笑淡然漾，得意不狂。
谦正持襟房，向学潜藏。

正义襟浓
2024-11-5

正义襟浓，恣展吾之灵动。
哦出心胸，哦出气如长虹。

朝暾正红，残秋清风吹送。
雀鸟啼颂，自得欢乐无穷。

情之所钟，是向远方冲锋。
关山重重，览尽风光浑雄。

男儿心胸，原也富于厚重。
不随世风，独立旷雅从容。

天气朗晴十分
2024-11-5

天气朗晴十分，快意心生。
喜鹊又复啼振，秋风清骋。

感谢天父鸿恩，赐福丰盛。
导引吾之灵程，万里驰奔。

此际残秋届正，木叶逝纷。
裹起意境深沉，哦歌意振。

努力前面旅程，山水高深。
悠悠哦唱声声，旷入云层。

三. 秋意澹远

心境晴朗
2024-11-5

心境晴朗,呼吸清风快畅。
木叶逝殇,林野斑其色相。

呼出情肠,呼出正义奔放。
呼出扬长,呼出人生贞刚。

红尘攘攘,容我骋志向上。
克尽艰苍,始终心怀阳光。

一笑澹荡,秋深景致清赏。
时光飞旷,不计老将来访。

心不妄动
2024-11-5

心不妄动,世事任从逝风。
年近成翁,心志依持刚雄。

惬听鸟颂,享受清新爽风。
意取灵动,哦咏新诗从容。

阳光洒送,卵青赞此晴空。
残秋清空,木叶飘逝凝重。

时光飞猛,笑我华发迎风。
淡定襟胸,原也成竹于中。

阳光洒照
2024-11-5

阳光洒照,心志骋吾清好。
惬展情抱,哦诗襟怀骚骚。

残秋堪表,东篱菊开正俏。
月季芳饶,色彩灿烂美妙。

林野斑了,喜鹊旷意鸣叫。
小风来潇,我意适然醉陶。

阖家康好,父母健康欢笑。
神恩丰饶,颂赞朗出心窍。

卵青天壤真堪赏
2024-11-5

卵青天壤真堪赏,野风来航,
木叶飞荡,禽鸟高声放奏唱。

阳光奔放惬意向,有云淡翔,
有菊可赏,残秋不尽之风光。

岁月侵人入鬓霜,一笑爽朗,
情志安祥,朗步人生奋前闯。

而今我不嗟而怅,世事平章,
华年逝淌,一切如水之澹荡。

红尘滚滚叠桑沧,百年瞬间,
泪勿轻淌,苦旅骋尽我昂扬。

正志人生放讴唱,神恩雅享,
叩道向上,传世赖有好华章。

挺志人生
2024-11-5

挺志人生,朗放哦唱声声。
感沛神恩,赐我阖家丰盛。

此际秋深，此际阳光清纯。
此际意振，此际哦咏诚真。

人生前骋，不过山高水深。
不必惊震，已越重峦千层。

一笑清生，豁怀正是无伦。
人生纵论，一生唯赖神恩。

父母健在是福分

2024-11-5

父母健在是福分，
感谢丰沛神恩。
孝敬父母享天伦，
一家欢乐安稳。

此际阳光正洒逞，
秋意已经深沉。
欣看木叶纷逝骋，
黄花开得繁盛。

努力前面之旅程，
人生纵情驰骋。
不畏艰险不沉沦，
高抗体道一生。

一笑清生雅十分，
君子人格培成。
修心养德无止程，
努力上进奋争。

清平世界展意境

2024-11-5

清平世界展意境，
爽雅是余心襟。
秋云淡淡以飞行，
阳光洒得清俊。

振志哦诗复多情，
舒出心志心灵。
耳际鸟语何娇俊，
喜鹊大声朗鸣。

岁月进行真无垠，
欣赏不尽秋情。
爽风其来也清新，
惬我心怀意兴。

微笑浮萦且淡定，
展眼长天霭凝。
淡泊人生奋前行，
领略关山苍峻。

旷怀雅正

2024-11-5

旷怀雅正，人生振志清骋。
风光雄浑，悦我心志灵魂。
风雨曾盛，跌倒尘埃号呻。
神恩丰盛，多次起死回生。

奋行灵程，力战魔敌凶狠。
凯归天城，秉持圣洁灵魂。
努力修身，努力德操加增。
努力前骋，努力向上飞腾。

悠悠扬扬人生场

2024-11-5

悠悠扬扬人生场，
心志若花开放。
此际秋日洒煦阳，
心境温和无恙。

耳际听得啼鸟唱，
爽凉商风清旷。
蓝天白云淡飘翔，
林野木叶斑黄。

惜无红枫可欣赏，
却喜东篱菊芳。
诗意弥襟纵哦唱，
舒出人生意向。

华年逝殇真无妨，
心犹少年相仿。
年轮增我刚与强，
不惧前旅艰长。

心志和畅

2024-11-5

心志和畅，欣赏此灿烂秋阳。
品茗意旷，诗意弥襟纵哦唱。

午时正当，林野一片斑斓相。
生活安祥，清心度日也澹荡。

和柔心间，莫忘振志奋前闯。
力战虎狼，天下不平矢扫荡。

微笑浮漾，得意人生不张狂。
谦贞情肠，感沛神恩赐茁壮。

好秋无恙

2024-11-5

好秋无恙，一任西风扫荡。
阳光洒靓，白云悠悠飘翔。
我自慨慷，人生振奋情肠。
诗书平章，写诗不已扬长。

岁月飞旷，老我斑苍瞬间。
一笑澹荡，人生共缘安祥。
任幻桑沧，任从华年逝淌。
我意强刚，不屈不挠前闯。

标举精神文明

2024-11-5

标举精神文明，人生骋志前行。
心灵心志须看紧，
污秽矢志抛清。

人生振奋心灵，胜过试探艰辛。
灵程道路不好行，
慎防堕落陷阱。

名利欺人之景，物欲害人无垠。
叩道领略深意境，
重重云山峻岭。

人生百年生命，矢向天国挺进。
莫耽世界之幻境，
永生幸福满盈。

挥发吾之刚贞

2024-11-5

挥发吾之刚贞，人生奋志而骋。
此际秋风吹逞，爽朗天晴时分。

雀鸟欢鸣声声，品茗更加意振。
呼出情志精诚，坦荡清度人生。

履尽烟云滚滚，而今澹荡生成。
不为名利所乘，清真叩道驰奔。

爽雅是余心身，注重人格培成。
经历风雨历程，一生仰赖神恩。

秋阳清朗

2024-11-5

秋阳清朗，骋志人生昂扬。
不畏险艰，迎难敢于闯荡。

谦正情肠，力抛卑媚机奸。
朴质襟房，无机并且扬长。

悠悠尘壤，清度吾颇安祥。
叩道向上，冲决千关万嶂。

红尘攘攘，水云中心流淌。
一笑澹荡，注目斜照在望。

展眼秋野在望

2024-11-5

展眼秋野在望，老柳毵荡，
芦花曳旷，不尽斑斓色相。

此际斜照正朗，白云悠翔，
雀鸟鸣唱，商风吹来萧凉。

和蔼盈满寰壤，心志开放，
小哦诗行，品茗情志增长。

阖家幸福无恙，神恩饱享，
安平情况，雅将颂赞献上。

旷意人生

2024-11-5

旷意人生，由我作主生成。
自力更生，一生仰赖神恩。

时光飞骋，五十九载一瞬。
何须惊震，人生客旅行程。

莫为名乘，不为利所骋。
奋志刚正，叩道历艰深。

秋意已深，斜日照清纯。
讴歌真诚，旷展我心身。

清风来骚

2024-11-5

清风来骚，清风此际来骚。
向阳情抱，适意人生安好。

清听啼鸟，晚秋爽我怀抱。
斜日朗照，田野灿若画稿。

东篱菊俏，引我欣赏折腰。
此物微妙，傲霜依然不凋。

红尘清好，客旅人生逍遥。
诗书怡抱，清贫生活就妙。

秋阳此际无恙

2024-11-5

秋阳此际无恙，洒照在此尘壤。
欢乐人生未央，雅听鸟语奔放。

生活和平安祥，神恩感在心间。
应将颂赞献上，力沿灵程闯荡。

修身应当尽量，克己私欲必讲。
正义盈满情肠，慧目灵动闪光。

矢向前方闯荡，越过山水险艰。
神恩无比丰穰，导我一生慈航。

灵动是我襟房

2024-11-5

灵动是我襟房，哦诗热情张扬。
舒出人生意向，原也雅洁平康。

此际秋深清旷，田野斑斓色相。
清坐展我思想，阳光洒照奔放。

振我人生强刚，不畏前路险艰。
一生敢于闯荡，荷负神恩茁壮。

坦腹悠悠哦唱，袭袭是我情肠。
知音未知何方，孤旅独自扬长。

孤旅清骋

2024-11-5

孤旅清骋，咽尽悲苦消沉。
丰沛神恩，复活吾之灵魂。

回忆深沉，冲决虎狼之阵。
血洒纷纷，扑身跌倒埃尘。

神恩丰盛，妙手起死回生。
奋行灵程，标的天国永生。

奋不顾身，叩道领略人生。
努力前程，努力挥洒刚正。

又近黄昏

2024-11-5

又近黄昏，阳光洒照温存。
残秋清逸，商风吹叶逝纷。

爽听鸟声，享受休闲真正。
饱领神恩，茁壮奋行灵程。

淡泊心身，注重修养灵魂。
圣洁己身，污秽努力抛扔。

高蹈红尘，不为名利奋身。
诗书清骋，风雅清度人生。

天有微凉

2024-11-5

天有微凉，商风吹袭无恙。
心志清昂，惬意斜照在望。

有鸟啼唱，田野丽若画廊。
毵毵柳荡，风情娟好扬长。

黄花绽芳，朵朵灿其色相。
心境奔放，雅哦新诗成章。

人生向上，未可久耽安闲。
客旅贞刚，修心养德无疆。

清新展夕照
2024-11-5

清新展夕照，黄昏无限好。
商风吹萧骚，田野茂啼鸟。
清思展逍遥，哦诗复雅骚。
舒出我情抱，澹荡憩尘表。

清新展夕照，世界何美好。
市井闹嚣嚣，车水马龙跑。
静定持心窍，不为物欲扰。
诗书润襟抱，向阳情志潇。

振意听啼鸟
2024-11-5

振意听啼鸟，东篱菊骚骚。
黄昏已经到，四围静悄悄。
内叩我心窍，发而为诗稿。
一种倩风标，一种南山傲。

振意听啼鸟，情怀吾洒潇。
生活体安好，努力奋前道。
心志不苍老，胸襟犹俊俏。
叩道乐逍遥，不惧艰深饶。

夕日西沉
2024-11-5

夕日西沉，余晖此际清逞。
雀鸟啼振，惬余心志深深。

商风吹骋，木叶飘逝缤纷。
诗意乾坤，引我哦诗清芬。

残秋届正，清喜东篱菊盛。
引我思深，引我诗兴勃盛。

人生纵论，百年弹指一瞬。
合展刚正，合舒我之风神。

一任时光飞骋
2024-11-5

一任时光飞骋，一任时光飞骋。
残秋届正，暮色之中听鸟声。

灯下清思生成，人生由我纵论。
斑苍惜生，豪情壮志依然逞。

叩道奋我心身，不畏前路艰深。
试探任盛，叵耐我心持诚真。

爽洁盈此乾坤，清风来拂意振。
哦诗舒精诚，男儿怀刚贞。

情志清振
2024-11-5

情志清振，此际品味人生。
夜幕初沉，城市灿放华灯。

残秋时分，爽凉天气宜人。
我意清芬，惬怀无比温存。

舒出心身，舒出一腔刚正。
舒出真诚，舒出心志灵魂。

红尘滚滚，运化无比精准。
叩道历程，山水履历艰深。

闲与父母谈家常
2024-11-5

闲与父母谈家常，欢乐无疆，
天伦雅享，神恩赐福何丰壮。

此际残秋之时间，天喜凉爽，
情志悠扬，清度生活乐平康。

骋志人生奋向上，冲决险艰，
心怀贞刚，胜过试探与虎狼。

还我天下之平康，大道通畅，
人民安祥，正义敷布遍寰壤。

雅思生成
2024-11-5

雅思生成，激情是我人生。
夜色初逞，城市灿放华灯。

灯下思深，哦诗舒出心身。
生活平顺，中心感沛神恩。

前驱奋骋，定志万里征程。
风光清纯，风光历历雄浑。

心志和温，享受天伦真正。
颂赞神恩，努力步履灵程。

人生勿躁
2024-11-5

人生勿躁，心志守我静悄。
步履前道，急功近利不好。

情怀雅俏，哦诗亦复良好。
舒出心窍，舒出人生刚傲。

谦和力保，君子人格朗造。
向学志高，沉潜一生亦好。

岁月逝飘，立冬后日将到。
不惊不躁，努力奋辟前道。

世事艰苍
2024-11-5

世事艰苍，吾又何必多讲。
力战虎狼，冲决欺骗撒谎。

心志贞刚，人生迎难敢上。
力战虎狼，任从血渍流淌。

夜幕甫降，远际又嘹歌唱。
撩我心房，激起情怀荡漾。

岁月奔放，不必计较斑苍。
奋我志向，万里无有止疆。

第十卷《向往集》

手不释卷之间
2024-11-5

手不释卷之间，不觉华年逝殇。
五十九载放，笑我霜华苍。

清度红尘无恙，人生情志张扬。
叩道骋志向，心志纵方刚。

此际残秋正当，夜幕初初笼降。
远际歌声唱，我心起悠扬。

人生雅持昂扬，骋怀天涯闯荡。
向上无止疆，修身奋贞刚。

雅守吾之逍遥
2024-11-5

雅守吾之逍遥，心襟何必过劳。
二更已静悄，书本当宜抛。

秋天已经深了，天气爽凉宜抱。
灯下思悄悄，人生如奔跑。

身心须要节调，未可过于累劳。
欲想恒久跑，休憩实为要。

写诗何必不了，要言简洁为好。
繁琐须抛掉，重复亦非妙。

红尘惊心
2024-11-6

红尘惊心，合当步步为营。
爽雅心襟，此际人生振兴。

五更之境，爽风扑面清新。
残秋鼓劲，天气微觉寒清。

灯下思凝，哦诗舒我激情。
奋志追寻，真理一生仰景。

回首何惊，履尽千山万岭。
神恩丰劲，赐我阖家康平。

岁月进行，明日立冬将临。
时光飞迅，不必计较斑鬓。

微笑清映，豁达人生多情。
人格培俊，儒雅并且芳清。

往事烟凝
2024-11-6

往事烟凝，人生淡淡定定。
五更清醒，哦诗正好舒情。

秋风多情，爽我心志无垠。
薄寒之境，一使人心清警。

岁月闲评，走过山水苍峻。
老来斑鬓，心志依然开屏。

合当振兴，合当志取凌云。
合当力行，合当开开心心。

内叩心襟，淡荡并且清宁。
骋志前行，不惧虎豹狼群。

还我太平，还我青山绿岭。
还我康宁，还我大道通行。

人生怀情，万语合当凝并。
百年生命，匆促正如电影。

奋志前行，天涯灿有风景。
边走边吟，书写刚正生命。

奋志人生场

2024-11-6

奋志人生场，俭朴应当。
奢华未可讲，直通丧亡。

人生振志向，万里驱闯。
此际哦诗章，五更无恙。

残秋清正当，爽凉快畅。
早起吾安祥，灯下思想。

激情舒汪洋，哦出奔放。
废话不宜讲，聊赋短章。

五更起清寒

2024-11-6

五更起清寒，疏星淡淡。
早起把书看，意兴雅安。

人生奋前站，万水千山。
不畏惧艰难，志取霄汉。

红尘颇好玩，客旅妥善。
名利把人缠，务须看淡。

叩道领艰难，男儿傲岸。
旷展双翅翻，鹏程妙曼。

焕发吾之心身

2024-11-6

焕发吾之心身，人生奋志前骋。
历尽山水雄浑，依然一身刚正。

感谢天父鸿恩，赐下如此丰盛。
努力进取灵程，叩道不计艰深。

焕发吾之心身，人生雅秉精诚。
此际残秋届正，五更冷寒清骋。

灯下思发深沉，书写人生清纯。
哦诗如泉涌迸，灵慧灵动丰盛。

人生清展意境

2024-11-6

人生清展意境，奋志吾前行。
穿过崇山峻岭，一笑颇鲜明。

不畏困难苦境，心灯旷燃明。
神恩如此丰盈，赐我以安平。

此际中心怀情，哦诗适心灵。
秋残清冷之境，天犹尚未明。

灯下思展殷殷，呼出我热情。
人生振志无垠，努力奋前行。

天气值寒苍

2024-11-6

天气值寒苍，冷风吹狂。
木叶变枯黄，渐次凋丧。

明日立冬访，秋去安祥。
时光真飞殇，何必嗟怅。

努力向邈方，寻觅慧藏。
内叩己心房，智灯燃亮。

人生勿迷茫，名利弃放。
清心才雅靓，骋志无疆。

朝日生成

2024-11-6

朝日生成，阳光普照这宇城。
雀鸟啼芳，远际音乐动人肠。

早起悠扬，从容朗哦我诗章。
时光飞旷，更应分秒惜韶光。

不必心怅，秋去似乎无影响。
东篱菊芳，恣我情志真无恙。

心志晴朗，学取阳光舒奔放。
卑媚抛光，良知正意心地间。

展眼长望，天际云烟淡渺茫。
田园画廊，妙丽天地何安祥。

奋发昂扬，人生莫负好时光。
努力向上，创造业绩缔辉煌。

挺志人生场

2024-11-6

挺志人生场，勿忘悠扬。
定定复当当，放我歌唱。

行旅勿匆忙，心怀淡荡。
情系水云间，无机襟房。

向上尽力量，克己污脏。
圣洁己心房，内蕴慧光。

红尘试炼场，修心无疆。
标的明襟房，长驱康庄。

爽然心襟

2024-11-6

爽然心襟，哦诗亦复雅俊。
舒出空灵，舒出吾之身心。

朝日洒劲，蓝天清袅烟云。
我意振兴，况复品此清茗。

读书意境，领略中外古今。
领悟之境，万法贯通于心。

推原要领，中和中庸均平。
持正力行，践履思想要紧。

未可局促身心

2024-11-6

未可局促身心，人生放旷才行。
豁达利与名，清心最要紧。

修身努力上进，克己污秽力行。
圣洁己心灵，叩道奋勇进。

红尘无比艰辛，试炼一任其凌。
神恩丰且盈，赐下安与平。

岁月飞行何迅，老我苍鬓斑境。
一笑洒然清，浩志依凌云。

湛蓝天宇碧青

2024-11-6

湛蓝天宇碧青，爽雅余之心灵。
煦阳洒清俊，残秋有意境。

商风吹袭清新，木叶诗意飘零。
悠悠人生境，此际享和平。

黄菊多么振兴，朵朵开得灿俊。
引我欣赏情，更哦诗讴吟。

明日立冬将临，秋去无有踪影。
写诗聊慰情，奋志旷朗行。

振志人生疆场

2024-11-6

振志人生疆场，所历不过险艰。
奋发我贞刚，神恩正茁壮。

依然心怀漫浪，努力前路驱闯。
关山叠雄壮，迈越吾强刚。

心灵心曲弹唱，光明一似阳光。
男儿有豪爽，男儿怀气象。

修身应当尽量，向上骋我顽强。
红尘是攘攘，水云勿相忘。

人生体道平康

2024-11-6

人生体道平康，心襟无比温让。
君子男儿旷，儒雅哦华章。

此际阳光煦放，此际西风清爽。
此际秋云荡，此际享安祥。

前路合当奋闯，岂惧关山万幢。
一笑清无恙，一笑展豪壮。

残秋舒其意向，木叶飘逝凋丧。
黄花舒其芳，灿烂岂有双。

清风徐旷

2024-11-6

清风徐旷，白云淡淡飞翔。
诵读词章，情绪激越慨慷。

阳光煦放，午时和暖安祥。
心志裁量，哦出新诗数章。

红尘狂放，太多机绊肮脏。
心须定当，远避利锁名缰。

骋志所向，恒在天涯远疆。
风雨兼闯，豪情盈满襟房。

旷意人生

2024-11-6

旷意人生，依持我的清纯。
圣洁心身，不为俗世污损。

滚滚红尘，世事何其炼人。
整顿心身，迎接恶浪生成。

岁月飞奋，老我斑苍一瞬。
一笑和温，人生客旅行程。

秋去无声，欣彼落叶飘纷。
黄花意芬，点缀东篱雅甚。

蓝天清秀白云

2024-11-6

蓝天清秀白云，爽雅余之心襟。
午时阳光灿俊，秋意多么和平。

商风淡淡吹行，木叶雅洁飘零。
红尘写意空清，欣喜东篱菊俊。

生活使余开心，读书雅享意境。
岁月旷然进行，何必计较斑鬓。

淡泊是我心灵，悠悠雅放歌吟。
野境禽鸟啼鸣，惬余心志心灵。

夜幕清降

2024-11-6

夜幕清降，此际初更时间。
校读诗章，人生情绪昂扬。

裁思奔放，哦咏新诗成章。
舒出志向，舒出柔婉情肠。

奋发向上，不惧万千险艰。
力战豺狼，力战吃人凶魍。

红尘平章，只是试炼之场。
修身向上，努力圣洁心房。

克己污脏，叩道一生扬长。
战胜强梁，还我天下平康。

人生不长，百年真似瞬间。
抓紧时间，努力奔赴天堂。

高远理想，支撑我奋前闯。
风雨艰苍，铸我意志强刚。

一笑爽朗，男儿好个模样。
铁骨俊刚，如松如柏青苍。

淡泊情志吾安康

2024-11-6

淡泊情志吾安康，
人生矢志向上。
晚秋灯下展思想，
哦诗旷舒奔放。

多言从来是有妨，
发语简捷为上。
人生最贵是思想，
一若烛火擎掌。

穿越迷雾与艰苍,
中心怀有阳光。
神恩从来赐茁壮,
导引吾之慈航。

奋发挺志万里疆,
风雨容我兼闯。
胜利在望一笑昂,
人格于中显彰。

人生经行

2024-11-7

人生经行,越尽崇山峻岭。
一笑清新,领略壮美生命。

立冬今临,早起五更情景。
灯下思萦,哦诗适我心灵。

矢志挺进,览尽大千风景。
风雨苍劲,磨炼吾之心襟。

淡淡定定,中心不起狷情。
处缘安平,共彼大化同行。

爽风吹劲

2024-11-7

爽风吹劲,立冬今届临。
天喜朗晴,散步复闲行。

心境开屏,人生喜不禁。
生活和平,神恩领充盈。

阖家振兴,享受此康宁。
诗书浸淫,体道深用心。

淡淡定定,人生若浮云。
合当清醒,百年若电行。

造化均平

2024-11-7

造化均平,人生振志前行。
穿山越岭,悠放吾之歌吟。

时光飞迅,何必嗟叹霜鬓。
一笑多情,领略人生意境。

窗外鸟鸣,窗外爽风经行。
窗外天青,窗外阳光朗俊。

我自开心,豁怀雅取空灵。
哦诗进行,舒出心志心灵。

领略空清意境

2024-11-7

领略空清意境,人生悠悠前行。
初冬阳光俊,旷意真无垠。

心志雅怀殷勤,人生奋志挺进。
万里长驱行,力战虎狼群。

中心巍峨群岭,中心霞彩清映。
正气充宇庭,一笑展鲜明。

努力奋发刚劲,情怀无比清新。
不为名利侵,淡泊吾康宁。

爽风进行

2024-11-7

爽风进行，清喜蓝天白云。
阳光洒俊，蔼然喜鹊清鸣。

雅洁心襟，淡荡并且和平。
初冬正临，东篱黄菊开俊。

悠悠此心，活泼并且空清。
振志凌云，冲决世俗陷阱。

不图利名，挥洒吾之雄英。
天涯驱行，迈越千山万岭。

人生骚骚

2024-11-7

人生骚骚，吾不畏惧艰饶。
心志洒潇，一生努力叩道。

风光大好，清喜东篱菊俏。
风来清妙，阳光何其煦妙。

初冬来到，木叶飘逝纷饶。
白云飘飘，写意红尘丽潇。

品茗意俏，书出人生情抱。
不为所扰，名利矢志抛掉。

谦正情操，向阳心志清好。
神恩丰饶，赐我阖家康妙。

努力前道，不计山水迢迢。
天涯朗造，鼓舞情志驱跑。

心襟旷彼白云

2024-11-7

心襟旷彼白云，此际淡淡悠行。
阳光洒清俊，和蔼真无垠。

人生心志殷殷，跨越崇山峻岭。
一笑也多情，一笑爽雅清。

合当振志凌云，合当奋展雄英。
合当男儿充劲，合当万里经行。

哦诗舒发热情，不必计我斑鬓。
神恩广且盈，赐福何安平。

舒我灿烂笑容

2024-11-7

舒我灿烂笑容，恣展心襟灵动。
不惧渐成翁，依然奋刚雄。

红尘谁是情种？红尘谁是英雄？
红尘谁在吟咏？红尘谁在奋勇？

岁月飞行迅猛，笑我华发斑慵。
依然奋志前冲，冲决困厄重重。

大千妙丽堪颂，雀鸟鸣于长风。
一笑颇轻松，神恩领无穷。

初冬天萧凉

2024-11-7

初冬天萧凉，感时吾不怅。
夕照黄昏间，容我惬意肠。

呼吸清风畅，快意心地间。
哦诗复流畅，野境鸟歌唱。

舒出吾奔放，舒出吾悠扬。
舒出吾贞刚，舒出吾澹荡。

心志颇安祥，人生矢向上。
千关径须闯，英武眉眼间。

适意人生吾安好

         2024-11-7

适意人生吾安好，人生未可草草。
振志复洒潇，努力奋前道。

初冬天气宜抱，此际清听啼鸟。
爽风来萧骚，我意真旷妙。

哦出心襟怀抱，哦出人生风标。
哦出雅意骚骚，哦出灵动神妙。

正志向前奔跑，履越关山迢迢。
开怀吾大笑，红尘胡不好。

暝色初笼

         2024-11-7

暝色初笼，心志吾从容。
宿鸟啼颂，和乐且慵慵。
今日立冬，爽意是晴空。
旷意西风，惬我心无穷。

平章哦讽，舒出正意浓。
人生情钟，是在山水中。
心不平庸，奋志展刚洪。
叩道之中，关山领万重。

彩云漫空

         2024-11-7

彩云漫空，暝色复重浓。
华灯甫动，城市灿霓虹。

容我哦讽，容我舒灵动。
容我轻松，容我享从容。

心志清空，诗书吾奋勇。
名利弃空，高蹈襟与胸。

矢志前冲，关山跨越中。
风光灿浓，惬意真无穷。

人生雅意横纵

         2024-11-7

人生雅意横纵，恣展吾之心胸，
充满灵动，充满豪雄，
一身正气何刚洪。

此际夜色初笼，今日节届立冬，
爽风清送，华灯灿动，
清思旷发哦从容。

历尽雨雨风风，肩荷道义任重，
努力前冲，努力行动，
力战虎狼何英勇。

岁月飞逝何猛，华发斑苍重浓，
坦荡襟胸，无机和慵，
正直立身不平庸。

履历人生

2024-11-7

履历人生，未许意志消沉，
奋我刚贞，奋我精诚，
努力风雨驰骋。

夜幕笼深，初冬天不寒冷，
灯下思振，哦诗清芬，
舒出人生刚正。

叩道奋身，穿越艰险艰深，
红尘滚滚，试炼任盛，
叵耐我心沉稳。

领受神恩，丰沛丰美丰盛。
努力灵程，克敌制胜，
标的天国精准。

城市灿华灯

2024-11-7

城市灿华灯，爽雅心身，
旷风清纯，惬我意振，
哦咏新诗怡神。

感沛神之恩，导引灵程，
叩道刚贞，谦和心身，
不屈不挠前骋。

远抛心痛疼，无机心身，
振意乾坤，万里驱骋，
不畏山高水深。

笑意纵生成，人生沉稳，
旷雅清芬，诗书潜沉，
叩道体道诚真。

悠悠人生场

2024-11-7

悠悠人生场，我意扬长，
不须匆忙，定定当当，
骋志迈越万重岗。

远际嘹歌唱，我心舒畅，
情志张扬，旷哦诗章，
舒出心灵并志向。

履尽艰与苍，一笑爽朗，
神恩广长，起死扶伤，
男儿豪情心地间。

奋发向前闯，关山叠壮，
用脚丈量，心志强刚，
边走边歌边高唱。

淡泊情志纵哦讽

2024-11-7

淡泊情志纵哦讽，不惧成翁，
奋我刚雄，万里冲锋，
展尽心地之英勇。

时节清届此初冬，冷寒不重，
夜色初笼，灯下情浓，
男儿振志呼大风。

展转尘世不伤痛，一笑从容，
人生持中，情志堪讽，
慧智内蕴于襟胸。

合展吾之豪与雄，冲决雾浓，
阳光心中，神恩恢弘，
领受平安福分隆。

内叩吾之襟与胸，正直凝重，
无机情浓，淡泊清空，
诗书一生骋奋勇。

晨昏放我之讴咏，颂出心胸，
正义刚洪，不屈恶凶，
力战魔敌虎狼丛。

笑意清展是灵动，质朴如风，
坦荡胸中，旷雅和慵，
矢志脱出彼平庸。

旷怀前驱吾从容，学取苍松，
学取云风，学取大鹏，
天涯召唤我前冲。

第十一卷《厚道集》

热情人生
2024-11-7

热情人生，挥洒吾之诚真，
尽力驰骋，山高水深，
显我英勇无伦。

此际乐享天伦，阖家平顺，
父母康盛，笑语欢声，
领受丰沛神恩。

清听音乐温存，撩我心身，
情志清振，哦诗清芬，
舒出人生兴奋。

努力前面旅程，风雨兼程，
旷怀雅正，绝不沉沦，
一生努力修身。

流年驰奔
2024-11-7

流年驰奔，秋去无声，
立冬届正，天不寒冷，
灯下思深，情志清骋，
心怀雅振，哦诗复清芬。

人生刚正，尽力驰骋，
豪情心生，瞻眺远程，
风雨不论，越岭攀登，
一笑和温，人格毕显逞。

儒雅心身，激情时分，
舒写人生，一腔诚真，
努力修身，养德晨昏，
诗书清骋，正直度秋春。

叩道历程，领略艰深，
迷雾层层，不屈奋争，
阳光心生，神恩丰盛，
努力前程，悠放我歌声。

此际无眠

2024-11-7

此际无眠，雅洁盈心，
澎湃盈襟，振意讴吟，
舒出人生之奋兴。

岁月进行，立冬今临，
灯下思清，激情于心，
诗意弥襟无法禁。

讴出心灵，讴出身心，
讴出柔情，讴出振兴，
讴出人生快慰情。

四野平静，爽凉惬襟，
怀抱空灵，雅思妙运，
无数精灵跳跃行。

妙悟人生

2024-11-7

妙悟人生，不必装作愚蠢，
奋志刚贞，秉心清纯，

叩道诚真，奋力以驰骋。

此际夜深，灯下清思生成，
人生奋争，风雨兼程，
不惧艰深，冲决试炼阵。

岁月进深，斑苍霜华清逞，
一笑纯真，华年惜珍，
分秒必争，清度我秋春。

诗书人生，真理一生寻遵，
心志清芬，体道晨昏，
不妄纷争，淡泊且方正。

激越人生

2024-11-8

激越人生，欣赏此际朝暾，
朗晴十分，霞彩清生，
初冬不冷，惬我情志清芬。

岁月飞奔，滚滚嗟此年轮，
霜华清生，挺志刚正，
不屈奋争，努力万里驱骋。

大化运稳，桑沧任其生成，
笑傲秋春，正直一生，
叩道秉诚，清雅是我人生。

感谢神恩，赐下幸福何盛，
努力灵程，克敌制胜，
修养心身，战胜试炼艰深。

天气觉寒清

2024-11-8

天气觉寒清，远际音乐空灵，
爽风进行，蓝天白云，
朝日清新，惬意听取鸟之鸣。

此际身心俊，爽雅是余心灵，
体道振兴，悠悠前行，
穿山越岭，一路朗放吾歌吟。

人生本多情，费尽一生脑筋，
伤了心灵，奋发前行，
真理追寻，踏破山水岂常寻。

此际享淡定，神恩赐我丰盈，
读书尽兴，哦咏体情，
舒心品茗，生活康乐享清平。

清度人生场

2024-11-8

清度人生场，我自悠扬，
我自奔放，我自向上，
不屈不挠向前闯。

此际朝日旷，蓝天云翔，
冷风吹畅，雀鸟鸣唱，
自得写诗享安祥。

名利合弃放，利锁名缰，
害人无限，惹人颠狂，
裁取心志山野间。

心志怀漫浪，苦旅艰苍，
一笑爽朗，骋志遐方，
丰沛神恩吾饱享。

万事看开为上

2024-11-8

万事看开为上，共缘徜徉，
人生奔放，体道清刚，
奋志闯荡，越过山水之清苍。

心志如花开放，红尘攘攘，
情系乡庄，诗书平章，
一笑澹荡，清度人生也安祥。

此际初冬无恙，天初寒凉，
鸟语歌唱，风颇清爽，
休憩情肠，内叩自我之襟房。

生活平安吉祥，神恩饱享，
灵程向上，力战虎狼，
试炼任艰，奋志哦咏晨昏间。

不急不躁

2024-11-8

不急不躁，迈越人生迢迢，
履尽险要，关山清好，
引我开怀大笑。

岁月丰饶，笑我斑苍渐老，
犹持怀抱，犹奋刚傲，
前驱不屈不挠。

守我心灵倩好，名利抛掉，
清心为要，叩道风标，
振志放我朗啸。

红尘客旅逍遥，诗书朗造，
清哦洒潇，舒出情抱，
南山松菊有孤傲。

人生性光朗耀
       2024-11-8

人生性光朗耀，旷舒吾之情抱。
此际惬意听啼鸟，情怀雅俏。

天气晴朗美妙，蓝天有云在飘。
清坐思展吾逍遥，乐叩大道。

人生由来洒潇，不为名利烦恼。
骋意诗书清朗啸，声入云霄。

淡泊迈越前道，风光历历清好。
五十九载逝去了，爽意一笑。

约心自重
       2024-11-8

约心自重，人生矢志前冲，
风雨任浓，烈日任猛，
清展吾之英勇。

清风来动，爽雅吾之心胸，
散步从容，心襟灵动，
哦诗舒我清空。

节届初冬，冷寒清喜不重，
阳光和煦，云彩飘空，
老柳毵毵梳风。

一笑旷然灿浓，情怀堪讽，
心志中庸，人格推重，
努力修身恒永。

一朵牵牛开芳
       2024-11-8

  时既初冬，天气萧冷，家栽数丛牵牛只剩下一朵在朔风中妍丽开放，挺尽生命顽强，余因以喜，更为感动，作诗以歌之矣。

一朵牵牛开芳，挺尽生命顽强。
感动余之襟房，哦诗歌唱。

此际正洒朝阳，长风吹来清旷。
初冬天气无恙，澹荡盈满襟房。

我要努力闯荡，更加奋志向上。
不惧千重艰，不惧万仞岗。

远处鞭炮清响，点缀世宇平康。
骋志天涯向，修身当尽量。

人生未可沉沦
       2024-11-8

人生未可沉沦，努力挥洒刚正。
心志旷发真诚，冲决山水雄浑。

步履迈越诚恳，秉持心灵纯真。
叩心奋不顾身，一生领受神恩。

人生未可沉沦，身心怀有青春。
五十九载逝奔，赢得斑苍生成。

浩志依然旷正，展眼遐方瞻骋。
努力前面旅程，风雨磨炼心身。

秉持我的良心

2024-11-8

秉持我的良心，秉持正义心襟。
人生奋志前行，战胜虎豹狼群。

一笑颇自镇定，已历崇山峻岭。
悠悠放我歌吟，人生挺志前进。

岁月多么空清，回首漫眼烟云。
务须珍惜寸阴，努力叩道修心。

此际初冬届临，清喜天气朗晴。
东篱黄菊灿俊，惬余心志无垠。

漫天祥云

2024-11-8

漫天祥云，夕照正进行。
冷风清新，快我心与襟。

落叶飘零，诗意弥宇庭。
爽我心灵，哦诗适身心。

骑车漫行，城市热闹境。
悠悠我心，清雅真无垠。

雀鸟清鸣，打动余心旌。
一笑浮萦，人生持淡定。

人生此际吾安祥

2024-11-8

人生此际吾安祥，灯下思想，
清思扬长，淡淡荡荡，
无机情肠，享受休闲之悠扬。

岁月尽数化诗章，往事回放，
未来瞻想，激情盈腔，
舒出奔放，清展微笑也清旷。

时值初冬不寒凉，爽我情肠，
远际歌唱，撩动心房，
振奋意向，柔和情思真无疆。

阖家安享清平况，父母健康，
喜我襟房，欢乐吉祥，
生活顺畅，颂神感恩心地间。

时近五更矣吾早起身

2024-11-9

时近五更矣吾早起身，
四围静悄矣心志生成。
灯下写诗矣叩心自问，
人生驰骋矣山高水深。

向学修心矣振奋精神，
养德不已矣一生勤奋。
时值初冬矣微觉清冷，
火热内心矣裁思精诚。

奋志刚贞矣傲立乾坤，
谦正为怀矣一笑旷生。
前路奋发矣试炼任深，
心不迷茫矣风雨兼程。
回首何震矣万里烟程，
未来瞻骋矣霞光披身。
百年人生矣韶光惜珍，
未可浪费矣叩道秉诚。

天气阴晴之间

2024-11-9

天气阴晴之间，旷朗意向，
清听鸟唱，爽风悠扬，
晨起裁心哦诗章。

一曲动地唱响，人生平康，
振奋情肠，万里驱闯，
不计风雨不计艰。

阖家清享平康，感恩心间，
颂出襟房，神恩广长，
灵程努力奋闯荡。

岁月多么奔放，初冬无恙，
菊花清芳，木叶逝殇，
感时我心不愁怅。

冲决艰深之境

2024-11-9

冲决艰深之境，不怕试炼之凌，
心志空清，情怀镇定，
此生不图利名。

高蹈吾之心襟，人生奋志凌云，
努力前行，努力振兴，
诗书一生浸淫。

此际清听鸟鸣，此际享受风清，
菊花开屏，林野斑境，
木叶诗意凋零。

岁月使人怀情，悠悠是余心襟。
回首不惊，往事烟云，
应向未来奋劲。

激情岁月舒奔放

2024-11-9

激情岁月舒奔放，
心境振我之慨慷，
流年飞翔，往事难忘，
点点滴滴上心膛。

初冬天气不萧凉，
惬意听取啼鸟唱，
悠悠情肠，心志清芳，
品茗何其旷无恙。

正志人生奋闯荡，
关山履历座座苍，
一笑爽朗，情怀茁壮，
男儿豪情天涯间。

修心向上启无疆，
叩道养德亦扬长，
人格端方，儒雅贞刚，
诗书一生纵哦唱。

三．秋意澹远

闲情释放
2024-11-9

闲情释放，讴咏诗章，
情志张扬，心地澹荡，
阖家平康，野鸟啼唱，
风来清爽，逸意吾扬长。

红尘攘攘，鞭炮震响，
生活安常，名利弃放，
清心雅享，诗书平章，
振志之向，天涯矢闯荡。

云天澹荡
2024-11-9

云天澹荡，喜鹊奏其高唱，
惬我意向，惬我情肠，
雅将新诗哦唱。

初冬天爽，清风其来悠扬，
享受休闲，享受平康，
享受神恩广长。

中心远抛机奸，骋志向上，
不屈艰苍，奋发顽强，
红尘清度安祥。

男儿豪勇贞刚，叩道奔放，
体道心间，养德无疆，
修心克己清芳。

早起五更间
2024-11-10

早起五更间，时雨清降，
檐前雨响，冬不寒凉，
小风舒爽，灯下思想，
人生情志体绵长。

岁月不萧凉，感发心间，
人生奋闯，矢志向上，
克尽艰苍，一笑澹荡，
清度红尘也安祥。

履尽风雨狂，苦痛襟房，
号呻振响，跌倒路旁，
血泪潸淌，谁人相帮？
唯赖神恩赐广长。

心灵有力量，灵程驱闯，
试炼任艰，冲决霾障，
战胜虎狼，斩尽魔魍，
努力回归彼天堂。

雨已止降
2024-11-10

雨已止降，辽大清旷，
心志广长，情思荡漾，
清听鸟唱，享受风扬，
生活闲品真无恙。

一笑澹荡，体道安祥，
人生向上，冲决苍凉，
心怀向往，天涯驱闯，
情系田园也扬长。

初冬之间，天未寒凉，
爽意宇间，东篱菊芳，
林野斑黄，木叶逝殇，
诗意弥满这尘壤。

周日休闲，书本抛放，
且品茗芳，且旷意向，
天伦乐享，情志平康，
哦诗衷情以讴唱。

清意人生场
      2024-11-10

清意人生场，正志作导航，
此际阳光靓，此际清风爽，
此际鸟啼唱，此际和蔼漾，
从心哦诗章，一曲旷扬长。

清意人生场，心志不迷茫，
奋发吾贞刚，男儿纵豪放，
力战彼强梁，还我天下康，
正道敷康庄，真理恒通畅。

清意人生场，此际初冬间，
心境持爽朗，情怀旷无恙，
感恩心地间，人生奋发闯，
高山越万幢，胜过试炼艰。

清意人生场，阖家喜洋洋，
父母俱健康，神恩领茁壮，
迈步向前方，修身当尽量，
人生百年苍，寸阴珍惜间。

雄豪人生
      2024-11-10

雄豪人生，雅持吾之谦贞，
向上奋争，克己修身，
挺志前骋，叩道诚真，
合当奋不顾身。

此际初冬时分，云烟纷呈，
斜照朗逞，清风成阵，
淡泊心身，哦诗清芬，
舒出人生刚正。

嗟此红尘滚滚，太多磨人，
奋发心身，风雨兼程，
名利抛扔，持心纯真，
笑傲浊世乾坤。

旷雅是我心身，不畏艰深，
不屈世尘，傲骨天撑，
正直一生，坦荡秋春，
德操努力加增。

夕照黄昏
      2024-11-10

夕照黄昏，夕照此际黄昏。
灿烂心身，此际灿烂心身。

初冬届正，清风其来爽神。
雀鸟啼振，惬我心志十分。

清度红尘，不惧困难成阵。
奋发刚贞，男儿努力驰骋。

雅思清纯，哦诗热情清芬。
舒我心身，舒我一腔真诚。

听从内心声音
2024-11-10

听从内心声音，人生奋志前行。
不为外缘所侵，清守吾之心灵。
红尘多有艰辛，合当志取凌云。
高蹈余之心襟，何妨趋向水云。

听从内心声音，名利合当辞屏。
保持心灵平静，叩道体道圆明。
躁动须当止停，雅思旷展空灵。
哦诗灵动均平，心怀寰宇包并。

五更已毕天未明
2024-11-11

五更已毕天未明，鸟语堪清听，
小风多情，爽我心襟，
初冬之境，灯下哦吟，
舒出情志颇振兴。

岁月赐我斑苍境，体道吾清平，
一笑爽清，快慰心境，
诗书经营，人生前行，
风雨无妨我挺进。

东篱黄菊绽清新，我心雅开屏，
叩道奋心，领略意境，
修身上进，趋向圆明，
悟彻天人心安宁。

男儿合当慷慨行，奋志纵凌云，
踏实追寻，神恩丰盈，
赐福无尽，阖家温馨，
清度岁月乐无垠。

天气阴晴颇不定
2024-11-11

天气阴晴颇不定，
容我休憩身心，
书本抛屏，享受清静，
淡淡品茗，何其雅清，
初冬淡泊盈心襟。

清喜东篱菊开俊，
朵朵何其清新，
爽我心灵，振我意兴，
新诗哦吟，吐出空灵，
一曲雅洁真无垠。

时时内叩己心襟，
污秽努力抛清，
修身上进，养德充盈，
正志凌云，风雨兼行，
踏破山水之苍峻。

人生百年匆匆进，
转眼华发苍鬓，
不计衰境，一笑淡定，
人生多情，少年心性，
豁怀微笑舒空清。

人生此际雅休闲

2024-11-11

人生此际雅休闲，不思不想，
时光逝淌，雀鸟鸣唱，
清新洒照是斜阳。

初冬天气不萧凉，只是叶黄，
只是林苍，清风徐旷，
东篱黄花正绽芳。

展转人生之疆场，冲决艰苍，
渡过桑沧，心怀阳光，
骋志傲岸且强刚。

男儿时有柔情放，谦贞情肠，
诗书温让，克己向上，
悠悠扬扬秋春间。

萧瑟林野具意象

2024-11-11

萧瑟林野具意象，
初冬天气且清爽。

时值初暮阴云漾，
清思旷发哦中肠。

写出人生之慨慷，
舒尽天地之苍凉。

百年生涯匆匆放，
岁暮惜取星星霜。

暮阴时分

2024-11-11

暮阴时分，心志潇潇生成。
雀鸟啼振，旷风畅意吹骋。

木叶逝纷，时值初冬清冷。
淡泊心身，灯下哦诗清纯。

人生奋争，不为名利俯身。
叩道刚正，山水履历清芬。

风雨不论，兼程容我力骋。
万里征程，展我男儿雄浑。

初冬无恙

2024-11-11

初冬无恙，雀鸟正在歌唱。
暮色正苍，容我舒展思想。

人生向上，努力克尽艰苍。
一笑澹荡，名利吾无意向。

淡泊平康，清喜父母健康。
神恩雅享，奋沿灵程闯荡。

菊绽清芳，木叶诗意飘降。
赞此尘壤，引我折腰讴唱。

华灯初初点上

2024-11-11

华灯初初点上，心志平康。
初冬暮阴无恙，舒发感想。

宿鸟振意啼唱，宛转扬长。
冷风吹击萧爽，惬我情肠。

内叩自我襟房，发为哦唱。
思想激越慨慷，万里驱闯。

体道吾享安祥，平静心间。
岁月任其飞旷，微笑雅闲。

第十二卷《吉祥集》

恬淡人生

        2024-11-12

恬淡人生，保守吾之纯真。
名利合扔，高蹈余之心身。

东方日生，初冬萧瑟气氛。
吾意气振，清听宛转鸟声。

时光飞骋，老我斑苍不论。
努力前程，努力万里驰奔。

大化弄人，此生履尽艰深。
笑傲红尘，笑傲桑沧之阵。

喜鹊清鸣唱

        2024-11-12

喜鹊清鸣唱，惬我意向，
振我情肠，不由写诗以讴扬。

此际精神爽，清风来翔，
朝口清旷，初冬清喜不寒凉。

岁月入鬓霜，一笑淡荡，
人生爽朗，挺志天涯矢闯荡。

红尘故事放，不过桑沧，
不过幻象，清心叩道吾扬长。

哲思从心淌

2024-11-12

哲思从心淌，哦咏诗章。
心志清无恙，淡淡荡荡。

人生奋向上，冲决艰苍。
天地广无疆，尽我驱闯。

一笑颇清爽，洁净心房。
无机之情肠，远抛污脏。

修心尽力量，振志雄壮。
步履迈坚强，风雨兼闯。

阳光温和放

2024-11-12

阳光温和放，霾锁尘壤。
雀鸟自由唱，欢乐未央。

初冬之时间，木叶凋殇。
林野尽斑苍，灿其色相。

清坐展思想，理我心簧。
发而为哦唱，新诗成章。

心志体平常，坦腹安祥。
品茗惬意向，读书志昂。

十月小春正无恙

2024-11-13

十月小春正无恙，东风吹清狂。
清心静意人生场，心灯燃明亮。

心志此际逞清昂，又哦新诗行。
舒出情志之芳香，君子人格彰。

红尘清度吾扬长，倾心作华章。
内叩自我之襟房，修身无止疆。

展眼云天烟澹荡，林野斑斓间。
漫地落叶诗意漾，讴赞出心肠。

闲情聊表

2024-11-13

闲情聊表，正意作诗稿。
朗日清照，旷风吹潇潇。

雅持襟抱，人生吾洒潇。
不为名扰，不为利所骚。

诗书怡抱，生活乐逍遥。
叩道朗造，修心修德操。

红尘清好，木叶逝飘飘。
诗意临到，新诗从心造。

拙朴人生

2024-11-15

拙朴人生，挥洒吾之刚贞。
走过青春，迎来斑苍生成。

喜鹊清振，初冬木叶逝纷。
诗意心生，讴出吾之诚真。

人生前骋，不惧试炼深沉。
傲骨铮铮，男儿一身豪正。

坦腹而论，人生客旅行程。
共缘缤纷，保守心地纯真。

休闲此际无恙

2024-11-15

休闲此际无恙，振奋吾之情肠。
清听喜鹊鸣唱，写诗舒发感想。

人生昂首前闯，关山履度万幢。
心胸无比宽广，天地尽都包藏。

云烟舒其辽旷，木叶纷纷飘飏。
初冬天不寒凉，阳光此际清朗。

情志舒其坦荡，人生悠悠扬扬。
不畏前路险艰，男儿果敢豪放。

休闲人生

2024-11-15

休闲人生，由我作主生成。
不为物乘，不为名利而骋。

清风来纯，惬我情志十分。
品茗时分，笑雅洁心身。

红尘滚滚，大化太多陶人。
秉持清真，秉持人格真正。

努力修身，无机正直清芬。
诗书潜沉，学养努力加增。

阳光普照

2024-11-15

阳光普照，吾意持正清好。
初冬美妙，落叶诗意堕飘。

心志洒潇，哦咏新诗骚骚。
品茗意俏，情怀雅洁堪表。

不惧衰老，一任白发飘飘。
挺志朗傲，不为名利倾倒。

东风来潇，爽我意兴无二。
清听啼鸟，清赏黄花风标。

挺拔人生

2024-11-15

挺拔人生，笑意从心生成。
不惧艰深，不怕试炼成阵。

清度红尘，保持纯正心身。
努力前程，努力奋发刚正。

魔敌凶狠，害人败坏沉沦。
神恩丰盛，导引丰美灵程。

淡荡精诚，鼓我勇气前骋。
山高水深，显我英武绝伦。

斜晖朗照

2024-11-15

斜晖朗照，心志吾清好。
木叶逝飘，生活具情调。

初冬美好，黄花开正俏。
裁思诗稿，南山之风标。

人生晴好，风雨已经饱。
不惧衰老，奋志犹刚傲。

淡淡微笑，豁达盈襟抱。
力奋前道，万里乐逍遥。

天气阴晴任不定
2024-11-15

天气阴晴任不定，持心朗晴，
休闲淡定，悠悠写诗复品茗。

初冬天气微寒清，鸟语娇俊，
木叶逝零，清喜黄花开正劲。

红尘无比之惊心，步步为营，
努力前行，骋志万里之烟云。

神恩从来赐丰盈，领受安平，
领受清净，领受阖家之康宁。

天气惜阴
2024-11-15

天气惜阴，鸟语骋其娇鸣。
爽风多情，吹展木叶凋零。

我意空清，正志人生前行。
冲决艰辛，冲决试炼之境。

雅意哦吟，舒出心志心灵。
悠悠此心，活泼爽雅无垠。

坦荡盈襟，不必计较利名。
享受清贫，享受淡泊意境。

人生骋志天涯向
2024-11-15

人生骋志天涯向，踏破莽苍，
烟雨艰苍，迎难而上一笑昂。

五湖归来何所讲，正意奔放，
人生向上，不畏困厄与虎狼。

而今笑我华发苍，依然爽朗，
依然贞刚，依然纯真持心间。

初冬天气爽无恙，林野斑黄，
木叶逝殇，惬意小鸟之啼唱。

爽雅情怀持淡荡，诗书哦唱，
适意扬长，不为名利而奔忙。

倾心旷意作诗章，一曲悠扬，
一曲旷放，一曲婉转一曲昂。

不思不想
2024-11-15

不思不想，人生情志吾悠扬。
清风来旷，惬意听取鸟之唱。

天阴无妨，休闲心襟持澹荡。
清思扬长，聊哦新诗裁奔放。

好个安祥，好个诗意之寰壤。
好个襟房，好个男儿持坦荡。

远抛机奸，正义人生力向上。
冲决艰苍，冲决试炼之深广。

岁月舒其苍茫　　　　2024-11-15

岁月舒其苍茫，此际清听鸟唱。
初冬暮阴不寒凉，
感兴油然增长。

灯下展我思想，人生振志昂扬。
苦旅困厄饱经尝，
而今一笑澹荡。

展我男儿阳刚，展我男儿奔放，
展我男儿之气象，
展我男儿豪爽。

努力前路奋闯，努力万里扬长，
努力舒发中心旷，
努力哦咏襟房。

中心偶有感伤，未可耽于安闲。
人生百年矢向上，
合当焕发贞刚。

叩道体道之间，智慧日渐增长。
天地之间存清旷，
秉烛谦贞前闯。

时光如飞急驰骋　　　　2024-11-15

时光如飞急驰骋，
老我斑苍何论。

此际初冬思深沉，
灯下哦诗真诚。

舒出人生之刚正，
男儿豪勇一生。
风风雨雨是征程，
履尽无限艰深。

五十九载沐神恩，
回首原不惊震。
步履前程并人生，
一笑旷怀雅正。

力战虎狼与凶魈，
还我天下平康。
奋志修心也昂扬，
德操努力加涨。

窗外悠悠放讴唱，
撩我心襟无限。
朗月东方夜风爽，
十月小春无恙。

最喜阖家享安康，
生活温馨安常。
平心静意心地间，
颂神切莫稍忘。

此际三更矣　　　　2024-11-15

此际三更矣，心志生成。
灯下思深矣，哦咏诚真。

人生奋骋矣，霜华清生。
一笑清纯矣，傲立刚正。

流年行奋矣，初冬届正。
天气不冷矣，十月小春。

内叩心身矣，修心秉诚。
向上力争矣，未可沉沦。

红尘滚滚矣，磨炼十分。
神恩广盛矣，导我灵程。

试炼任生矣，我心沉稳。
正志秋春矣，谦和晨昏。

诗书平生矣，真理寻遵。
大道雅正矣，一似慧灯。

穿越雾阵矣，光明心生。
慧目圆睁矣，万里征程。

清夜无眠

2024-11-16

清夜无眠，此际振奋心襟。
四更之境，朗月无比空清。

灯下思凝，人生快慰情景。
心志殷殷，雅将新诗哦吟。

红尘艰辛，大块苦我经营。
神恩丰盈，导引一生挺进。

一笑浮萦，人生努力前行。
困难厄境，正好磨炼心灵。

早起听取鸟唱

2024-11-16

早起听取鸟唱，天尚未亮，
冷寒不彰，情绪悠悠扬扬。

灯下展我思想，激情流淌，
新诗哦唱，舒出心之馨芳。

人生振志扬长，万里克艰，
奋发径闯，豪情天地之间。

淡泊盈于襟房，名利弃放，
情系山庄，最喜松风之旷。

天光渐亮

2024-11-16

天光渐亮，鸣禽奏响亮。
云烟昏茫，霾锁这尘壤。

鸟纵高翔，我心起激荡。
新诗哦唱，舒出心慨慷。

爽风来旷，初冬寒不彰。
清展思想，振志人生场。

合展奔放，合展我张扬。
合展昂扬，合展我贞刚。

婉转情肠，向谁吐思想？
孤旅独闯，已越千关嶂。

一笑澹荡，神恩领广长。
男儿豪爽，独立天地间。

红日挺出东方

2024-11-16

红日挺出东方,雀鸟欢鸣唱。
小风其来悠爽,心境颇欢畅。

初冬天不寒凉,爽意盈襟房。
新诗从心哦唱,讴咏这寰壤。

只是霾锁尘间,引我嗟而怅。
污染正是祸殃,根于人心脏。

物欲太盛有妨,追求高增长。
引来污染狂猖,害人真无疆。

人心未可机奸,质朴才应当。
无机心地情肠,才能蕴慧光。

努力向前向上,修心无止疆。
物欲务须裁减,机心引丧亡。

此际霾锁尘间,引我深思想。
不由哦入诗章,激越复慨慷。

治理污染必讲,环保须力倡。
病在人心之脏,机奸是祸殃。

雅将道德宣讲,正义力推广。
德法务须双扬,惩恶未可减。

流畅人生

2024-11-16

流畅人生,冲决阻滞艰深。
奋行灵程,力战魔敌凶狠。

神恩丰盛,赐下平安妥稳。
心灵刚正,傲骨撑天铮铮。

鹊鸣啼振,打动吾之心身。
小风慰问,惬我情志心神。

初冬届正,天气并不寒冷。
爽雅心身,读书写诗兴奋。

梳理身心

2024-11-16

梳理身心,哦出诗清新。
东篱菊俊,一使余开心。

初冬天晴,喜鹊大声鸣。
小风爽清,惬余之心灵。

读书尽兴,朗放我哦吟。
天人之境,叩道恒进行。

岁月进行,不必计斑鬓。
正定心襟,不惹利与名。

修心要紧,持正秉心灵。
污秽扫清,正见盈内心。

世界运行,只是缘之运。
共时偕进,不执于身心。

挺立人生

2024-11-16

挺立人生,原无卑媚生成。
傲骨刚正,男儿豪勇一生。

不忘修身，谦贞清度秋春。
向上力争，鼓足干劲前骋。

喜鹊啼振，一使余意倩芬。
哦咏心身，兰风蕙性清纯。

正志晨昏，污浊努力抛扔。
名利害人，未可为其污损。

小酌怡情

2024-11-16

小酌怡情，愉悦余之身心。
况复品茗，增添余之意兴。

鹊噪无垠，点缀世宇安平。
爽风来临，惬怀旷朗空清。

志取凌云，但须踏实追寻。
叩道之境，领略重重云岭。

一笑开心，父母健康在庭。
神恩心领，颂赞雅出心灵。

清度人生

2024-11-16

清度人生，雅秉吾之纯真。
世事红尘，一如云烟之逞。

奋不顾身，叩道一生奋争。
傲立乾坤，未许卑媚生成。

温和心身，儒雅君子清芬。
诗书化人，哦咏冬夏秋春。

红尘滚滚，转眼华发生成。
一笑和温，共缘销涨升沉。

奋志前行

2024-11-16

奋志前行，努力冲决因循。
惬听鸟鸣，余意无比开心。

天气惜阴，初冬爽风进行。
雅意盈襟，新诗从心哦吟。

淡淡定定，不为名利损襟。
矢志上进，一生努力修心。

正志凌云，叩道领取意境。
悠悠吾心，空清爽雅圆明。

朔风进行

2024-11-16

朔风进行，萧萧林野觉寒清。
爽雅心襟，品茗淡眼叶飘零。

天气正阴，初冬未冷黄花俊。
体道康平，周末休养吾身心。

人生前行，不过穿山又越岭。
览尽阴晴，中心始终存光明。

磊落心襟，不为名利而损心。
雅享清贫，无妨正气纵凌云。

心志体道安祥

2024-11-17

心志体道安祥，惬意听取鸟唱。
朔风来萧凉，爽雅真无恙。

初冬天微寒凉，昨夜绵雨甫降。
此际心悠扬，此际情舒旷。

品茗心襟澹荡，人生悠怀雅闲。
从容讴诗行，一曲舒奔放。

阖家享受安康，神恩感于襟房。
努力灵程闯，努力颂讴扬。

朗放哦咏声

2024-11-17

朗放哦咏声，人生情振。
喜鹊复啼纯，惬我心身。
初冬朔风骋，爽意盈身。
周日休闲正，品茗意芬。

岁月日进深，斑苍勿论。
鼓志奋前程，山高水深。
一笑清且纯，旷雅十分。
修身之历程，努力前奔。

踏踏实实人生场

2024-11-17

踏踏实实人生场，步履昂扬，
步履昂扬，不畏痛苦不畏艰。

此际朔风输寒凉，冬意初彰，
冬意初彰，漫野木叶飘逝殇。

好个黄花俏绽芳，舒展奔放，
舒展奔放，灿烂吾之襟与房。

一曲新诗从心唱，讴出悠扬，
讴出悠扬，人生努力奋向上。

逸意生成

2024-11-17

逸意生成，一任天之阴沉。
朔风鼓骋，欣看木叶逝纷。

我心雅纯，品茗惬意十分。
哦写心身，舒发感想清芬。

清度世尘，冲决迷雾缤纷。
一笑纯真，领受丰沛神恩。

初冬届正，清喜天不寒冷。
爽雅时分，欢快与谁共论？

弹指华年逝损

2024-11-17

弹指华年逝损，心志依然刚正。
不畏困难前骋，历尽山高水深。

冬初天气阴沉，朔风鼓吹成阵。
清喜木叶逝纷，清喜黄花开盛。

人生绝不沉沦，努力奋我心身。
男儿豪勇诚正，力战虎狼凶狠。

笑意清新雅芬，显出儒雅温存。
展眼天际云层，旷怀无比清纯。

笑意从心生成

2024-11-17

笑意从心生成，天阴无妨雅正。
品茗惬意清生，耳际鸟语成阵。

内叩自我心身，未可攀缘恒骋。
合当保守纯真，合当宁静心神。

休憩吾之精神，今日周日届正。
初冬朔风鼓骋，初冬木叶逝纷。

黄花东篱开盛，慰我心襟十分。
人生客旅行程，雅洁心灵清芬。

惊见雁群南飞旷

2024-11-17

惊见雁群南飞旷，
使我心潮激荡。
形成人字翩翩翔，
遁入烟云无恙。

初冬天气微寒凉，北风正送爽。
感时心地不愁怅，东篱菊正芳。

人生合当高声唱，何妨声入云间。
激情岁月恒逝淌，不必心感伤。

红尘清度吾昂扬，
人生纵马快闯。
男儿不必回首望，
前路万里克艰。

长风吹旷

2024-11-17

长风吹旷，清展其奔放浩荡。
心志激昂，舒发我人生感想。

才泻汪洋，激情岁月如飙放。
哦咏诗行，描写人生之清况。

履尽艰苍，而今坦平一笑放。
故事千章，起承转合真无恙。

神恩饱享，颂赞中心不稍忘。
年虽斑苍，情怀纯真依清旷。

寒流来自朔方

2024-11-17

寒流来自朔方，寒流来自朔方，
有雁南翔，有雁南翔，
一使余心起激荡。

初冬天阴正当，清坐展我思想，
正气昂扬，正气昂扬，
傲骨从来撑天苍。

此心活泼难讲，冲决一切罗网，
尘世暂享，尘世暂享，
未许名利成遮障。

性天雅持敞亮，清心映彻天良，
人生向上，人生向上，
克尽一切险与艰。

四． 人怀雅思

第十三卷《乐康集》

心志激越且高亢
2024-11-17

心志激越且高亢，
人生纵我昂扬。
虽然已非少年郎，
身心依恃奔放。

不为名利所羁缰，
人生纵马快闯。
冲决世俗之罗网，
遨翔云霄之上。

世界人生存清旷，
真理一生寻访。
踏遍山水之清苍，
险恶艰深何妨。

笑意纵展豪情壮，
人生显我慨慷。
男儿百炼已成钢，
如松虬劲贞刚。

欢乐人生
2024-11-17

欢乐人生，仰赖丰沛神恩。
情志清纯，奋沿灵程驰骋。

山高水深，展我男儿刚正。
试炼任生，火炼精金是证。

初冬寒生，朔风鼓吹成阵。
南飞雁阵，妙曼人字形成。

木叶逝纷，诗意中心清逞。
哦出心身，哦出人生兴奋。

爽风进行
2024-11-17

爽风进行，冷寒来侵，
天气惜阴，木叶飘零，
初冬情景，诗人中心怀激情。

纵我哦吟，舒出情兴，
振志凌云，迈越苍峻，
崇山苍岭，增我豪情与雅兴。

一笑爽清，读书品茗，
人生怀情，朗放讴吟，
生活清平，阖家温馨且康宁。

东篱菊俊，朵朵清新，
惬余心灵，爽我胸襟，
礼赞致敬，南山风标灿无垠。

雅旷人生场

2024-11-17

雅旷人生场，正意作导航，
历尽天地桑沧，心襟不持萧凉，
老来胸襟犹堪讲。

天阴原无妨，长风任萧狂，
坦然清坐思想，正襟哦咏扬长，
人生挥洒我慨慷。

弹指华年放，五十九载殇，
心志浩然成钢，丈夫心胸茁壮，
力战虎豹与强梁。

血泪曾潸淌，号呼天地间，
神恩刚下丰壮，导引我之慈航，
领受平安与吉祥。

挺志往前闯，关山任雄壮，
一笑爽雅无恙，振志讴咏奔放，
男儿豪勇真无疆。

万里用脚量，风雨兼程闯，
彩虹阳光心间，标的天国故邦，
冲决试炼并艰苍。

心志纵生成

2024-11-17

心志纵生成，人生由我雅论，
奋发我刚贞，傲立于乾坤，
原无卑媚之显逞。

此际初冬正，朔风鼓吹狂生，
天气又阴沉，木叶恣飘纷，
清喜东篱黄花盛。

把酒意生春，飞雁掠成阵，
豪情盈襟哦申，舒出人生雄浑，
一任华年之逝骋。

斑苍惜清生，一笑旷然清纯，
奋斗之人生，儒雅持心身，
笑傲俗世与红尘。

豪情旷生矣

2024-11-17

豪情旷生矣，人生秉我诚正。
天气阴沉矣，灯下清思生成。

雀鸟啼振矣，鸿雁高飞南奔。
黄花绽芬矣，初冬天微清冷。

爽我心身矣，品茗惬怀清振。
哦诗清芬矣，舒出心志灵魂。

红尘滚滚矣，大化何其炼人。
持心清纯矣，叩道领略深沉。

人生意奋

2024-11-17

人生意奋,踏破莽苍层层。
暮阴时分,散步清听鸟声。

风吹爽神,初冬天气初冷。
振奋精神,新诗容我哦成。

舒出心身,舒出男儿刚正。
舒出心芬,舒出闲雅清纯。

河水平正,老柳梳风青春。
林野斑盛,飒飒响着风声。

叹息心生,人生斑苍时分。
流年逝骋,正如落叶飘纷。

心志深沉,人生趋向沉稳。
正直立身,不为名利所乘。

天气渐冷矣

2024-11-17

天气渐冷矣,朔风成阵。
暮阴时分矣,情兴清振。

灯下思深矣,哦咏诚真。
吁出心身矣,雅洁清芬。

阖家康盛矣,颂赞神恩。
灵程奋骋矣,冲决魔阵。

凯归圣城矣,天国永生。
圣洁灵魂矣,永远青春。

夜幕笼罩深沉

2024-11-17

夜幕笼罩深沉,四围安静无声。
灯下思深,初冬届正,
不冷不热惬意神。

人生奋志而骋,山水履历雄浑。
一笑清生,慨慷精诚,
圆通圆明圆融生。

观此大化运稳,不断桑沧生成。
百年人生,飞似一瞬,
韶华光阴务惜珍。

德操可垂永恒,人生努力修身。
污秽矢扔,名利不争,
淡泊清雅持心身。

一任时光飞骋

2024-11-17

一任时光飞骋,我心雅持沉稳。
质朴心身,无机清纯,
一生努力修身。

履尽艰苦旅程,爽朗一笑清生。
客旅人生,奋发刚正,
标的天国精准。

清度浊世红尘,我心不为污损。
试炼任生,漩涡任骋,
神恩赐下丰盛。

努力前面旅程，叩道奋我心身。
风雨历程，英勇无伦，
铁骨由来铮铮。

心志定当
2024-11-17

心志定当，不为世俗所伤。
骋志清昂，人生纵马快闯。

一笑爽朗，人生展我豪壮。
儒雅心间，哦诗舒发情肠。

冬夜安祥，灯下清展思想。
阖家安康，神恩赐下茁壮。

蓬勃襟房，依然朝气昂扬。
人虽斑苍，焕发意志奔放。

清志此际生成
2024-11-17

清志此际生成，人生意奋，
人生意奋，四围静悄无声，
倾泻才情入诗申。

灯下思我人生，初冬时分，
初冬时分，远际嘹着歌声，
一使余情如潮生。

历尽坎坷艰深，神恩丰盛，
神恩丰盛，赐我阖家安稳，
享受生活之平顺。

最喜父母健心身，悦我十分，
悦我十分，无上天伦乐朝昏，
诗书容我清潜沉。

努力前面之灵程，试炼任生，
试炼任生，叵耐我心持沉稳，
不为物欲扰与乘。

淡荡人生雅十分，君子修身，
君子修身，儒雅清纯不沉沦，
匡扶世事志刚正。

历尽坎艰
2024-11-17

历尽坎艰，依然心持爽朗。
人生向上，持心无比安祥。

履尽恶浪，血战恶虎凶狼。
神恩饱享，屡屡起死奔放。

我志慨慷，平生不事张扬。
诗书潜藏，磨炼温润情肠。

情志清芳，君子儒雅扬长。
物欲是障，慧目不向之望。

红尘攘攘，众生多有失陷。
慧烛秉掌，不受魔敌之诳。

骋志之向，是在天涯远疆。
修心贞刚，叩道一生昂扬。

挺志人生

2024-11-17

挺志人生，雅秉吾之纯真。
冬夜既深，旷展思想深沉。

灯下思骋，人生快慰时分。
神恩丰盛，赐我阖家安稳。

一笑清生，豁达人生奋争。
叩道历程，山水履历雄浑。

远抛心疼，达悟人生真正。
风雨曾盛，磨炼吾之心身。

宁静时分，温馨盈满周身。
颂出心身，感沛丰美神恩。

克敌制胜，不惧试炼之阵。
努力前骋，万里无有止程。

虎狼凶狠，魔敌奸诈真正。
守护心身，努力擎掌慧灯。

冲决艰深，冲决围困恶阵。
冲决霾盛，冲决无明之城。

圣洁心身，克己私欲十分。
光明披身，前履彩虹真正。

努力修身，污秽矢志抛扔。
见证丰盛，见证吉祥旅程。

五更甫毕即起床

2024-11-18

五更甫毕即起床，诵读词章，
诵读词章，久久天还未启亮。

四围静悄展思想，灯下情涨，
灯下情涨，人生奋发我贞刚。

初冬天气觉寒凉，火热襟房，
火热襟房，努力万里奋征闯。

不畏高山叠万幢，我自慨慷，
我自慨慷，男儿豪情纵万丈。

舒出心襟有交响，胸怀明靓，
胸怀明靓，不为名利俯首向。

学取菊花斗寒霜，丈夫豪壮，
丈夫豪壮，傲立乾坤撑天纲。

红尘气焰任万丈，清心向上，
清心向上，修身养德启无疆。

中心污秽矢抛放，谦贞情肠，
谦贞情肠，君子人格淡淡芳。

叩道领略万重艰，一笑爽朗，
一笑爽朗，人生就应该这样。

诗毕东方晨曦涨，心灯明亮，
心灯明亮，慧意人生纵马闯。

哦歌人生并理想，胸襟茁壮，
胸襟茁壮，荷负神恩是广长。

心灵奋发我力量，战胜虎狼，
战胜虎狼，还我天下之平康。

粉霞东方

2024-11-18

粉霞东方，惬我情志正无量。
清听鸟唱，早起三光吾悠扬。

初冬之间，些许冷寒稍显彰。
林野斑黄，木叶纷纷飘逝降。

黄花绽芳，灿烂蓬勃开无恙。
我意阳刚，努力振志驱遐方。

挺身昂扬，人生铮铮铁骨放。
不屈强梁，不屈世界之罗网。

呼吸旷然清风

2024-11-18

呼吸旷然清风，清听喜鹊鸣颂。
天气阴晴变幻中，
雅持心境清空。

人生不惧成翁，清展灿烂笑容。
骑车穿行市井中，
落叶飘飞灵动。

时既值此初冬，清喜冷寒不重。
东篱黄花开正隆，
惬我心襟无穷。

敞心畅意哦讽，淡泊情志妙用。
慨慷振兴矢前冲，
不惧沐雨穿风。

杨柳袅风

2024-11-18

杨柳袅风，天气冷寒清送。
落叶飘空，诗意弥满宇穹。

煦日晴空，漫天白云飘动。
我意清空，旷怀哦诗从容。

人生凝重，不随世俗邪风。
内叩心胸，正直一生前冲。

傲骨堪讽，君子人格推崇。
修身之中，历尽山水浑雄。

云天多情

2024-11-18

云天多情，木叶恣其飘零。
鸟语空清，朔风复鼓干劲。

悠悠品茗，淡淡是余心襟。
人生前行，迈越崇山峻岭。

岁月清平，不老是余身心。
努力振兴，努力叩道挺进。

一笑浮萦，豁怀雅洁轻盈。
黄花灿俊，惬我心志心灵。

清展我的气象

2024-11-18

清展我的气象，清展我的昂扬。
虽然鬓发衰减，不减人生豪旷。

努力骋志向上,克尽险阻艰苍。
困难任其叠障,一笑依然清畅。

神恩吾已饱享,阖家平安吉祥。
努力修心向上,矢沿灵程奋闯。

人生百年不长,匆匆如若水淌。
务须珍惜时光,努力养德无疆。

天气复阴且萧冷

2024-11-18

天气复阴且萧冷,
木叶凋谢缤纷。
朔风呼啸且狂奔,
喜鹊欢鸣届正。

室内清坐思深深,
哦诗热情显逞。
呼出人生之刚正,
男儿傲立乾坤。

力战虎狼破敌阵,
丈夫提刀纵横。
血泪任从洒纷纷,
铁骨清展铮铮。

岁月纷飞以逝骋,
笑我霜华清生。
依然正志入云层,
万里征程驰骋。

芳美身心

2024-11-18

芳美身心,欣看东篱菊俊,
长风吹行,云淡天青,
初冬正临,天气多云,
木叶诗意以飘零。

休憩身心,淡定品我芳茗,
书本暂屏,新诗哦吟,
高蹈心襟,旷怀如云,
人生挺志以前行。

浮生如云,领取空清意境,
叩道进行,趋向圆明,
圆通妙运,圆融心领,
境界层层入烟云。

红尘艰辛,正好磨炼心灵,
奋志凌云,踏实追寻,
穿山越岭,悠悠歌吟,
男儿豪爽且雅清。

又值暮之阴

2024-11-18

又值暮之阴,心志清明,
散步经行,朔风吹紧,
惬意听取鸟鸣。

人生慨慷境,振志前行,
翻山越岭,踏平坎辛,
一笑爽然雅清。

初冬正届临，木叶飘零，
诗意弥襟，纵情哦吟，
舒出心志心灵。

世事若电影，华年逝劲，
笑我苍鬓，依然劲挺，
依然豪气纵凌云。

不为名利擒，振我身心，
诗书经营，雅洁盈襟，
叩道领取意境。

天阴霭烟凝，红尘幻境，
灵程力行，试探任并，
神恩赐下丰盈。

宿鸟又啼鸣

2024-11-18

宿鸟又啼鸣，啾啾清吟。
朔风吹清新，使余奋兴。

灯下雅哦吟，一舒心襟。
正志纵凌云，原也雅清。

初冬叶飘零，弥漫诗情。
感发于心旌，新诗空灵。

灵动运于心，不执常寻。
新诗奇而俊，妙曼空清。

岁月入霜鬓，一笑淡定。
流年化电影，叹于心灵。

人生不止停，努力前行。
标的明于心，天涯瞻凝。

物欲损心襟，务当辞屏。
清贫不要紧，旷怀无垠。

暮烟渐清凝，苍茫野境。
正志蕴身心，发语苍劲。

灯下吾思深

2024-11-18

灯下吾思深，人生从心而论。
坎坷之旅程，磨炼吾心刚正。

远际嘹歌声，冬夜点缀十分。
感发于心身，哦诗热情涌进。

大化运沉稳，真神主宰乾坤。
正道妙无伦，圆通圆融真正。

人生努力争，叩道雅秉心诚。
体道在晨昏，几微之间细审。

淡定度秋春，心平气和时分。
一笑雅然生，君子持心清芬。

污秽矢志扔，圣洁自我心身。
灵程奋力骋，标的天国精准。

冲决魔敌阵，凯歌响彻云层。
试炼任艰深，总赖神恩丰盛。

步履我前程，山水丰美绝伦。
喜悦余心身，身心灵俱振奋。

正邪搏击艰苍

2024-11-18

正邪搏击艰苍，奋我阳刚，
奋我阳光，力战恶魔凶魈。

还我天下平康，世界神创，
灵妙难讲，真理正义通畅。

此际灯下思想，激情张扬，
蓬勃意向，旷将新诗哦唱。

人生履尽坎艰，一笑爽朗，
振志向上，不惧恶虎凶狼。

修身雅洁堪讲，正义襟房，
君子温良，胸襟秉持天良。

百年人生不长，抓紧时间，
克己必讲，矢将道德力倡。

早起五更

2024-11-19

早起五更，读书意奋，
内叩心身，哦咏诚真，
灯下思深，四围安静正无声。

冬日初冷，清思裁成，
心志奔腾，人生驰骋，
山高水深，展我男儿之刚正。

红尘滚滚，磨炼人生，
冲决困城，不畏艰深，
灵程奋争，力战魔敌之缤纷。

笑意清生，豁怀无伦，
感沛神恩，力行灵程，
试炼任生，我心雅洁且沉稳。

豪气横纵

2024-11-19

豪气横纵，岂屈你魔敌狠凶。
正直之中，一生大风高哦诵。

阴云正浓，初冬天气寒正送。
讽颂心胸，男儿原来气如虹。

努力前冲，突破艰厄困重重。
显我英勇，沐浴神恩何丰隆。

挺直身胸，傲岸丈丈恣灵动。
叩道从容，领略情境入圆通。

天气值寒清

2024-11-19

天气值寒清，黄花开俊，
黄花开俊，诗人晨起怀心情。

天气惜沉阴，冷风萧行，
冷风萧行，木叶恣意以飘零。

哦诗舒心灵，一曲空清，
一曲空清，人生正气纵凌云。

弹指华年殷，不计苍鬓，
不计苍鬓，笑傲红尘吾坚挺。

展转桑沧境，淡泊心灵，
淡泊心灵，一生注重是修心。

雅思吐清新，从心哦吟，
从心哦吟，人生步履迈康宁。

天气方晴
      2024-11-19

天气方晴，旋又转阴，
我心朗晴，读书写诗乐无垠。

岁月清平，初冬情景，
木叶逝零，黄花东篱正开俊。

我志空清，淡泊安宁，
名利辞屏，高蹈心襟趋水云。

爽风来清，雀鸟啼鸣，
悠悠品茗，不计华发渐苍鬓。

生活平和安静
      2024-11-19

生活平和安静，享受神恩丰盈。
努力灵程进，努力修心灵。

红尘履尽艰辛，血泪潸淌零零。
神恩赐丰盈，领受这安平。

胜过试炼之境，力战虎豹狼群。
圣洁我心灵，内心蕴光明。

心志挥洒殷殷，道德景仰遵循。
灵修无止停，艰深不要紧。

展眼漫天层云
      2024-11-19

展眼漫天层云，欣听喜鹊清鸣。
野风吹多情，木叶漫飘零。

雅怀中心奋兴，新诗纵情哦吟。
人生怀远景，挺志天涯行。

红尘太多艰辛，磨炼我心坚定。
不图利与名，叩道入空灵。

岁月如飞之迅，我已华发苍鬓。
依然怀激情，依然奋刚劲。

第十四卷《喜庆集》

年华渐次凋零

2024-11-19

年华渐次凋零,依然振奋心襟。
惬听鸟之鸣,使我心高兴。
品茗袅起意兴,初冬爽风进行。
惬意真无垠,新诗从心吟。

人生已度崇岭,览尽山水空清。
世事吾谙明,爽然一笑盈。
心志怀着圆明,圆融圆通胸襟。
正志向前行,叩道领烟云。

追求精神文明

2024-11-19

追求精神文明,名利合当辞屏。
高蹈心襟最要紧,
应能趋向水云。

此际朔风吹劲,此际冬日正阴。
此际木叶恣飘零,
此际心志振兴。

惬听小鸟之鸣,心怀心灵雅清。
哦咏新诗也多情,
舒出正义刚劲。

红尘客旅之行,风云茁壮经行。
领受神恩何丰盈,
领受阖家安平。

暝色重浓

2024-11-19

暝色重浓,晚饭之后意轻松。
宿鸟啼颂,麻雀喳喳一片哄。

灯下哦讽,舒出人生情志浓。
万里雨风,展我男儿之沉雄。

鞭炮震动,生活难免闹哄哄。
持心灵动,不为物欲所欺哄。

一笑雅送,儒雅君子多凝重。
和而不同,正直立身气如虹。

时又值三更

2024-11-19

时又值三更,醒转时分,
哦咏声声,四围无声,
冬夜清冷,灯下思骋,
一笑雅生成。

人生奋力争,时光水奔,
华发清生,笑傲红尘,
正志一生,体道刚贞,
傲骨撑铮铮。

路上响车声,点缀平升,
清度世尘,清心雅芬,
注重修身,污秽矢扔,
高蹈水云芬。

岁月旷进深,展思深沉,
持正人生,冲决艰深,

绝不沉沦，旷怀无伦，
男儿振意骋。

晨起校诗章
2024-11-20

晨起校诗章，五更甫毕之间。
天气薄寒凉，灯下激情张扬。

初冬正无恙，时近小雪将访。
人生奋志向，容我早起三光。

红尘是攘攘，水云中心莫忘。
情志怀贞刚，努力修身向上。

神恩吾饱享，欢呼应当尽量。
矢志灵程闯，不惧试探之艰。

微笑清浮上，得意人生不狂。
清怀天地间，大道敷覆正畅。

体道心地间，人生享受安祥。
正义复强刚，力战恶虎凶狼。

一生振慨慷，男儿勇敢豪壮。
心志早成钢，一若老梅之桩。

展我之思想，哦出新诗流畅。
正见加理想，支撑我往前闯。

逸意人生
2024-11-20

逸意人生，又复天之阴沉。
早起时分，清思容我清骋。

冷风成阵，此际初冬时分。
雀鸟啼振，木叶飘逝纷纷。

嗟此红尘，大化运行何稳。
人生秉诚，叩道合当奋身。

岁月驰奔，转眼斑苍显逞。
一笑清纯，人淡如菊之芬。

正直立身
2024-11-20

正直立身，清秉坦荡灵魂。
灵程力骋，冲决试炼之阵。

冬初时分，晨起天阴鸟振。
爽雅心身，哦诗热情显逞。

呼出心身，呼出人生兴奋。
呼出精诚，呼出男儿刚贞。

努力前奔，山水多么雄浑。
惬意生成，微笑清雅纯正。

骋志之向
2024-11-20

骋志之向，恒是在于远疆。
努力闯荡，豪情踏破莽苍。

天阴无妨，心怀光明太阳。
雀鸟啼唱，清振余之意向。

品茗清芳，惬意从心增长。
心志奔放，哦咏新诗成章。

红尘攘攘，处心应持安祥。
物欲弃放，高蹈心襟无恙。

弹指华年逝损
2024-11-20

弹指华年逝损，节近小雪时分。
天气复阴沉，朔风吹成阵。

木叶任其逝纷，鸟语旷自啼振。
黄花自清芬，我心雅然纯。

清度红尘滚滚，中心不受污损。
奋志焕刚正，努力走灵程。

笑意从心生成，豁怀正是无伦。
诗书是人生，男儿怀温存。

持心纯正
2024-11-20

持心纯正，未可被世俗污损。
燃亮心灯，努力守护我心身。

奋志刚正，叩道体道在晨昏。
力行灵程，冲决试炼之深沉。

天惜阴沉，木叶诗意漫飞纷。
旷怀雅正，新诗哦咏裁思诚。

天初寒冷，黄花傲风开清纯。
我意清振，品茗悠听啼鸟声。

正义人生
2024-11-20

正义人生，奋发吾之刚贞。
卑媚抛扔，傲骨清持铮铮。

清度红尘，身心曾履痛疼。
神恩丰盛，导引吾之人生。

欢呼声声，何妨声入云层。
凯归天城，清持圣洁灵魂。

不为污损，力战魔敌纷纷。
守护心身，守护心志清纯。

愉悦身心
2024-11-20

愉悦身心，品茗领取意境。
清风来行，爽雅吾之心灵。

人生振兴，体道心志清平。
暴雨曾凌，唯赖神恩丰盈。

领受安平，领受阖家温馨。
领受心宁，领受世之风情。

喜鹊清鸣，爽快余之心襟。
天气虽阴，我心却是朗晴。

清展心志灵魂
2024-11-20

清展心志灵魂，内叩自我心身。
努力奋灵程，努力破雾阵。

人生感沛神恩，努力矢志前骋。
越过山雄浑，越过水险深。

此际悠放歌声，歌颂神恩丰盛。
正直清度人生，不为名利俯身。

雅洁是我心身，努力圣洁灵魂。
擎掌智慧之灯，对准天国驰奔。

清意人生

2024-11-20

清意人生，雅秉吾之纯真。
奋志红尘，努力秉掌慧灯。

不为污损，努力圣洁灵魂。
傲骨刚贞，力战魔敌凶狠。

滚滚红尘，正好磨炼心身。
神恩丰盛，引我惊叹嗟震。

努力灵程，合当奋不顾身。
叩道沉稳，履历山水行程。

骋志人生

2024-11-20

骋志人生，雅放吾之刚贞。
奋行灵程，努力圣洁心身。

人生奋争，勿为名利侵损。
叩道历程，领略山水丰盛。

霜华清生，一笑显出纯正。
君子清芬，努力加强修身。

黄花开盛，灿烂惬我心神。
讴呼真诚，哦诗适我灵魂。

矢进人生

2024-11-20

矢进人生，冲决一切困顿。
豪气心生，男儿仗剑前骋。

杀伐声声，正邪两军对阵。
神亲临阵，圣徒情志清振。

奋行灵程，叩道不计艰深。
回首不震，已越山水千层。

清度红尘，秉持圣洁心身。
标的天城，一生努力修身。

挺志人生向上

2024-11-20

挺志人生向上，蓬勃心襟昂扬。
不畏困难苦艰，男儿一笑爽朗。

清度红尘无恙，山水穿越广长。
悠悠放我歌唱，声震天地穹苍。

一切顺理成章，共缘雅去履航。
内心蕴有真光，慧意透眸闪亮。

百年人生不长，寸阴珍惜心间。
努力叩道奔放，努力天涯闯荡。

杨柳梳风

2024-11-20

杨柳梳风,白头芦花摇曳中,
红了丹枫,枯了法桐,
好个初冬。

阳光清送,蓝天白云澹无穷,
散步从容,心襟灵动,
哦诗清空。

注重精神文明

2024-11-20

注重精神文明,不受物欲侵淫。
修身最要紧,淡泊持心灵。

此际暮烟清凝,宿鸟朗声啼鸣。
冷风吹清新,灯下吾哦吟。

清展思想空清,不受名利诱引。
正志放讴吟,悠悠爽身心。

坦腹人生前行,无机正直清灵。
叩道入烟云,重重峦与岭。

心志良好

2024-11-20

心志良好,灯下清思洒潇。
静定心窍,不为名利所扰。

散淡逍遥,人生清享晴好。
神恩笼罩,奋志力叩大道。

振志前跑,关山不惧险峭。
爽然一笑,红尘原也清好。

哦诗体道,正直良知不倒。
修心迢迢,无机雅洁情窍。

雅持心襟

2024-11-21

雅持心襟,人生正志分明。
天犹未明,早起冬日寒清。

灯下思萦,人生旷怀鲜明。
挺志前行,览尽关山风云。

身心镇定,不受名利侵淫。
享受清贫,享受身心康宁。

神恩充盈,欢呼溢出肺心。
振奋心灵,颂赞神恩无垠。

风雨经行,磨炼意志坚定。
灵程矢进,胜过试炼艰凌。

温馨身心,君子体道清平。
不妄分心,诗书一生浸淫。

此际开心,此际新诗哦吟。
此际怡情,此际愉悦无尽。

四围平静,偶有车声之鸣。
清思勃兴,裁志化为歌吟。

天启蒙蒙亮

2024-11-21

天启蒙蒙亮，情思澹荡。
天气冷寒间，门窗闭关无恙。

早起哦诗章，激情张扬。
舒出我奔放，原也清新向上。

岁月真狂放，初冬萧凉。
明日小雪访，不必中心惊怅。

微笑从心漾，人生不狂。
谦贞盈襟房，努力骋志遐方。

诗书我平章，激情泻淌。
历史付感想，正见哦入诗章。

华年任逝淌，情怀昂扬。
困厄难阻挡，男儿豪勇顽强。

仗剑天涯向，斩杀虎狼。
傲骨撑天纲，绝无卑媚轻狂。

思想展无疆，叩道尽力量。
舒发我心光，济世奋发贞刚。

此际心安祥，婉发情肠。
履尽世深艰，一笑依然爽朗。

神恩广无量，导引慈航。
讴呼出心肠，修心养德尽量。

历劫人生

2024-11-21

历劫人生，历劫是此人生。
我心纯真，我心雅秉纯真。

冬初届正，木叶飘逝纷纷。
鸟鸣啼振，雾霾笼此乾坤。

笑傲红尘，人生旷志奋争。
名利损人，合当将之弃扔。

淡定心身，恒向诗书潜沉。
不妄纷争，叩道平和清正。

闲情聊表

2024-11-21

闲情聊表，人生正意撰诗稿。
夜幕笼罩，灯下清思展洒潇。

人生晴好，为因神恩赐丰饶。
灵程朗造，胜过试炼与虎豹。

情怀娟妙，舒出心襟堪可瞧。
倩展微笑，雅洁人生吾不傲。

谦和力保，正直人生乐逍遥。
险关克了，万里征程吾风标。

心志吾安祥

2024-11-22

心志吾安祥，人生履尽风浪。
窗外小鸟啼唱，蓝天青无恙。

小雪今届当,品茗悠悠扬扬。
诗书奋发慨慷,哦咏何清旷。

岁月走流畅,何必计较斑苍。
一笑展我爽朗,挺志向遐方。

红尘客旅乡,心境须持定当。
悠悠放我歌唱,声震入云间。

裁思人生

2024-11-22

裁思人生,如梦如烟生成。
往事回问,只是遁入烟深。
小雪届正,天气朗晴十分。
雀鸟啼纯,惬我心志灵魂。

小酌怡神,旷怀无比清纯。
努力前程,享受旅途雄浑。
清风吹骋,我心愉悦秉诚。
哦诗清芬,展出精气心神。

历劫濒死幸无恙

2024-11-22

历劫濒死幸无恙,
总赖神恩奔放。
起死回生恩浩荡,
一生感沛心间。

努力灵程奋闯荡,
战胜魔敌强梁。
冲决试炼之深艰,
凯歌从心唱响。

此际冬日正晴朗,
蓝天白云飞旷。
朔风吹击木叶殇,
小鸟怡情自唱。

心志奋发吾张扬,
人生独立慨慷。
男儿不屈名利场,
对准天国启航。

五十九载化飞殇,
赢得一笑爽朗。
正直人生吾安康,
神恩丰富丰穰。

笑傲红尘怀贞刚,
情若黄花相仿。
淡泊生活吾安享,
体道领受吉祥。

心须静定

2024-11-22

心须静定,局促慌张可不行。
持心雅静,努力怡养我灵明。

岁月进行,时值初冬天朗晴。
黄花鲜明,诗人今日有心情。

挺志前行,关山朗度万千岭。
英武心襟,淡泊名利气凌云。

高蹈身心,趋向水云之清净。
诗书经营,笑傲红尘吾多情。

修心向上
2024-11-22

修心向上，吾不惧于险艰。
骋志强刚，穿越崇山险嶂。

一笑爽朗，人生清度安祥。
神恩奔放，护佑我之成长。

力战强梁，力战世之虎狼。
力挥贞刚，力展吾之奔放。

红尘无恙，正是修心之场。
天国故邦，永生福乐无疆。

痴情人生
2024-11-22

痴情人生，领尽痛苦艰深。
丰沛神恩，屡屡起死回生。

暮阴时分，灯下清思生成。
窗外鸟声，窗外朔风清骋。

岁月进深，青春心志依存。
不计霜逞，努力奋志前奔。

红尘滚滚，磨砺我之心身。
笑意清芬，淡荡中心温存。

自尊自重自强
2024-11-22

自尊自重自强，人生奋志慨慷。
修心上进奔放，胜过试炼之艰。

百度人生漫长，一似驾舟履浪。
务须稳定心房，不为名利欺诳。

此际三更无恙，不眠旷展思想。
正见盈满襟房，撰诗激情显彰。
劝君振志向上，人生不可颓唐。
度过尘世艰苍，前路终有褒奖。

正志人生莫草草
2024-11-23

正志人生莫草草，清心力保，
清心力保，努力加强我德操。

冬夜三更正静悄，清撰诗稿，
清撰诗稿，一舒南山之风标。

人生阴晴领略饱，爽然一笑，
爽然一笑，红尘清度胡不好。

大千世界存奇妙，神恩笼罩，
神恩笼罩，慧心内叩细观照。

朝暾初出红灿灿
2024-11-23

朝暾初出红灿灿，我心烂漫，
我心烂漫，朗哦新诗舒情澜。
一点情志入诗喊，颇有可观，
颇有可观，人生正志奋前站。

初冬时节冷风展，木叶飘曼，
木叶飘曼，诗意弥满此宇寰。
东篱黄菊奋开绽，多么妙曼，
多么妙曼，引我折腰长赏叹。

心襟淡荡

2024-11-23

心襟淡荡，此际吾休闲。
阳光清朗，蓝天白云漫飞翔。

朔风吹狂，冷寒袭击间。
品茗闲旷，书本暂且抛一旁。

人生向上，克己私欲脏。
性光明亮，烛照前路奋发闯。

世事平章，弹指幻桑沧。
年虽斑苍，赢得一笑吾扬长。

夜渐深

2024-11-23

夜渐深，清思生成。
梳心身，哦诗真诚。
初冬正，夜颇清冷。
旷怀骋，舒我清纯。

奋人生，傲立刚正。
力驰骋，山水高深。
诗书芬，哦咏晨昏。
秋复春，斑苍惜生。

一笑逞，人生纵论。
颂神恩，丰沛丰盛。
叩道诚，品味良深。
修心身，德操力增。

百年身，匆若一瞬。
华年珍，切勿抛扔。

叩心身，发语和温。
共君奋，努力前奔。

志深沉，标的精准。
物欲扔，高蹈心身。
憩红尘，客旅行程。
天国奔，求取永生。

一灯朗照

2024-11-24

一灯朗照，五更起得早。
发我思考，新诗哦倩巧。

此际静悄，此际寒笼罩。
此际情骚，此际舒怀抱。

人生晴好，风雨不足道。
努力前跑，万里越逍遥。

清展微笑，人生吾不傲。
谦贞情抱，赢得心洒潇。

天未亮

2024-11-24

天未亮，早起吾安祥。
展思想，灯下哦奔放。

鸟初唱，吱喳振清响。
情悠扬，能不哦诗行？

人向上，克尽千关艰。
裁心量，正志往前闯。

克己脏，修心当尽量。
试炼壮，靠神赐力量。

人昂扬，万里用脚量。
天涯旷，矢志去闯荡。

风雨艰，磨炼我刚强。
双翅张，摩云松之岗。

心志平旷

2024-11-24

心志平旷，发语奏交响。
早起扬长，哦诗激越间。

清听鸟唱，袅起我情肠。
内叩襟房，正见盈胸膛。

力舒奔放，人生往前闯。
裁心无量，舒出我思想。

慧烛秉掌，不怕迷雾障。
心光闪亮，迈步正前方。

第十五卷《学荣集》

朗日天晴

2024-11-24

朗日天晴，喜鹊讴其大鸣。
爽风清新，惬余心襟意兴。

裁心哦吟，舒出人生振兴。
小春情景，天气漾其和平。

快慰无垠，况复悠悠品茗。
读书怡情，何妨大声朗吟。

岁月清平，颂赞神恩丰盈。
叩道进行，领略山水清境。

神清气爽

2024-11-24

神清气爽，喜悦心地之间。
欢快无恙，颂神莫忘襟房。

初冬安祥，小春喜此晴朗。
雀鸟鸣放，清风写意来翔。

周日休闲，品茗读书扬长。
哦咏情肠，旷舒人生奔放。

悠悠哦唱，人生雅闲之间。
振意向上，努力迈越广长。

天气温和无恙

2024-11-24

天气温和无恙，时间自在流淌。
阳光洒得清靓，清风其来舒扬。

心境愉悦平康，神恩感在襟房。
人生振志向上，修身养德无疆。

岁月舒其奔放，霜华惜乎增长。
淡泊盈于心间，哦诗热情慨慷。

情志雅旷安祥，诗书一生讲唱。
真理尽力寻访，叩道无比贞刚。

向阳是我情肠，人生得意不狂。
谦贞尽力尽量，豁怀辽广无限。

清喜阖家欢祥，父母健康强壮。
生活雅奏乐章，天伦安享无上

心襟吾平旷

2024-11-24

心襟吾平旷，雅将真神仰望。
恩赐何丰穰，赐我阖家平康。

努力向前闯，冲决试炼艰苍。
不怕困难障，不怕魔敌阻挡。

红尘度安祥，身心清澈无恙。
矢沿正道上，圣洁心地之间。

此际阳光靓，此际清风爽朗。
此际情思漾，此际哦诗激昂。

奋志是我人生

2024-11-24

奋志是我人生，烟雨履历艰深。
五十九载清骋，一笑爽然意芬。

红尘浊浪滚滚，太多磨炼生成。
叩道奋我心身，努力万里驰骋。

不畏痛苦成阵，迎战鬼魔妖氛。
圣洁自我心身，领受丰沛神恩。

此际潇洒心身，此际安度秋春。
此际和蔼心生，此际志取刚正。

蓝天白云

2024-11-24

蓝天白云，袤其空清。
东风旷行，阳光洒俊。

和蔼身心，休闲淡宁。
体道振兴，新诗哦吟。

蓝天白云，小春妙境。
持志朗行，不废哦吟。

加强修心，养德尤垠。
百年生命，匆若电影。

小睡之后精神爽

2024-11-24

小睡之后精神爽，情志吾悠扬。
旷意东风依然畅，初冬天爽凉。

此际内叩我襟房，发而为诗章。
舒出人生正气昂，男儿怀志向。

不为名利而狂猖，谦贞是情肠。
向上向前永无疆，叩道入深艰。

天气多云霭烟漾，老柳毵毵荡。
田野养目真清爽，木叶飘飞荡。

时光若水之逝淌，不计霜华苍。
老来弥发我刚强，努力万里疆。

清展微笑豁无恙，诗书容平章。
晨昏哦咏朗声唱，怡情岂有疆。

清喜岁月之平康，阖家乐安祥。
颂神中心放讴扬，灵程矢志闯。

人生历尽千重艰，荷负神恩壮。
胜过魔敌之凶狂，天国是故邦。

天气又阴
2024-11-24

天气又阴，人生洒脱心襟。
奋志凌云，迈开脚步去行。

初冬清临，木叶飘逝凋零。
黄花犹俊，朵朵妍丽鲜明。

中心高兴，哦出新诗多情。
人生鼓劲，努力万里挺进。

岁月飞劲，不必多论苍鬓。
共缘旅行，无机淡荡心灵。

天阴无妨
2024-11-24

天阴无妨，暮色此正当。
宿鸟鸣唱，自得且安祥。

灯下思想，人生吾扬长。
温和心间，雅将新诗唱。

履尽艰苍，心志仍晴朗。
奋发向上，旷宇无极限。

振翅遨翔，自由何奔放。
世界广长，尽我之寻访。

心志吾颇雅安
2024-11-24

心志吾颇雅安，中心不缺浪漫。
此际朔风清展，灯下思发浩瀚。

人生奋赴前站，不惧旅途坷坎。
英武充满心胆，傲骨铮铮果敢。

岁月启航扬帆，演绎桑沧艰难。
风风雨雨勿谈，兼程努力奋战。

悠悠情怀雅淡，不为名利所缠。
人生独立傲岸，心襟情怀妙曼。

中心和平安祥
2024-11-24

中心和平安祥，不起丝毫风浪。
情志悠扬平康，哦诗热情显彰。

四．人怀雅思

红尘清度扬长，人生始终向上。
克尽一切艰苍，心怀充满阳光。

心怀充满阳光，眼目明亮非常。
定志万里远疆，骋志风雨兼闯。

百度人生不长，务须抓紧时间。
一路风光清赏，愉悦余之襟房。

愉悦余之襟房，却也不可狂狷。
谦贞是余情肠，坚贞追求理想。

诗书一生讲唱，不为名利缠障。
清贫是无大妨，哦咏新诗万方。

哦咏新诗万方，舒出人生情长。
淡荡盈于中肠，无机正直奔放。

世界只是幻相，一切是缘在淌。
因果原非寻常，修心养德贞刚。

心志平静

2024-11-24

心志平静，灯下清思殷殷。
冬夜宁静，内叩自我身心。

雅洁心灵，努力保持爽清。
污秽扫清，灵魂圣洁无垠。

修我身心，德操努力增进。
如上坡行，步履迈持坚定。

岁月进行，人生百年飞迅。
惜时如金，未可浪费寸阴。

夜既深

2024-11-25

夜既深，子夜之时分。
思生成，灯下哦心身。

感神恩，阖家享福分。
颂赞诚，努力奋灵程。

正心身，叩道奋精诚。
道德增，一生力修身。

冬夜冷，火热持心身。
圆明证，风雨以兼程。

意缤纷，混乱可不成。
清心神，无机且雅芬。

岁月奋，霜华渐渐逞。
一笑生，不负华年骋。

淡荡生，中心秉沉稳。
诗书芬，沉潜尽一生。

哦真诚，新诗具温存。
人格正，儒雅君子身。

不多论，适宜是合份。
坦荡逞，无机之灵魂。

情志芬，向阳之心身。
寻十分，真理尽力遵。

悟心身，灵动内蕴深。
圣洁生，天路尽力奔。

求永生，福分是真正。
大道振，济世奋刚贞。

度红尘，不妄起纷争。
淡定身，一笑也和温。

桑沧阵，冲决试炼深。
力前骋，山水越丰盛。

早起五更哦诗章
      2024-11-25

早起五更哦诗章，冷寒之间，
心兴悠长，灯下清展是思想。

人生废话不宜讲，直截了当，
心志平章，只是舒出我昂扬。

正志人生奋前闯，不计艰苍，
纵展顽强，克尽困难与雾障。

性光一点燃明亮，物欲弃放，
秉守天良，道德良知一生倡。

红尘气焰放万丈，磨炼襟房，
胸襟豪壮，清贞情思入诗唱。

霜华清涨不颓唐，纵展意向，
风雨兼闯，踏破群山水万方。

五湖归来颇安祥，体道平康，
正义心房，人生原来有雅量。

笑傲红尘不痴狂，谦贞情肠，
向上奔放，诗书秋春晨昏唱。

清心适意吾扬长
      2024-11-25

清心适意吾扬长，体道哦华章。
窗外冬雨正清降，晨起天寒凉。

心志此际吾清昂，能不哦诗章？
激情岁月泻流淌，时光珍惜间。

不必回忆怅深长，人生向前望。
关山风云叠雄壮，振志万里疆。

摩云快意我襟房，飞掠青松岗。
万里江山入指掌，男儿胸襟旷。

檐前雨滴起清响，冷风来清畅。
醒我头脑意奔放，豪情心地间。

不必计较鬓斑苍，心志持晴朗。
清度世尘怀漫浪，匡世践履间。

时雨进行中
      2024-11-25

时雨进行中，心志清空。
爽风来清送，冷意重浓。

时既值初冬，木叶飘空。
黄花妍正隆，惬我心胸。

品茗情志动，哦诗从容。
人生激情浓，一泻襟胸。

红尘任汹涌，淡泊心胸。
慨慷往前冲，风雨任猛。

坷坎艰深重，神恩恢弘。
平安幸福中，颂赞声洪。

心襟展灵动，舒我哦讽。
正义何刚洪，力战魔凶。

弹指华年送，不甘凡庸。
恣展我心胸，振志宇穹。

踏实山水中，越险重重。
叩道吾和慵，温良襟胸。

君子荷德重，修心奋勇。
身心清澈中，污秽抛送。

展眼烟雨中，野景芳浓。
雨声入心胸，化为诗涌。

时雨滴沥无恙

2024-11-25

时雨滴沥无恙，远野烟雨弥漾。
清展吾之思想，人生此际情长。

品茗悠悠扬扬，人生定定当当。
红尘任放万丈，清心宁意襟房。

不为名利狂猖，守我清新襟肠。
哦咏晨昏之间，涤荡情志旷放。

笑意从心浮漾，豁达人生昂扬。
前路奋力去闯，雄关漫越慨慷。

正义向上

2024-11-25

正义向上，婉转舒余意向。
冬日雨降，爽风其来寒凉。

清展思想，人生奋发顽强。
不折奋闯，冲决世之艰苍。

力展贞刚，男儿儒雅奔放。
不屈强梁，不屈恶虎凶狼。

血洒疆场，神恩赐下广长。
起死无恙，欢呼发出响亮。

坎坷回放，五十九载烟苍。
不必细想，应向未来瞻望。

心志安祥，人生标的天堂。
奋志阳刚，不惧试炼深艰。

践履人生

2024-11-25

践履人生，总得风雨兼程。
旷怀刚正，傲立天地乾坤。

窗外风骋，窗外雨打声声。
冬日清冷，写诗舒发心身。

红尘滚滚，大浪淘沙真正。
英武心生，不屈磨难成阵。

笑意清芬，一若菊花开盛。
灿烂缤纷，从容清度人生。

雅思历史与人生

2024-11-25

雅思历史与人生，
情志此际清振。
窗外雨打噼啪声，
冬风萧萧清冷。

灯下写诗抒真诚，
舒出人生兴奋。
怀情向谁吐并逞？
孤旅咽尽艰深。

平生感谢神恩盛，
导引吾之灵程。
胜过魔敌鬼魅纷，
独立傲骨刚正。

展眼野境烟雨昏，
感嗟发自心身。
人生客旅奋前骋，
标的须要看准。

不为名利所侵损，
心怀情思纯正。
淡泊清度秋与春，
正直无机立身。

笑傲此浊世红尘，
男儿气象生成。
谦贞无妨志刚正，
一腔热血清纯。

雨中喜鹊清鸣

2024-11-25

雨中喜鹊清鸣，打动余之身心。
体道清平，振奋心灵，
人生奋志前行。

冬雨潇潇经行，野地迷弥烟景。
爽风清新，冷寒任劲，
灯下哦诗清吟。

洒脱是余心襟，人生振志奋行。
辞去利名，高蹈胸襟，
胸中怀着水云。

尘世多有艰辛，容我奋志凌云。
踏实追寻，穿山越岭，
叩道领略意境。

流年岁月入诗稿

2024-11-25

流年岁月入诗稿，
容我哦咏潇潇。
清听窗外雨声饶，思致闲抛。

激情年轮留写照，
积淀我之诗稿。
舒出情怀并心窍，雅洁骚骚。

红尘清度吾洒潇，
赢得华发飘飘。
淡泊康宁展一笑，南山风标。

初冬天气微寒罩，
清风其来清好。
室内清坐品茗道，心志聊表。

午睡之后情志好
2024-11-25

午睡之后情志好，
窗外烟雨依逍遥。
振起精神撰诗稿，
舒出思致之俊俏。

冬初天气冷不峭，
爽风清来宜襟抱。
东篱黄菊开正骚，
林野木叶逝飞飘。

爽意人生
2024-11-25

爽意人生，清度这浊世红尘。
雅洁心生，矢志不惹污与尘。

注重修身，清净自守诗书骋。
奋发刚正，力胜魔敌之凶狠。

冬初届正，窗外风雨正洒逞。
清坐安稳，内叩心弦哦深沉。

人生奋争，叩道只争朝与昏。
绝不沉沦，鄙视名利矢志扔。

高蹈心身，享受清贫吾雅正。
不折刚贞，道德坚守铁骨铮。

微笑浮逞，豁达人生奋前骋。
山高水深，览尽风景之雄胜。

人生爽十分
2024-11-25

人生爽十分，雅思从心生成。
清听风雨声，哦咏新诗缤纷。

天气微寒冷，清风正好宜人。
木叶飘逝纷，老柳摇风青春。

灯下思驰骋，吐出心志诚真。
百感盈心身，正意从容晨昏。

努力奋发争，叩道不惧艰深。
领悟是深沉，清度智慧人生。

情志悠扬
2024-11-26

情志悠扬，早起五更甫毕间。
冷寒尘间，四围安静天未亮。

灯下思想，人生正见盈襟房。
不畏艰苍，迎难奋发以闯荡。

雅洁情肠，努力践履我理想。
身心茁壮，诗书一生沉潜向。

放怀讴唱，舒出身心并感想。
处世安祥，不为名利而狂狷。

贞定情肠，柔和清新持淡荡。
内蕴慧光，一生正直无机奸。

修身向上，克己私欲有荣光。
圣洁襟房，灵修叩道无止疆。

逸意旷然生成
2024-11-26

逸意旷然生成，人生纵论，
人生纵论，客旅修心历程。

名利不必细论，共缘而骋，
共缘而骋，努力修心奋争。

岁月不断进深，人生一瞬，
人生一瞬，务须努力修身。

感发于心深深，颂赞神恩，
颂赞神恩，灵程奋力前奔。

此际正值冬晨，冷寒初盛，
冷寒初盛，灯下思发深沉。

火热是我心身，圣洁灵魂，
圣洁灵魂，放光放热秋春。

正见支撑人生，尽力驰骋，
尽力驰骋，不计山高水深。

红尘浊浪滚滚，不受污损。
不受污损，矢沿正路力奔。

内叩自我心身，燃明慧灯，
燃明慧灯，穿越暗夜深深。

星光导我征程，见证丰盛，
见证丰盛，一生领受神恩。

微笑从心浮生，淡度秋春，
淡度秋春，向阳心志清芬。

共君努力修身，荣神益人，
荣神益人，凯归天国圣城。

天日朗晴
2024-11-26

天日朗晴，愉悦我身心。
冷寒初劲，清风快心襟。

心志殷殷，人生鼓干劲。
鞭炮清鸣，振奋吾心灵。

雀鸟啼鸣，宛转且多情。
老柳犹青，摇摆自不停。

音乐空灵，打动我胸心。
喜悦盈襟，新诗朗哦吟。

讴出心襟，赞叹此和平。
神恩丰盈，赐下这安宁。

努力前行，灵程旷无垠。
不计艰辛，胜过试炼凌。

振志人生向上
2024-11-26

振志人生向上，我心不惧险艰。
此际阳光正朗，清风吹来奔放。

心志无比晴朗，沐浴神恩茁壮。
阖家享受安康，努力前路奋闯。

四．人怀雅思

红尘清度无恙，情志舒发慨慷。
人生不事张扬，修心晨昏之间。

谦贞是我情肠，无机正直昂扬。
初冬天微寒凉，我心我意轩畅。

落叶漫地苍

2024-11-26

落叶漫地苍，诗意弥满宇间。
朝阳复洒靓，清风其来扬长。

身心振昂扬，舒出情志清芳。
激情哦诗章，人淡如菊相仿。

世事漫平章，神恩无比广长。
舒发心之光，正义一生阳刚。

前路迈无疆，不惧重关叠嶂。
信心百倍强，矢向天涯驱闯。

人生心志洒潇

2024-11-26

人生心志洒潇，不为名利倾倒。
谦贞是余情抱，叩道领受逍遥。

此生风雨经饱，神恩赐下丰饶。
努力奋行前道，关山朗度迢迢。

此际阳光笼罩，清风其来微妙。
听得喜鹊鸣叫，写诗聊发骚骚。

振志天涯朗造，风雨兼程奔跑。
不为名利倾倒，正直无机心窍。

岁月运化飘渺，苍鬓迎风洒飘。
诗人心兴清好，写诗愉悦襟抱。

世界多么美好，宇宙何其广辽。
乃是真神所造，其中充满灵妙。

努力灵程奋跑，胜过仇敌魔妖。
力战恶鬼虎豹，冲决试炼艰饶。

天国乃是终标，叩道情志不老。
领略风光美妙，微笑天真不傲。

展眼旷野远瞧，淡霭天际笼罩。
初冬黄花开俏，小春怡余情抱。

我欲开怀大笑，颂赞天父昏朝。
生活步步登高，阖家欢乐康好。

心志宁静

2024-11-26

心志宁静，雅洁盈满肺心。
阳光洒俊，小春风吹爽清。

木叶凋零，黄花依然开俊。
欢快盈心，人生健步前行。

名利抛屏，高蹈余之身心。
诗书经营，寻觅真理无垠。

微笑浮萦，生活愉悦开心。
神恩丰盈，铭感于吾心襟。

第十六卷《秀兰集》

崇德人生
2024-11-26

崇德人生，绝不可以沉沦。
男儿刚正，修心努力驰骋。

向上力争，养德冬夏秋春。
诗书哦芬，清度洒脱晨昏。

岁月进深，脱去旧我新生。
灵程驰奔，不负丰沛神恩。

淡荡生成，名利合当弃扔。
振我心身，叩道妙悟精诚。

冬初届正，窗外冷风吹盛。
木叶逝纷，清喜黄花开胜。

喜鹊鸣振，惬我心志十分。
哦咏心身，正直无机清纯。

清度流年光景
2024-11-26

清度流年光景，我心无比清新。
此际朔风号紧，一使余心清醒。

人生奋发前行，谦贞情怀雅俊。
走遍山水空清，一笑蔼然爽净。

红尘是多艰辛，患难成串来侵。
唯赖神恩丰盈，赐我阖家安平。

胜过魔敌妖兵，凯歌响彻行云。
努力回归天庭，永生幸福无垠。

心志平静
2024-11-26

心志平静，雅持人生淡定。
辞去利名，清守素朴心灵。

世事纷纭，都为争竞利名。
合当清醒，人生客旅之行。

百年生命，匆匆瞬若电影。
内叩身心，性光慧意须寻。

自我警醒，无机正直坚行。
质朴身心，物欲务辞务屏。

高蹈身心，应能趋向水云。
村风野径，愉悦余之胸襟。

诗书经营，奋将真理追寻。
济世力行，挥洒刚正生命。

人生持正
2024-11-27

人生持正，原不屈鬼魅妖氛。
奋志刚贞，冲决这困障之城。

豪情清生，振志人生万里骋。
不畏艰深，不畏风雨之昌盛。

红尘滚滚，请允我淡定立身。
名利弃扔，高蹈身心水云芬。

岁月飞奔，不计霜华之生成。
一笑和温，君子人格秉清诚。

朔风号紧
2024-11-27

朔风号紧，冷寒中喜鹊大鸣。
心志和平，淡定哦诗舒雅情。

人生奋劲，叩道领略关山景。
岁月空清，唯留记忆入烟影。

内叩心襟，一生努力以修心。
秉持灵明，慧灯擎掌往前行。

世事难云，幻化桑沧无有尽。
百年飞行，人生如梦何所凭。

振志凌云，力沿灵程正路行。
试炼任凌，叵耐我心趋圆明。

战胜魔兵，神恩敷布大无垠。
天国美景，召唤我奋旷志行。

努力人生
2024-11-27

努力人生，雅秉吾之诚真。
身心清纯，不为名利俯身。

清度世尘，远抛身心痛疼。
神恩丰盛，赐下福分深深。

奋志前骋，激越人生旷正。
加强修身，圣洁自我灵魂。

阳光洒呈，初冬朔风号申。
清坐安稳，思想旷发生成。

朔风输寒
2024-11-27

朔风输寒，门窗合当闭关。
品茗清淡，休憩身心雅安。

阳光灿烂，热情洒照宇寰。
木叶逝翻，黄花东篱正绽。

喜鹊鸣喊，点缀世界妥善。
微笑清展，生活和平妙曼。

岁月扬帆，老我斑苍何谈。
奋志浩瀚，努力万里克难。

岁月进行
2024-11-27

岁月进行，未可老了身心。
奋志凌云，矢将真理追寻。

心志殷殷，诗书镇日经营。
不惹利名，沉潜余之心灵。

洒脱无垠，人生旷怀清俊。
叩道前行，领略大千风景。

华发斑鬓，一笑依然爽清。
持心空灵，持心雅洁清新。

清持雅旷身心

2024-11-27

清持雅旷身心，人生挺志前行。
悠悠穿山越岭，放歌舒情无垠。

此际初冬天晴，朔风吹展何劲。
淡泊清品芳茗，袅起吾之意兴。

哦咏新诗多情，舒出人生情境。
正志修心要紧，不为名利侵淫。

岁月奋走何迅，顷刻老我苍鬓。
一笑淡然怀情，勿负华年寸阴。

清展我的思想

2024-11-27

清展我的思想，清展我的昂扬。
人生纵马驰闯，不惧旅途险艰。

心志无比安祥，神恩领取茁壮。
笑意清新展放，幸福盈于襟房。

向上尽我力量，力战魔敌仇奸。
凯歌彻云唱响，圣徒荣归天堂。

尘世只是暂享，名利具属虚妄。
骋志天涯遐方，坚贞圣洁情肠。

群雁南飞翔

2024-11-27

群雁南飞翔，嘹呖清响。
初冬天寒凉，朔风正狂。

心志体平康，人生扬长。
神恩广无量，享受安祥。

辽天正广长，振起慨慷。
情志吾无恙，努力向上。

微笑浮面庞，谦正情肠。
修身当尽量，立身贞刚。

早起天未亮

2024-11-28

早起天未亮，放我吟唱。
天气冷寒间，激情嚣张。

人生振意向，万里驱闯。
履尽千关障，一笑爽朗。

五十九载放，淡淡荡荡。
而今我回想，烟雨沧浪。

更应向前望，雄关万幢。
奋发以向上，心灯燃亮。

百年似漫长，艰苦艰苍。
心怀红太阳，舒我阳刚。

荷负神恩壮，叩道奔放。
心志取安祥，不起波浪。

名利无意向，虔贞情肠。
诗书吾温让，人格培养。

向上尽力量，穿越雾障。
性光持清亮，发热发光。

红日挺出于东方

2024-11-28

红日挺出于东方,灿放其霞光。
天气冷寒复何妨,情志吾悠扬。

远处鞭炮又震响,打动我襟房。
田野小鸟复鸣唱,点缀世安祥。

旷放情志作诗章,舒出意奔放。
人生骋志天涯向,激情心地间。

哦唱天地并人间,神恩敷广长。
努力灵程奋向上,不计千重艰。

红尘从来称攘攘,太多机与奸。
修心养德岂有疆,从心讴诗行。

正襟人生奋志向,世事漫平章。
历史未来容思想,咏出诗万章。

公园音乐缓缓放,愉悦我心肠。
清喜生活和平漾,幸福心地间。

颂赞神恩赐茁壮,领受此平康。
父母健康且强壮,天伦乐无上。

凯风兴旷

2024-11-28

凯风兴旷,人生情志悠扬。
灿烂阳光,洒照心田之上。

神恩无上,思此颂赞心间。
人生昂扬,万里无有止疆。

正意扬长,舒出情思旷放。
不屈艰苍,始终心怀阳光。

博爱勿忘,努力济度世艰。
匡怀奔放,正直立身端方。

正义人生向上

2024-11-28

正义人生向上,
吾何惧坎坷艰苍。
一生蒙神恩茁壮,
努力奋志闯荡。

初冬清喜晴朗,
木叶纷飞以下降。
雀鸟朗放其高唱,
写意风吹扬长。

我心我意奔放,
写诗舒不了情肠。
人生振志骋阳刚,
万里迎难克艰。

心中怀有漫浪,
哦歌出新诗万方。
情志悠悠复扬扬,
叩道体道澹荡。

适意人生安祥

2024-11-28

适意人生安祥,
清喜这阳光敞亮。

好风吹来奔放，
十月小春和暖间。

情志从心开敞，
哦咏出新诗扬长。
东篱菊花正芳，
林野木叶却逝殇。

情志悠悠扬扬，
享受这生活平康。
神恩感于襟房，
颂赞我衷心歌唱。

岁月如水逝淌，
斑苍我焕发昂扬。
努力奋向前闯，
标的天涯至远方。

秉持吾之灵明

2024-11-28

秉持吾之灵明，人生奋志前行。
不畏困苦艰辛，爽然一笑淡定。

此际暝色重凝，华灯点亮闪明。
清思旷发殷殷，哦诗适我心灵。

人生挺志振兴，此生不图利名。
雅洁心地空清，悟道趋向圆明。

初冬冷寒不劲，小春天气和平。
诗人饶有心情，吐诗描绘胸襟。

爽然心襟

2024-11-28

爽然心襟，欢快盈于胸心。
享受和平，享受生活安宁。

神恩无垠，思此颂出心襟。
振志前行，标的天国美景。

岁月进行，老我苍鬓斑境。
一笑淡定，豁怀已悟圆明。

大千旷运，皆赖神力推行。
世事漫评，不过桑沧幻境。

努力前行，活出生命苍劲。
体道空清，不执尘世利名。

阖家康平，神恩中心讴吟。
奋发刚劲，未可耽于安宁。

祥和心襟，圣洁清持灵明。
加强修心，污秽努力抛清。

内叩心襟，无机正直空灵。
百年生命，勿负华年光阴。

立身坦诚

2024-11-28

立身坦诚，正直身心不沉沦。
清度世尘，不惹污秽吾奋身。

柔和心身，叩道体道奋刚贞。
无机清芬，吃亏是福微笑生。

四．人怀雅思

百度秋春，容我诗书旷潜沉。
焕发心身，振志傲骨何铮铮。

岁月进深，霜华不减我精诚。
雅洁心生，哦诗清新且温存。

人生持正
2024-11-29

人生持正，雅洁盈满心身。
甫过五更，冬晨清显寒冷。

灯下思深，灯下哦诗真诚。
灯下朗声，灯下读书意振。

人生刚贞，奋发冬夏秋春。
红尘滚滚，秉持纯洁心身。

笑意清芬，努力万里驱骋。
绝不沉沦，一生努力修身。

名利合扔，此物害人深深。
诗书清骋，怡养心志灵魂。

笑傲红尘，人生铁骨铮铮。
清度浮生，叩道体道奋争。

和蔼宇间
2024-11-29

和蔼宇间，蓝天青碧清旷。
爽风来翔，听得啾啾鸟唱。

小春无恙，我心欢喜安祥。
哦诗吟唱，舒出心地情长。

人生慨慷，振志矢往前闯。
万里疆场，展我男儿雄壮。

情志平旷，豁怀清取扬长。
神恩广长，思此心怀力量。

云天青朗
2024-11-29

云天青朗，淡霭写意浮漾。
雀鸟鸣唱，爽风自在吹翔。

心志昂扬，雅将新诗哦唱。
舒出情肠，舒出一腔奔放。

人生向上，冲决无数险艰。
心怀阳光，荷负神恩无限。

叩道之间，领略山水万方。
一笑澹荡，豁达心地平康。

振意人生场
2024-11-30

振意人生场，晨起读诗章。
此际天未亮，寒气犹狂猖。

灯下展思想，慨慷意气扬。
岁月是飞旷，老我霜华苍。

振意人生场，万里奋驱闯。
关山叠雄壮，江海何浩荡。

心志天地间，名利未许障。
一笑还爽朗，男儿傲骨刚。

振意人生场，诗书吾温让。
人格力培养，修身奋向上。

正志济世艰，顽强果敢壮。
不屈世强梁，一如松虬苍。

振意人生场，不计霜华苍。
体道吾昂扬，妙悟达圆方。

万里用脚量，思想践履间。
浩志何雄刚，寰宇心包藏。

人生雅怀激情

2024-11-30

人生雅怀激情，诗意盈心，
诗意盈心，晨起哦诗空清。

东方彩霞正明，燃烧殷殷，
燃烧殷殷，只是冷寒正劲。

岁月飞逝何劲，笑我霜鬓，
笑我霜鬓，依然心志坚挺。

万里长途挺进，风雨兼行，
风雨兼行，男儿充满雄心。

一笑颇自分明，神恩心领，
神恩心领，努力灵程奋行。

弹指华年飞行，珍惜寸阴，
珍惜寸阴，践履思想要紧。

叩道惬余心灵，心志雄俊，
心志雄俊，不图尘世利名。

何妨高蹈身心，勿忘水云，
勿忘水云，淡泊心襟康宁。

正志人生场

2024-11-30

正志人生场，清意作导航。
喜鹊大鸣唱，众鸟和鸣间。
野风来悠扬，惬我情志畅。
振志作诗章，一曲吾奔放。

正志人生场，闲旷心地间。
不为物欲障，信步天涯向。
风雨兼程闯，心志怀阳光。
一笑复澹荡，人生荷强刚。

枫树正红

2024-11-30

枫树正红，黄菊灿从容。
喜鹊鸣颂，惬我意无穷。
雅洁晴空，爽风正清送。
和谐心中，新诗朗哦诵。

岁月如风，逝去入烟浓。
不须沉痛，奋志吾刚雄。
大千运动，桑沧幻重浓。
心持中庸，共缘历穷通。

一笑从中，豁怀雅无穷。
情志凝重，名利弃空空。
苍烟野横，田园妙丽浓。
振我心胸，努力去行动。

振志作文章

2024-11-30

振志作文章，儒雅心地间。
冬日喜晴朗，耳际闻鸟唱。
情志复激昂，况复品茗香。
婉转吾哦唱，一曲天地苍。

振志作文章，舒出我昂扬。
人生奋马闯，关山未为障。
红尘若梦乡，百年存理想。
前驱入康庄，神恩感无恙。

振志作文章，清裁是思想。
济世奋舟航，正直人生场。
远抛机与奸，名利可稍忘。
豪旷心地间，才思泻汪洋。

振志作文章，斑苍吾扬长。
展眼远眺望，天际霾烟漾。
好汉不易当，傲骨撑天纲。
力战彼虎狼，还我天下康。

物欲未可太盛

2024-11-30

物欲未可太盛，人生保守天真。
感谢天父鸿恩，导引灵性旅程。

此际斜晖清逞，此际爽风届正。
此际清心时分，此际旷怀雅诚。

哦诗热情缤纷，舒出人生刚正。
力行前进路程，不畏山高水深。

浩志包并宇城，男儿豪气何振。
英武是我心身，济世力展雄浑。

诗书漫平章

2024-11-30

诗书漫平章，正意我昂扬。
人生千关闯，一笑复爽畅。

苦旅历深艰，神恩感茁壮。
修心力向上，养德无止疆。

红尘清度间，五十九载旷。
回首泪不淌，奋发往前闯。

展眼平畴旷，冬野斑斓间。
老柳毵毵荡，枫树色红芳。

东篱菊正黄，引我折腰赏。
惬怀无极限，悠悠品茗香。

斜晖照清朗，岁月迅飞旷。
斑苍复无妨，男儿志强刚。

一笑展澹荡，人生怀扬长。
心志清无恙，哦诗复慨慷。

阖家享平康，神恩感无上。
叩道振志向，心光发明亮。

云淡天青

2024-11-30

云淡天青，夕照此际鲜明。
振志讴吟，不减人生豪情。

心志殷殷，挺志万里野境。
风雨兼行，笑傲尘世艰境。

岁月进行，初冬天不寒清。
爽风来临，惬我心志无垠。

淡泊心灵，诗书晨昏哦吟。
体道安平，豁怀一若天晴。

黄昏清展夕照
2024-11-30

黄昏清展夕照，木叶淡然逝飘。
苍烟天际渺，心兴入诗稿。

岁月逝去逍遥，人却渐渐苍老。
依然志高傲，茁壮盈心窍。

不为名利所扰，清心雅守静悄。
叩道吾洒潇，人生享晴好。

大千幻化奇妙，东篱黄菊正俏。
旷然展一笑，红尘胡不好。

夜幕已笼降
2024-11-30

夜幕已笼降，华灯灿然而放。
心志吾平康，适然心襟安祥。

履尽恶风浪，而今领受吉祥。
神恩广无疆，思此颂赞献上。

身心吾无恙，奋发志向前闯。
天涯风光靓，召唤我快马放。

不计彼艰苍，心怀磊落昂扬。
慧烛手擎掌，岂惧暗雾迷障。

一笑复澹荡，尘世只是暂享。
名利徒欺诳，吾不上其之当。

信心体顽强，叩道一生阳刚。
阳光眉目间，悟彻世之机簧。

振志人生场，济世力挽狂浪。
无机心地间，雅怀情志漫浪。

人生不算长，百年真如瞬间。
时光珍惜间，业绩矢志造创。

远际歌声又嘹亮
2024-11-30

远际歌声又嘹亮，
动我心志起悠扬。

冬夜清心且平旷，
诗意盈心化诗章。

岁月侵鬓不必讲，
人生正意奋慨慷。

男儿须有男儿样，
未可卑媚事强梁。

远际歌声又嘹亮，
灯下我发旷思想。

五十九载烟雨艰，
爽然一笑情安祥。

四．人怀雅思

一生荷负神恩壮，
叩道履历厄与苍。

坦然身心无机奸，
好个男儿振气象。

远际歌声又嘹亮，
百折身心入诗唱。

铁骨由来持刚强，
血战虎狼奋刀枪。

谦贞情怀儒雅芳，
向阳情志怀阳光。

修身向上无止疆，
养德秋春晨昏间。

远际歌声又嘹亮，
诗书润身兰蕙芳。

不惹名利振意向，
清贫潜修叩道藏。

扬长人生持奔放，
正直无机吾贞刚。

世事共缘销与涨，
圆明圆通圆融漾。

善加守护心灵

2024-12-1

善加守护心灵，力保身心平静。
勿为名利所侵，善守汝之灵明。

人生体道振兴，努力守护心灵。
魔鬼妄图插进，害人堕落无垠。

岁月奋然进行，人生百年光阴。
务须守护心灵，心光发出纯净。

内叩自我身心，污秽务须扫清。
一生加强修心，矢志守护心灵。

五. 悠放歌唱

第十七卷《瞻远集》

爽清人生
2024-12-1

爽清人生，正义奋我刚贞。
此际五更，早起振奋精神。

人生驰骋，先须安顿心身。
灵性清纯，心光发出纯正。

奋不顾身，叩道履历艰深。
万里征程，显我男儿豪正。

颂赞神恩，赐下福分真正。
努力灵程，努力加强修身。

正志人生
2024-12-1

正志人生，履历涤荡行程。
回思深深，一生感沛神恩。

此际冬晨，时间正届五更。
早起振奋，内叩自我心身。

红尘滚滚，太多磨炼生成。
傲骨铮铮，男儿旷怀无伦。

努力前骋，关山履历雄浑。
一笑清生，豁度客旅人生。

阳光此际和畅
2024-12-1

阳光此际和畅，阳光此际和畅。
赞此卯青天壤，清风其来悠扬。

心灵心志开敞，舒出人生昂扬。
品茗情志增长，写诗无比清旷。

身心雅享安祥，不为名利起浪。
定志是在远方，努力奋发闯荡。

正意盈于襟房，人生得意不狂。
谦贞是我情肠，向上修身尽量。

流风鼓畅
2024-12-1

流风鼓畅，人生情志安祥。
阳光复靓，初冬冷寒不彰。

周日悠扬，雅将新诗哦唱。
淡淡荡荡，中心无有遮藏。

正直奔放，人生不计苦艰。
困厄任放，我志无比强刚。

红尘攘攘，合当客旅扬长。
名利弃放，清心正意向上。

逸意悠扬

　　　　　　　　　　2024-12-1

逸意悠扬，人生挺志向上。
风雨艰苍，不过磨炼襟房。

天气晴朗，阳光无比清旷。
和暖尘间，品茗心志安祥。

努力舒昂，未可久耽安康。
合当奔放，合当万里驱闯。

微笑浮上，人生豁怀无恙。
清风来翔，惬意从心增长。

苍茫展夕照

　　　　　　　　　　2024-12-1

苍茫展夕照，苍茫清展夕照。
心志吾逍遥，诗书怡我情抱。

苍烟四野绕，斑斓林野清好。
老柳犹美妙，毵毵随风摆摇。

感慨盈心窍，写诗舒我风骚。
人生奋前跑，关山履历峻峭。

红尘是美好，百年人生如飙。
业绩奋创造，立德立言洒潇。

矢志向上

　　　　　　　　　　2024-12-1

矢志向上，不畏惧一切艰苍。
人生昂扬，力战彼魔敌妖魍。

岁月飞旷，心志始终不萧凉。
奋发贞刚，荷负神恩何茁壮。

夜幕笼降，灯下清思旷发扬。
哦咏诗章，一腔正意盈襟房。

宁静心间，不为物欲起狂猖。
淡定尘壤，叩道灵程奋闯荡。

高远无疆，男儿情志何雄壮。
济世之艰，果敢顽强且阳刚。

内叩情肠，心地雅存着慧光。
圣洁襟房，努力作盐又作光。

清意生成

　　　　　　　　　　2024-12-1

清意生成，平静心地正清芬。
夜已经深，灯下容我思深沉。

人生纵论，务须尽力奋驰骋。
物欲弃扔，身心精神须振奋。

雅秉精诚，不忘内叩己心身。
正志晨昏，拙朴清度我人生。

悟此乾坤，大道运化妙无伦。
立心虔贞，远抛污秽净十分。

勃勃心襟

2024-12-2

勃勃心襟，早起情志殷殷。
天犹未明，清喜冷寒不峻。

灯下哦吟，舒出吾之心灵。
人生前行，悠悠穿山越岭。

岁月进行，斑苍不减刚劲。
清晨奋兴，努力振我心灵。

修身要紧，德操培养无垠。
百年生命，矢沿正道挺进。

东天红霞灿靓

2024-12-2

东天红霞灿靓，鸟语又复鸣放。
早起吾三光，写诗适情肠。

初冬天气无恙，冷寒并不狂猖。
远处鞭炮响，打动我襟房。

人生快慰之间，寸阴珍惜心间。
努力奋向上，努力振气象。

平生雅爱诗章，诗海尽我徜徉。
扬帆万里闯，悠然放哦唱。

红日挺出于东方

2024-12-2

红日挺出于东方，
大地人民喜洋洋。
喜鹊复鸣唱，我意起悠扬。

早起情志愉悦间，
能不新诗纵哦唱。
舒出我昂扬，舒出我奔放。

人生携志奋闯荡，
此生不为名利妨。
性光发清亮，慧意心地间。

文明之火熊熊旺，
添砖加瓦尽力上。
男儿怀豪壮，傲骨撑天纲。

振志人生向上

2024-12-2

振志人生向上，振志人生向上。
我心不畏险艰，奋发敢于闯荡。

此际清风来旷，阳光洒照无恙。
喜鹊放声大唱，激越吾之心房。

不必回首长望，坎坷已成过往。
荷负神恩无限，幸福盈于襟肠。

挺志人生前闯，力战虎豹豺狼。
标的天涯灿靓，彩虹持在心间。

风雨无畏奔放，男儿荷勇强刚。
清贫有何大妨，身心洒脱昂扬。

正志诗书之间，叩道履历深艰。
冲决试炼厄艰，胸怀明媚阳光。

努力发热发光，好个果敢顽强。
一笑澹然清畅，人生谦贞不狂。

展眼平野淡荡，斑斓灿其色相。
初冬清喜不凉，愉悦吾之襟房。

人生情志清畅

2024-12-2

人生情志清畅，午时阳光洒靓。
和风旷意吹翔，袅起余之意向。

感慨从心而放，哦诗热情张扬。
舒出中心柔肠，儒雅温和无恙。

人生情志清畅，流年泻去狂猖。
信心未曾衰减，男儿奔放驱闯。

关山履历万幢，从心一笑爽朗。
清度红尘安祥，心襟无比茁壮。

浓霾弥野境

2024-12-2

浓霾弥野境，天气又阴。
木叶恣飘零，初冬情景。

心志求安平，激情于襟。
哦咏以舒情，一腔振兴。

人生奋刚劲，旷志豪情。
尘网任殷殷，名利辞屏。

高蹈我心襟，振志凌云。
不畏惧艰辛，万里挺进。

正志人生

2024-12-2

正志人生，冲决困苦艰深。
傲骨刚正，力战屑小缤纷。

感谢神恩，赐下如此丰盛。
努力灵程，努力风雨兼程。

灯下思深，人生感慨生成。
合当奋身，叩道奋不顾身。

尽力修身，正直立身诚恳。
笑意清芬，旷怀绝不沉沦。

情思袅袅

2024-12-2

情思袅袅，人生正意撰诗稿。
夜已深了，灯下情抱舒妙好。

裁思情抱，万里风烟莫草草。
振志长跑，关山征途竟克了。

不回头瞧，前路雄关犹叠峭。
一声朗啸，声震青天志堪表。

百年飞飙，胸怀志向何朗傲。
矢展襟抱，矢创业绩与世瞧。

不持孤傲，人生谦贞方为好。
温和心窍，一生修心养德操。

情志堪表，大千世界心包了。
济世情操，风雨艰苍奋开道。

又值五更矣

2024-12-3

又值五更矣，早起意振。
雅持心身矣，哦诗真诚。

感谢神恩矣，导引人生。
旅途奋骋矣，冲决艰深。

初冬届正矣，天不寒冷。
灯下思深矣，人生虔诚。

奋我心身矣，努力灵程。
叩道刚正矣，傲立乾坤。

谦和心身矣，诗书潜沉。
不求荣升矣，处心平正。

清贫安份矣，微笑清生。
未可沉沦矣，努力挺身。

矢志前骋矣，山高水深。
风光纯正矣，领略雄浑。

路上车声矣，点缀平升。
哦歌清芬矣，身心显逞。

奋志人生矣，济世倾忱。
奋不顾身矣，立心以诚。

展转艰深矣，仰荷神恩。
不屈世尘矣，持心清纯。

修德进升矣，荣神益人。
发光和温矣，暖人心身。

淡荡生尘矣，斑苍惜生。
不老心身矣，正直一生。

容我挺身矣，傲骨天撑。
身心雄浑矣，兼具清纯。

岁月飞奔矣，百年人生。
与化同骋矣，吾不嗟震。

坦腹哦申矣，倾我心身。
思想生成矣，践履一生。

浩歌心身矣，搁笔时分。
意味深深矣，致敬十分。

正大光明

2024-12-3

正大光明，挺直我身心。
天气任阴，我心持朗晴。

岁月进行，初冬正清临。
萧瑟野境，喜鹊复大鸣。

黄花清新，点缀世升平。
我心高兴，新诗哦不停。

爽风来劲，快慰我心襟。
人生前行，不畏艰与辛。

四更醒转复无眠

2024-12-4

四更醒转复无眠，灯下哦吟。
舒出心志并心灵，雅洁空清。

时正初冬四围静，内叩身心。
人生挺志合振兴，清展才情。

不畏风雨之苍劲，男儿纵行。
履尽山水吾多情，一笑鲜明。

五十九载飞电影，化为斑鬓。
依然身心持坚挺，茁壮心襟。

展眼尘世多浮云，慧目须明。
不为名利损心襟，浩志充盈。

世界人生费追寻，叩道奋心。
悟彻玄黄吾何云，处缘淡定。

颂赞神恩真无垠，领受安平。
努力灵程胜艰辛，力战魔兵。

宗教合一矢志寻，孜孜前行。
大同世界吾仰景，一生辟进。

挺立是我人生

2024-12-4

挺立是我人生，不怕烟雨艰深。
似老松虬正，挺直生长昌盛。

此际阳光清纯，此际爽风届正。
此际白云飘纷，此际喜鹊鸣振。

快慰盈满周身，新诗衷情哦申。
奋发是我人生，不屈困苦历程。

红尘浊浪滚滚，磨炼吾之心身。
努力奋志前骋，天涯风光雄浑。

悠悠品茗

2024-12-4

悠悠品茗，浴后且爽清。
惬听鸟鸣，享受风之清。

岁月进行，初冬行将尽。
时光飞迅，寸阴惜心襟。

人生前行，奋志展无垠。
神恩丰盈，赐与我康平。

大千旷运，叩道吾奋劲。
不辞艰辛，正志朗且俊。

杨柳半枯黄

2024-12-4

杨柳半枯黄，芦花苍苍。
小风来吹荡，喜鹊鸣唱。

初冬不寒凉，心境清爽。
散步田野间，心襟舒旷。

人生享悠扬，身心澹荡。
不必太匆忙，定定当当。

客旅人生场，豁达平康。
骋志天涯向，步履坚强。

坦荡盈襟房，正义心间。
苦难任叠放，我志阳刚。

红尘是无恙，运化桑沧。
情志振兴间，不计华霜。

一笑复昂扬，万里径闯。
不求名利彰，淡泊安祥。

未可稍狂狷，谦贞情肠。
向上当尽量，修身奔放。

雅秉吾之良心

2024-12-4

雅秉吾之良心，人生振志前行。
穿越艰苍苦境，一路悠放歌吟。

人生意义追寻，真理一生仰景。
穿透尘世浮云，心灵心志空清。

不为名利所侵，淡守吾之灵明。
修身上进要紧，谦贞情操坚定。

百年生命飞迅，转眼华发苍鬓。
豁然盈于心襟，叩道体道刚劲。

悟彻世事分明，一笑淡泊爽清。
天人大道叩请，慧意蕴于心灵。

此际天气正阴，朔风萧萧来行。
初冬心志和平，写诗聊适心襟。

天气冷寒间

2024-12-5

天气冷寒间，晨起悠扬。
清听啼鸟唱，写诗奔放。

心志取清昂，人生向上。
苦难与艰苍，已成过往。

心怀红太阳，正意刚强。
万里驱闯间，览尽风光。

淡淡复荡荡，无机襟房。
正直人生场，远抛机奸。

修身吾昂扬，德操增长。
一笑复扬长，正义阳刚。

裁心吾何讲，舒出情肠。
生活又开场，旷怀无限。

木叶凋丧

2024-12-5

木叶凋丧，心志不颓唐。
冷寒任狷，身心吾昂扬。

霾锁尘间，叹息复良长。
污染祸殃，皆因人心脏。

喜鹊大唱，声音何激昂。
人生世间，合当展扬长。

奋向前闯，吾心不迷茫。
情志安祥，叩道振慨慷。

子夜时分

2024-12-6

子夜时分，不眠灯下思深。
冬夜清冷，四围静无噪声。

岁月进深，笑我华颠生成。
豁达清芬，共彼大化同骋。

远抛心疼,遁向田园意奋。
诗书潜沉,寻觅真理十分。

大千红尘,幻化和合之身。
叩道刚正,悟达圆明通顺。

大雪届正,初冬已去无声。
奋飞年轮,增我阅历沉稳。

清度世尘,此心绝不沉沦。
正直心身,原也雅洁清纯。

天未亮

2024-12-6

天未亮,早起吾三光。
冷寒间,大雪今届访。

舒情肠,人生怀意向。
正意向,身心吾悠扬。

体道间,践履莫相忘。
万里闯,关山越雄壮。

人生场,不为名利狂。
贞志向,修身吾昂扬。

岁月旷,霜华渐增长。
一笑扬,豁达且平康。

淡襟房,水云心地间。
持定当,边走边歌唱。

畅意人生

2024-12-6

畅意人生,清听喜鹊之啼纯。
大雪届正,天气和暖煦日温。

品茗时分,惬意中心纵生成。
新诗哦芬,舒出正气并人生。

霜华任生,不减少年气与神。
英武心身,骋志万里奋刚正。

红尘滚滚,太多迷烟遮眼神。
慧目务睁,勿为名利损心身。

奋我刚贞,叩道傲立于乾坤。
读书潜深,寻觅智慧益人生。

笑意清逞,豁达人生吾安稳。
淡泊精诚,雅意清度秋与春。

老柳梳风

2024-12-6

老柳梳风,散步吾从容。
雀鸟啼颂,鱼儿跃水中。

夕照正红,鸟飞掠空中。
心境和慵,展眼苍烟浓。

岁月飞猛,大雪今届中。
旷风吹送,惬我意与胸。

心志清空,哦诗复凝重。
旷怀无穷,寰宇包心胸。

暮烟正凝

2024-12-6

暮烟正凝，天气又转阴。
爽风经行，远际音乐响空灵。

哦诗舒情，人生当振兴。
勿为利名，损了正义之心襟。

红尘艰辛，努力奋前行。
穿山越岭，悠悠雅放我歌吟。

人生多情，风雨中挺进。
微笑浮萦，淡定清新盈心灵。

鸟语爽俊，打动我身心。
世界清平，大化恒永以运行。

百年飞劲，人生若电影。
叩道圆明，清澈灵动慧意盈。

痛苦抛屏，神恩领无垠。
灵程前行，胜过试炼之艰凌。

中心高兴，领受安与平。
阖家福盈，颂神讴咏于心襟。

心志平静

2024-12-6

心志平静，灯下清思清宁。
人生前行，合当淡守心襟。

名利云云，不过骗人之景。
正气凌云，共缘雅去运行。

百年生命，人生意义须明。
世界幻境，秉守道德良心。

向上力行，修身养德要紧。
污秽抛清，内心清澈透明。

人生哦歌奔放

2024-12-6

人生哦歌奔放，心志舒发广长。
此际冬夜安祥，灯下清展思想。

裁出情志无恙，悠悠是我情肠。
不为物欲奔忙，体道定定当当。

红尘只是幻象，人生寻觅思想。
真理正道张扬，天人大道温良。

正意持在心间，道德人生昂扬。
良知未可丧亡，修身晨昏之间。

诗书一生哦唱，男儿不屈贞刚。
傲立如山之壮，铁骨撑住天纲。

力战魔敌妖魍，胜利凯歌纵唱。
人生百年艰苍，标的天国向上。

四野一片安静

2024-12-6

四野一片安静，冬夜使人清醒。
灯下思发殷殷，吐诗呼出清新。

人生雅持淡定，此生不图利名。
高蹈心志心灵，中心怀有水云。

向阳是我心旌，尽力修养身心。
物欲只是浮云，体道须凭本心。

岁月不断飞行，霜华笑我清映。
淡泊盈于肺心，正志万里挺进。

红尘无比艰辛，魔敌多所经营。
正邪搏击拚命，两军对垒麾兵。

天父战阵亲临，圣徒奋发前行。
斩杀魔敌妖兵，凯歌响彻行云。

清夜心志警醒，内叩自我心灵。
人生努力振兴，奋沿灵程前行。

风雨之中挺进，关山朗度无垠。
天涯灿有美景，矢志一生追寻。

笑意从心而映，快慰充于内心。
真理一生仰景，荣神益人奋进。

荷负神恩丰盈，平安领受心襟。
阖家幸福无垠，颂父讴歌尽情。

第十八卷《欢快集》

清夜无眠

2024-12-6

清夜无眠，已入三更之境。
四围安静，路上偶闻车行。

灯下思殷，哦诗舒发闲情。
人生振兴，不只为了利名。

高蹈心襟，恒向诗书用劲。
丰沛心灵，体道不辞艰辛。

坦腹舒情，无机正直身心。
百年生命，空空如梦经行。

此际清醒，淡荡盈满肺心。
痛苦抛屏，内叩自我心灵。

冬夜寒清，思绪正若开屏。
倾泻心灵，倾泻一腔刚劲。

裁思良好

2024-12-7

裁思良好，晨起撰诗稿。
天气寒峭，五更刚毕了。

内叩心窍，灯下清思骚。
人生晴好，风雨吾经饱。

岁月飘潇，人生渐苍老。
豁达尘表，开怀吾大笑。

红尘娟妙，桑沧幻不了。
百年如飙，时光惜分秒。

正意风标，人生莫草草。
叩道迢迢，风雨兼程跑。

仲冬到了，一年回首瞧。
更应扬飙，未来奋发造。

绝不骄傲，谦和尽力保。
人生朗造，诗书吾笑傲。

五十九了，不必惊而叫。
振志前道，万里乐逍遥。

淡荡心窍，无机正直饶。
正志洒潇，名利未许扰。

清贫就好，淡泊不烦恼。
奋辟前道，男儿持刚傲。

丈夫志高，独立于尘表。
慧意丰标，济世俊骨傲。

立身洒潇，贞怀向谁表。
清展微笑，秋春雅度了。

多言不好，搁笔吾静悄。
正志前跑，天涯矢朗造。

关山峻峭，风光历大好。
奇险丰饶，壮我心与窍。

朗放读书声

2024-12-7

朗放读书声，早起时分。
精神吾振奋，擎举心灯。

人生奋前骋，山高水深。
不畏惧艰深，冲决困城。

岁月日渐深，仲冬时分。
天气任寒冷，火热心身。

一笑旷然正，纯雅清芬。
人生吾刚贞，傲骨俊撑。

红尘任滚滚，淡泊清纯。
名利早已扔，高蹈心身。

诗书哦平生，秋春晨昏。
意境吾潜沉，陶冶心芬。

向阳吾方正，努力前奔。
风雨也兼程，旷然何铮。

虎狼肆嚎声，男儿勇生。
提刀奋前骋，斩杀妖氛。

还我世平正，大道通顺。
神创此乾坤，光明清芬。

正义必然胜，魔敌败遁。
圣洁心地生，颂神朝昏。

心地百感生，哦咏诚真。
舒出我意芬，舒出精诚。

体道度平生，一腔纯正。
微笑从心生，豁怀无伦。

寒气狂猖

2024-12-7

寒气狂猖，雾霾天地间。
音乐远方，缓缓以奏唱。

微霞东方，红日挺生间。
雀鸟鸣放，惬意我襟房。

仲冬无恙，周末复闲旷。
读书昂扬，情志俱奔放。

阖家安康，神恩颂心上。
努力向上，修身当尽量。

清裁志向入诗章

2024-12-7

清裁志向入诗章，
人生正意昂扬。
仲冬菊花犹绽黄，
朵朵怒放无恙。

晨起精神颇健朗，
读书写诗奔放。
岁月清度吾安祥，
荷负神恩广长。

人生清振是意向，
万里长途驱闯。
五十九载一瞬间，
发觉霜华清涨。

呵呵一笑温存放，
君子人格显彰。

加强身心之修养，
人生矢志向上。

正意骚骚

2024-12-7

正意骚骚，人生憩此尘表。
苍烟笼罩，仲冬朔风吹萧。

鸟语娇妙，惬我情志清好。
品茗洒潇，读书写诗适抱。

岁月逝飘，人生胡不逍遥。
名利弃抛，水云心中清飘。

人易苍老，情志清怀俊俏。
心襟不老，振志挥洒刚傲。

天气阴晴不定

2024-12-7

天气阴晴不定，朔风鼓其干劲。
我心清持朗晴，哦诗舒吐心襟。

人生快慰无垠，豁达清度均平。
苦风苦雨饱经，而今领受安宁。

神恩赐下丰盈，阖家温和温馨。
正气合当凌云，万里矢去挺进。

呼出心中清新，呼出中心激情。
呼出一腔刚劲，呼出闲雅心灵。

正志人生

2024-12-7

正志人生，不惧烟雨生成。
冲决艰深，清展男儿刚正。

茁壮心身，履尽苦难深深。
仰荷神恩，赐下恩典丰盛。

努力灵程，努力步履坚正。
努力奋争，努力万里驱骋。

仲冬时分，天晴云淡风申。
读书意芬，哦咏舒我真诚。

奋发人生

2024-12-7

奋发人生，清展吾之纯真。
惬意红尘，一任风雨生成。

冬夜寒冷，灯下思展真诚。
哦诗怡神，自我安慰心身。

人生奋骋，合当万里驰奔。
风雨兼程，挥洒吾之刚正。

曾履痛疼，唯赖丰沛神恩。
奋行灵程，冲决试炼艰深。

孤旅擎灯，穿越暗夜沉沉。
虎狼纵横，心地果敢前骋。

感谢神恩，赐下恩典丰盛。
平安心生，享受幸福真正。

百年人生，正如电影一瞬。
斑苍惜生，人生积淀加增。

夜已经深，四围静悄无声。
内叩心身，发语应许和温。

努力前程，矢为文明献身。
提刀纵骋，力战魔敌凶狠。

圣洁心身，向神敞开真正。
天国永生，福分无比妙胜。

独立襟雄

2024-12-7

独立襟雄，人生裁思凝重。
灯下哦讽，舒出吾之心胸。

不惧成翁，五十九载逝风。
一笑从容，人生雅持中庸。

淡荡之中，珍惜时光川涌。
华年随风，记忆珍藏心中。

奋向前冲，关山跨越重重。
心襟灵动，不随世俗邪风。

正义襟胸，原也叩道奋勇。
与世和同，圆明圆通圆融。

霜华惜重，心襟依如彩虹。
七彩闪动，瑰丽是余心胸。

力战魔凶，胜利凯歌哦颂。
守护心胸，守护圣洁情踪。

不妄行动,平静盈于心中。
瞻望之中,奋志穿越雨风。

人生非梦,业绩力创恢弘。
灿烂心胸,德操清持厚重。

修身奋勇,克去私欲重重。
共化运动,原也雅洁清空。

朝日舒光
2024-12-8

朝日舒光,霞光灿其万丈。
音乐远方,撩动吾之心房。

冷寒之间,听见鸟之吟唱。
菊犹绽芳,斗寒旷展豪强。

心志向上,人生蓬勃昂扬。
卑媚抛光,男儿激越奔放。

诗书平章,沉潜悠悠扬扬。
骋志遐方,哦歌地久天长。

人生不长,百年真似瞬间。
不必泪淌,合当惜取寸光。

淡淡荡荡,中心何所收藏。
无机贞刚,坦荡是我襟房。

寂寞人生场
2024-12-8

寂寞人生场,孤旅闯荡。
咽尽烟雨苍,骋志顽强。

五十九年间,不怀怅惘。
依然向遐方,展眼瞻望。

红尘客旅间,合当悠扬。
名利害人狂,无益情肠。

正志天地间,悠放歌唱。
冬日天寒凉,火热襟房。

地冻天寒
2024-12-8

地冻天寒,门窗未免闭关。
阳光和灿,洒照此一宇寰。

心志妥善,哦诗品茗清淡。
奋辟前站,风光览尽绚烂。

人生雅安,心灵心志非凡。
尘世饱谙,不过风雨纠缠。

阳光心胆,人生应能傲岸。
热情四绽,济世不取蛮干。

欣此蔚蓝晴空
2024-12-8

欣此蔚蓝晴空,阳光洒照宇穹。
只是朔风吹送,未免天寒地冻。

时节正届仲冬,清喜蔚蓝天空。
木叶恣意飘送,诗意弥满心中。

敞心我要歌颂,赞此妙美宇穹。
人生天地之中,秉持道德厚重。

修心岂有止穷，向上一生奋勇。
天人大道妙用，调和心志中庸。

蓝天白云悠闲

2024-12-8

蓝天白云悠闲，我心无比淡荡。
冬风其来萧凉，爽快吾之情肠。

周日雅享悠扬，读书写诗何旷。
清心品茗之间，不计时光逝淌。

一切顺理成章，莫忘叩道向上。
人生百年不长，务须抓紧时间。

道德文章昂扬，男儿情志阳刚。
心地明媚阳光，努力奋发前闯。

爽朗身心

2024-12-8

爽朗身心，人生淡淡定定。
天气朗晴，清风拂我心襟。

心志开屏，雅将新诗哦吟。
人生情境，豁达平康无垠。

仰看白云，飘于蓝色天青。
小鸟娇鸣，点缀世宇安平。

合当振兴，人生挺志前行。
山水风情，怡悦余之身心。

鼓志人生

2024-12-8

鼓志人生，容我风雨兼程。
茁壮心身，一生挥洒刚正。

丰沛神恩，赐下如此甘纯。
努力灵程，不怕试炼艰深。

红尘滚滚，正好磨炼心身。
标的天城，力战魔敌凶狠。

爽风来逞，惬我情志十分。
冬日不冷，阳光洒照暖温。

内叩心身，哦出一腔精诚。
人生持正，不为名利奋争。

淡度红尘，读书写书意奋。
注重灵魂，注重自我修身。

心志安常

2024-12-8

心志安常，不为名利起浪。
定定当当，步履人生昂扬。

远抛心伤，正志人生疆场。
力战虎狼，还我天下平康。

世界神创，岂许鬼魔狂猖。
贞定情肠，力沿正道奋闯。

红尘攘攘，中心水云清漾。
名利虚妄，合弃合抛合放。

清志人生场

2024-12-8

清志人生场,身心不取萧凉。
此际阳光靓,此际品茗悠扬。

人生奋贞刚,力战吃人虎狼。
血战任潜淌,纵展男儿豪强。

神恩广无量,赐下福分安康。
阖家幸福漾,清度岁月安祥。

人生向前闯,高山任叠万幢。
信心百倍强,穿越风雨艰苍。

心志怀阳光,正义盈满襟房。
济世必然讲,践履实干昂扬。

汗水不白淌,舒出心弦流畅。
著书济世苍,记录余之思想。

正义必然昌,邪恶必归败亡。
历史似画廊,敷布神恩广长。

真理力宣讲,不畏世之强梁。
微笑眉眼间,豁达雅享平康。

逸意从心生成

2024-12-8

逸意从心生成,人生容我纵论。
斜照洒清纯,蓝天白云纷。

心志从心生成,撰诗舒我心身。
淡荡中心生,诗书我潜沉。

正意从心生成,道德一生力遵。
修心是历程,不妄起纷争。

闲思从心生成,品茗情志清振。
人生不昏沉,旷秉心中灯。

天气值寒清

2024-12-8

天气值寒清,合当奋我身心。
此际夜静宁,灯下放我哦吟。

人生当振兴,努力万里驱行。
未可颓废心,未可耽于安静。

大千旷妙运,宇宙亘古运行。
人为万物灵,务当善用其心。

振奋志向行,文明之火高擎。
思想当先行,践履实干要紧。

冬夜冷清

2024-12-8

冬夜冷清,内叩自我心灵。
岁月进行,斑苍不减奋兴。

人生前行,已历崇山峻岭。
风雨凄境,磨砺吾之心襟。

洒脱心灵,不为名利倾心。
淡守清贫,诗书旷志哦吟。

此际心静,此际灯下思萦。
此际振兴,此际舒发身心。

淡泊康宁，人生雅享安平。
神恩丰盈，赐我阖家温馨。

欢呼尽兴，颂神讴出心灵。
灵程挺进，力战魔敌仇兵。

仲冬之境，未可减却豪情。
正义盈心，不惧试炼艰凌。

努力前行，冲决风雨酸境。
微笑浮萦，荷负神恩无尽。

坦腹歌吟，喜悦盈于本心。
天国美景，召唤我矢前进。

悠悠身心，不灭慧意灵明。
智灯燃明，穿越暗夜雾境。

百年生命，匆匆如同电影。
感发心襟，合当振志无垠。

勿图利名，此是欺人之境。
秉持灵明，憩居智慧之境。

坎坷生平，回思泪水双盈。
神恩丰俊，导引人生之境。

哦诗空清，舒出心志心灵。
不尽心情，倾若飞瀑之行。

人生合当振兴

2024-12-9

人生合当振兴，未可困守因循。
此际朝日初初行，
余心因以勃兴。

天气冷寒正劲，黄花犹自开屏。
仲冬清喜天朗晴，
爽雅余之心襟。

人生振志前行，此生不为利名。
诗书一生倾心灵，
陶冶余之身心。

济世奋发心灵，力战虎豹狼群。
还我天下之康平，
人民幸福安宁。

向上振我心襟，人生努力修心。
养德永远无止境，
叩道体道奋进。

雅持吾之灵明，慧意蕴于内心。
正见人生淡荡境，
胸怀清新水云。

喜鹊喳鸣唱

2024-12-9

喜鹊喳鸣唱，惬我意向非常。
朝暾复初上，冬日清喜晴朗。

纵情哦诗章，舒出情志昂扬。
人生奋志向，矢向远方驱闯。

心襟持雅靓，不为名利奔忙。
心志怀定当，晨昏诗书哦唱。

神恩广无量，赐我阖家安康。
颂赞出心房，奉献正义力量。

矢沿灵程闯，不计艰险困障。
试炼任其放，我心如磐之壮。

心灵怀力量，力战恶虎凶狼。
胜利凯歌唱，挺进天国家邦。

永生福无限，圣洁才能雅享。
共父万年长，载歌载舞欢唱。

修身当尽量，养德培养端方。
正直人生场，标的天国无恙。

朗晴尘表
2024-12-9

朗晴尘表，听见鸟鸣叫。
冷风萧萧，精神提振了。

我自洒潇，读书撰诗稿。
情志娟好，奋志万里遥。

仲冬清妙，叶脱林稀了。
东篱菊俏，月季犹打苞。

红尘美好，颂赞出心窍。
神恩丰饶，灵修奋前道。

悠扬人生
2024-12-9

悠扬人生，清展我的风神。
阳光洒逗，清喜仲冬不冷。

喜鹊鸣振，惬我心志十分。
品茗时分，温情盈满周身。

合当哦骋，舒出吾之精诚。
人生刚正，不屈强梁妖氛。

前路力奔，风风雨雨不论。
正志生成，傲立大好乾坤。

天气复阴冷风来侵
2024-12-9

天气复阴冷风来侵，
谁慰我心哦诗怡情。
小鸟娇鸣动人心襟，
生活和平坦荡持心。

红尘艰辛鼓志前行，
万里风云身心朗晴。
悠歌多情向谁吐明？
孤旅奋行领略烟云。

暮阴时分
2024-12-9

暮阴时分，心志不取重沉。
暮阴时分，容我哦咏缤纷。

裁志人生，清展奋勇刚正。
不屈奋争，旷怀无比雅纯。

魔敌凶狠，神恩更加丰盛。
长驱灵程，不惧试炼深沉。

红尘滚滚，又值仲冬寒盛。
灯下思深，鼓舞情志哦芬。

人生安稳，因我名利弃扔。
高蹈心身，诗书一生潜沉。

放怀哦申，舒出吾之意振。
努力前程，努力叩道奋身。

暝色重浓

2024-12-9

暝色重浓，身心赋灵动。
哦咏清空，吐出气如虹。

时值仲冬，冷寒不严重。
华灯甫动，灯下展心胸。

人生情钟，正义吾凝重。
不妄行动，静默不苟同。

淡泊襟胸，不为名利动。
修心从容，水云涵襟胸。

寂寞人生场

2024-12-9

寂寞人生场，何所言唱？
舒出气昂藏，舒出雅闲。

人生若疆场，奋展志向。
万里长驱闯，览尽艰苍。

一笑爽意向，人生贞刚。
情志是奔放，旷怀无量。

修身不稍忘，正意情肠。
困苦并厄障，磨炼襟房。

神恩赐广长，欢呼心间。
灵程奋发闯，冲决险艰。

淡荡盈襟房，胸具雅量。
名利已弃放，寰宇包藏。

济世奋力量，果敢顽强。
力战魔与魍，凯歌纵唱。

夜色已清降，安静寰间。
灯下展思想，振我情肠。

仲冬之时间，天显寒凉。
火热之襟房，理想茁壮。

合当奋志向，矢志向上。
天国是故邦，努力归航。

第十九卷《经邦集》

逸意从心生成
        2024-12-9

逸意从心生成,人生坦荡心身。
此际冬夜清冷,灯下思发真诚。

人生奋志而骋,慧目须要圆睁。
未许欺骗纵横,定志清心细审。

人生百年旅程,起承转合一瞬。
修心养德纯正,莫为名利俯身。

正义傲立乾坤,男儿豪勇刚正。
不屈不挠前骋,关山朗度雄浑。

挺直腰杆做人
        2024-12-10

挺直腰杆做人,不屈鬼魅妖氛。
领受丰沛神恩,力战魔敌缤纷。

此际仲冬五更,天气冷寒颇盛。
早起哦诗时分,心志舒发真诚。

人生尽力驰骋,越过山高水深。
瞻眺遐方行程,风光历历雄浑。

叩道奋不顾身,男儿一腔刚贞。
挺直腰杆做人,圣洁清持心身。

红尘浊浪滚滚,太多磨炼人生。
不计身心痛疼,矢志奋行灵程。

五十九载一瞬,回首应不惊震。
微笑从心生成,一生荷负神恩。

晨鸡清唱
        2024-12-10

晨鸡清唱,天气冷寒之间。
天还没亮,灯下清展思想。

正义昂扬,人生迎难敢上。
力战强梁,力战世之虎狼。

红尘攘攘,水云未可相忘。
诗书哦唱,舒出吾之心芳。

纵展昂藏,男儿果敢顽强。
蓬勃向上,一身灵动清旷。

人生雅秉纯真
        2024-12-10

人生雅秉纯真,清持耿耿心灯。
奋志以前骋,山水越高深。

此际阳光清逞,蓝天白云清芬。
爽风止成阵,惬我心意神。

人生持志奋争,叩道履历行程。
风雨任艰深,兼程我驰奔。

笑傲浊世红尘,爽雅心襟意振。
名利已弃扔,高蹈我心身。

蓝天清袅白云
                  2024-12-10

蓝天清袅白云，一使余意开心。
心志展殷殷，旷志奋前行。

仲冬天气朗晴，阳光洒得和匀。
喜鹊复大鸣，声震苍天青。

人生雅怀高兴，神恩领受无垠。
灵程奋挺进，力胜魔敌群。

正义是余心襟，何须贪图利名。
淡泊享空清，诗书朝昏吟。

原无卑媚生成
                  2024-12-10

原无卑媚生成，人生傲骨铮铮。
天苍地广任纵横，丰富是神恩。

此际仲冬时分，天晴白云飘纷。
黄花犹开盛，惬我心志芬。

清度尘世人生，不惹俗世凡尘。
雅洁是心身，诗书哦缤纷。

旷怀何其纯正，一生努力修身。
叩道吾秉诚，风雨不足论。

弹指华年逝骋
                  2024-12-10

弹指华年逝骋，又值仲冬时分。
天气晴和正，阳光洒暖温。

心志从心生成，仰看白云流纷。
鸟语清新振，爽风慰心身。

憩此旷然红尘，心襟远抛痛疼。
奋志合刚正，名利弃而扔。

心志雅洁清芬，向阳情怀朗纯。
微笑淡十分，前路力驰奔。

踏破关山险重
                  2024-12-11

踏破关山险要，面带微笑容。
晨起天气寒重，时节届仲冬。

清心容我哦讽，舒出我情浓。
人生正气涵胸，矢志往前冲。

履尽艰难重重，神恩赐恢弘。
一似明灯闪动，温暖我心胸。

正志人生灵动，不随世俗风。
名利究有何功，合当弃而送。

流年使人感动，裁思吾哦咏。
华年飞逝匆匆，故事演千重。

弹指人已斑慵，深深叹息中。
仍当奋志刚洪，恣意奋勇冲。

五十九载如梦，豁达吾清空。
哦诗舒发心胸，情志复凝重。

旷怀雅洁无穷，正直持中庸。
豪情依如泉涌，不惧雨与风。

五．悠放歌唱

休憩情肠
2024-12-11

休憩情肠，情志内敛之间。
裁思奔放，舒出人生昂扬。

仲冬无恙，天气冷寒任猖。
清坐思想，品茗惬意增长。

人生慨慷，前驱岂惧艰苍。
迎难而上，展我英武襟房。

百年莽苍，不必计较华霜。
挺志顽强，旷展男儿贞刚。

朔风萧萧
2024-12-11

朔风萧萧，月季挺立开俏。
冷寒任饶，仲冬心志朗傲。

绝不讨巧，学取黄花之骚。
天寒任峭，学取枫叶红了。

洒脱尘嚣，不为名利倾倒。
正志叩道，力沿正道驰跑。

华年逝销，人生不必嗟老。
清展微笑，豁达憩此尘表。

未可稍傲，谦和是我心窍。
向学志高，哦唱晨昏声潇。

红尘闹嚣，心灵淡持静悄。
修心力造，正直无机风标。

晨起悠扬
2024-12-12

晨起悠扬，惬意听取鸟唱。
天寒之间，红日东方茁壮。

心志清昂，人生快马驰畅。
不为物障，性天原本敞亮。

红尘之间，修心我意昂扬。
贞定情肠，不随世风移荡。

好个奔放，哦诗热情张扬。
好个安祥，微笑从心浮上。

云淡天青
2024-12-12

云淡天青，阳光灿烂经行。
和蔼身心，哦诗复吐空清。

志取凌云，年迈不减豪情。
关山苍清，悠悠跨越无垠。

仲冬情景，月季努力开俊。
黄花犹劲，朵朵怒放鲜新。

内叩心襟，人生正意鲜明。
奋志前行，风雨之中挺进。

天气值多云
2024-12-12

天气值多云，爽雅心襟。
淡定以品茗，袭起意兴。

177

心志吾殷殷，人生前行。
履尽关山云，一笑爽清。

读书以怡情，哦歌入云。
正气何充盈，人生劲挺。

淡泊持心灵，不妄追寻。
名利合辞屏，无益身心。

人生享康宁，神恩丰劲。
思此颂于心，灵程奋行。

仲冬之情景，黄花犹俊。
萧瑟之野境，有鸟飞鸣。

烟雨人生
2024-12-12

烟雨人生，领尽无数痛疼。
唯赖神恩，屡屡起死回生。

此际心芬，此际仲冬阴沉。
此际意振，此际哦诗吐申。

人生前骋，越尽山高水深。
倾尽真城，叩道一生奋争。

岁月进深，霜华清新生成。
一笑和温，吾已悟彻人生。

奋志刚正，不为名利倾身。
傲骨铮铮，一若梅花开盛。

如松虬正，如云飘泊轻身。
如水流骋，如霞灿烂清纯。

闲适人生无恙
2024-12-12

闲适人生无恙，夕照清展茫苍。
朔风吹萧狂，冷寒天地间。

室内和暖安祥，品茗情志舒畅。
新诗哦咏间，振志歌嘹亮。

人生百折之间，履尽千关万幢。
一笑颇澹荡，清志水云乡。

挥洒才思奔放，新奇诗句翩翔。
一似风吹狂，一似云飘荡。

暝色沉沉
2024-12-12

暝色沉沉，心志纵然生成。
点上华灯，灯下思展真诚。

仲冬时分，天气一任寒冷。
爽风吹逗，惬我心志十分。

人生奋骋，一生领受神恩。
力行灵程，胜过魔敌妖氛。

坎坷平生，赢得一笑爽生。
旷怀雅正，淡泊情志刚贞。

冬夜未免清冷
2024-12-12

冬夜未免清冷，灯下思深，
灯下思深，舒出吾之真诚。

岁月不断进深，霜华生成，
霜华生成，不必嗟叹惊震。

人生共世同骋，大化运稳，
大化运稳，勿负灵明方正。

努力挥洒刚正，修心历程，
修心历程，应能淡度红尘。

勿为名利所乘，内叩心身，
内叩心身，努力谦和虔诚。

向上须要奋争，烟雨缤纷，
烟雨缤纷，兼程微笑清生。

寂寞人生

2024-12-12

寂寞人生，时有心之痛疼。
孤旅奋争，努力挥洒刚正。

冬夜清冷，远际又嘹歌声。
振我心身，哦诗倾出真诚。

人生雄浑，男儿傲立乾坤。
正邪相争，两军对垒争胜。

神亲临阵，圣徒欢呼声震。
凯歌声声，魔敌终于败遁。

百年人生，标的明于心身。
力行灵程，努力加强修身。

红尘滚滚，只是幻化之阵。
名利损人，合当将之弃扔。

心志平正，歌吟淡荡人生。
领受神恩，丰美丰富丰盛。

阖家安稳，父母健康心身。
感发心身，颂神冬夏秋春。

笑意清生，人生绝不沉沦。
叩道历程，越尽山高水深。

试炼任生，我心雅持沉稳。
感谢神恩，步履坚强坚正。

挺立人生

2024-12-12

挺立人生，不屈磨难是真。
奋志刚正，风雨之中兼程。

回忆深深，往事痛苦年轮。
唯赖神恩，赐我平安福分。

奋行灵程，奋向远方驰骋。
山高水深，清展男儿雄浑。

裁思深沉，哦咏舒出心芬。
人生奋争，壮怀铁骨铮铮。

淡度红尘，百年客旅人生。
微笑清生，标的明于心身。

旷怀雅正，诗书容我清骋。
意志沉稳，胸襟彩霞生成。

振志是我人生
2024-12-12

振志是我人生,未可耽于安稳。
冬夜虽然寒冷,火热是我心身。

灯下思展精诚,舒出人生兴奋。
正直清度一生,努力万里旅程。

风雨不足相论,兼程尽力驰奔。
山水履历丰盛,胸襟美好清纯。

不为名利而争,淡泊裁诗哦芬。
清度滚滚红尘,德操尽力加增。

天阴无妨
2024-12-13

天阴无妨,心志怀阳光。
音乐远方,又在缓缓唱。

晨风清爽,天气任寒凉。
仲冬无恙,黄花犹绽芳。

早起悠扬,清哦我诗章。
一腔情肠,共风同飞旷。

人生扬长,茁壮且向上。
高远理想,支撑我前闯。

人生维艰
2024-12-13

人生维艰,步履应迈坚强。
神恩广长,赐我心灵力量。

仲冬寒猖,芦花萧萧摇荡。
木叶飘扬,漫地残叶堪伤。

奋展襟膀,人生矢志前闯。
穿越艰苍,心怀信念阳光。

努力向上,叩道一身贞刚。
灵程奔放,胜过试炼之艰。

老柳摇风
2024-12-13

老柳摇风,天气寒意惜重。
冷风吹送,时节届此仲冬。

岁月逝风,老我霜华浓重。
一笑从容,人生正气刚洪。

不为所动,名利弃之空空。
清贫之中,诗书镇日哦讽。

情志凝重,淡眼苍烟横空。
怀情谁送?独立哦咏沉雄。

人生骋志向上
2024-12-13

人生骋志向上,定会遇到阻艰。
清展吾之顽强,一生旷发贞刚。

此际夜色初降,灯下清展思想。
正意中心激荡,哦诗舒出心芳。

节届仲冬之间,窗外朔风吹狂。
室内暖意洋洋,阖家清享安康。

最喜父母健康，神恩感在襟房。
人生骋志向上，奉献正义力量。

此生履尽艰苍，心中怀有阳光。
不屈世之虎狼，傲骨铮铮强刚。

裁思不尽汪洋，豪情弥满宇间。
冬晚虽然寒凉，火热是我心房。

月华正靓

2024-12-14

月华正靓，冬夜五更之间。
冷寒任放，读书意气昂扬。

纵我吟唱，舒出人生奔放。
正义向上，不屈世界苍凉。

情志安祥，正直一生何刚。
越尽关障，心怀始终阳光。

神恩广长，赐我心灵力量。
挥洒阳刚，灵程奋发闯荡。

心志和平

2024-12-14

心志和平，惬听喜鹊之清鸣。
天气喜晴，蓝天旷放其碧青。

冷风萧行，时节正届仲冬令。
周末悠境，淡泊清心以品茗。

阳光灿俊，温暖我心真无垠。
岁月进行，人已斑苍情依劲。

旷志分明，未可困守因与循。
挺志前行，穿越风雨艰苍境。

萧瑟冬意向

2024-12-14

萧瑟冬意向，心志吾平康。
北风正吹狂，阳光却敞亮。
天气任寒凉，室内暖洋洋。
清坐读词章，哦诗复昂扬。

品茗情志畅，袤起意无限。
况闻鹊啼唱，况享此悠闲。
岁月弹指间，五十九载放。
微笑淡淡漾，豁怀取扬长。

诗兴清发哦华章

2024-12-14

诗兴清发哦华章，
人生此际情长。
冬日煦煦洒暖阳，
蓝天青碧无恙。

裁思人生哦华章，
舒出情志流畅。
不畏艰苦与困障，
男儿果敢顽强。

振意倾心哦华章，
心志向谁开敞？
孤旅不必嗟深长，
万里迎难敢闯。

清心淡荡哦华章，
共彼流年安祥。
人生一似彼文章，
起承转合奔放。

斜照朗朗

2024-12-14

斜照朗朗，斜照清展朗朗。
心地悠扬，品味生活安祥。

仲冬无恙，朔风鼓吹狂猖。
安静情肠，读书品茗上网。

写诗流畅，倾泻心志奔放。
人生向上，合当振我意向。

鸟纵歌唱，点缀世宇平康。
岁月飞畅，豁怀清取扬长。

夕照舒光

2024-12-14

夕照舒光，天地淡起茫苍。
感兴心间，发诗吾纵哦唱。

仲冬正当，喜鹊高声鸣唱。
写意尘壤，老柳摇风淡荡。

冷寒任猖，心志不取萧凉。
奋我张扬，人生骋志贞刚。

红尘之间，客旅人生奔放。
大道叩访，中正情怀悠扬。

落日闪射余光

2024-12-14

落日闪射余光，暮色渐渐增长。
苍烟四野升上，清思舒发哦唱。

人生情志无恙，天寒无妨悠扬。
周末定定当当，写诗描出情肠。

骋志是在遐方，追求高远理想。
不为名利迷航，风雨之中闯荡。

高歌舒我奔放，热血中心流淌。
人生百年瞬间，业绩矢志造创。

展转尘世疆场，不计身负重创。
神恩无比广长，心灵怀有力量。

旷志万里飞翔，领略风光无限。
艰难困苦任放，我志如磐之壮。

暝色正苍

2024-12-14

暝色正苍，华灯灿然放。
清展思想，呼出我昂扬。

展眼远望，城市灯火旺。
热闹尘间，车水马龙放。

心志平常，何必又起浪。
人生安祥，微笑从心漾。

坎坷艰苍，何必多回想。
未来广长，心灵奋力量。

人生向上

2024-12-15

人生向上，舒我心中奔放。
四更无恙，醒转旷哦诗章。

天气寒凉，正届仲冬之间。
爽雅情肠，倾泻不尽中肠。

岁月澹荡，演绎故事千章。
人虽老苍，依然情怀向往。

正志昂扬，不屈不挠前闯。
万里无疆，展我男儿气象。

时既五更兮

2024-12-15

时既五更兮，哦咏舒出心身。
天气寒盛兮，容我热情舒申。

人生奋骋兮，历尽山高水深。
平正心身兮，叩道一生刚贞。

坦腹哦申兮，人生雅秉精诚。
奋不顾身兮，济世力展雄浑。

诗书清骋兮，心得缕缕清芬。
奋志修身兮，未可稍有沉沦。

月华正靓

2024-12-15

月华正靓，五更将毕间。
天气寒犸，早起哦读词章。

人生昂扬，情志此际畅。
关山奋闯，悠扬雅放歌唱。

红尘之间，不过是桑沧。
百年飞旷，务须珍惜韶光。

人生艰苍，挺志须顽强。
勿为物障，勿为名之所妨。

人生情长

2024-12-15

人生情长，悠放吾之淡荡。
天还没亮，早起吾已三光。

灯下思想，舒出吾之奔放。
人生世间，最贵德操修养。

正志向上，不随世风摆荡。
贞心清芳，远抛机巧污脏。

修心昂扬，每日内省襟房。
正念贞刚，克己私欲必讲。

灯下思清

2024-12-15

灯下思清，纵展正气凌云。
挥洒才情，人生鼓足干劲。

心志殷殷，哦诗吐出热情。
不惧老境，壮怀犹有雄心。

岁月何劲，五十九载飞俊。
一笑淡定，客旅人生经行。

阖家康平，神恩感于心襟。
颂赞不停，努力灵程奋行。

鞭炮清鸣，打动余之身心。
天尚未明，路上偶有车行。

冬夜寒清，早起爽雅心灵。
人生振兴，激越盈满肺心。

洒脱尘境，不为名利所侵。
守我寸心，守我良知灵明。

奋志去行，踏破关山野境。
歌声入云，男儿盈满柔情。

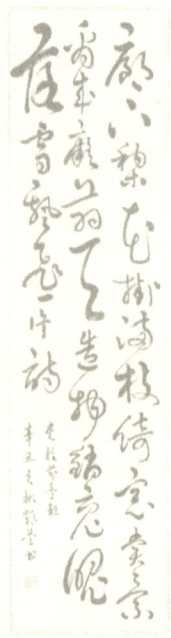

第二十卷《天广集》

天气冷寒甚严重
2024-12-15

天气冷寒甚严重，
早起意态轻松。
不惧人生渐成翁，
读书写诗意浓。

红尘大化运汹涌，
人生正见持中。
风雨之中展笑容，
神恩领受丰隆。

裁志容我旷哦讽，
舒出气象浑雄。
男儿刚贞盈心胸，
叩道奋志径冲。

苦难磨历任重重，
心中怀有彩虹。
时节虽届此仲冬，
黄花犹开俏耸。

挺立人生
2024-12-15

挺立人生，自强自重自尊。
感谢神恩，导引灵性旅程。

霞彩心生，人生奋志前骋。
山水雄浑，一路悠放歌声。

坦荡浮生，辞去名利十分。
清心时分，正志雅洁清芬。

红尘滚滚，众生太多沉沦。
济世秉诚，著书记录人生。

思想生成，东方晨曦初生。
冬晨寒冷，吾属早起之人。

振志人生，冲决因循困顿。
诗书哦芬，叩道尽我一生。

喜鹊又喳鸣
2024-12-15

喜鹊又喳鸣，打动我的身心。
阳光复朗俊，仲冬清喜天晴。

寒气犹峭峻，哦诗吐我心灵。
人生奋前行，坎坷艰苍酸辛。

神恩赐丰盈，我心温暖安宁。
阖家享康平，父母健康在庭。

岁月奋进行，感慨盈于肺心。
挺志旷无垠，人生风雨兼行。

情志人生
2024-12-15

情志人生，纵展吾之深沉。
喜鹊啼振，惬意我之心身。

鞭炮复震，点缀世宇气氛。
天晴时分，冷寒却很充分。

哦诗清芬，舒出吾之精诚。
人生刚正，不屈不挠前骋。

心晴十分，享受生活馨温。
品茗意生，清志入诗吟申。

清喜卵青天壤
2024-12-15

清喜卵青天壤，天气一任寒猖。
阳光洒照无恙，喜鹊高声大唱。

冷风其来嚣猖，黄花斗寒绽芳。
月季犹然开放，体尽生命顽强。

仲冬此际正当，周日休闲时光。
心境清持悠扬，哦诗淡淡荡荡。

人生挺志前闯，胸襟仍怀漫浪。
微笑眉眼之间，豁达盈满襟房。

雅秉心之清纯
2024-12-15

雅秉心之清纯，清度吾之人生。
天气冷寒任盛，火热是我心身。

雅秉心之温存，奋发人生刚正。
远处鞭炮声声，激越余之心身。

雅秉心之精诚，哦诗热情缤纷。
舒出心志灵魂，不屈不挠奋争。

雅秉心之平正，人生温和清芬。
向上向前力争，坚决未可沉沦。

阳光敞亮
　　　　　　　　　2024-12-15

阳光敞亮，心志吾晴朗。
骋志遐方，不畏彼艰苍。

岁月奔放，老我以斑苍。
一笑爽朗，正志盈襟房。

世界安祥，喜鹊放鸣唱。
冷寒狂狷，室内暖洋洋。

淡淡荡荡，无机且扬长。
豁达平康，人生吾放旷。

早起五更
　　　　　　　　　2024-12-17

早起五更，雅持平静心身。
天气寒冷，容我振奋精神。

人生驰骋，越尽山高水深。
年华渐增，一笑淡定清纯。

不妄纷争，人生客旅行程。
豁达心生，清心雅意倩芬。

骋心奋争，书山矢志攀登。
红尘滚滚，正直独立持身。

人生天地之间
　　　　　　　　　2024-12-17

人生天地之间，雅秉灵思清旷。
晨起心境悠扬，冬日清喜晴朗。

岁月何其奔放，只是老我斑苍。
淡淡一笑扬长，正志天涯闯荡。

领受神恩茁壮，挥洒志向强刚。
力战虎豹豺狼，世界是神所创。

悠悠放我哦唱，舒出心地情肠。
人生恒怀向往，冲决困苦艰苍。

蓝天白云
　　　　　　　　　2024-12-18

蓝天白云，爽雅吾之心襟。
浴后爽清，哦诗适我心灵。

仲冬之境，清喜冷寒不凌。
清风进行，快慰余之身心。

心志殷殷，人生快马驰行。
不图利名，叩道努力挺进。

红尘艰辛，仰赖神恩丰盈。
天国美景，一生矢志追寻。

约身自重
　　　　　　　　　2024-12-18

约身自重，人生吾从容。
淡荡清空，裁思亦中庸。

修心奋勇，德操务增隆。
踏实前冲，风雨任烈猛。

神恩恢弘，思此心感动。
平安之中，颂神出襟胸。

步履彩虹，正见盈心中。
叩道毅猛，不惧岁成翁。

力战豺狼

2024-12-18

力战豺狼，正志人生吾向上。
心地平康，领受神恩何丰穰。

夜幕笼上，城市灯火灿然旺。
远际歌唱，清新撩动我心房。

仲冬之间，天气清寒何所妨。
振志昂扬，从容哦诗舒慨慷。

不屈强梁，男儿果敢且顽强。
傲立茁壮，清贫不减志儿刚。

挺直人生

2024-12-19

挺直人生，原无卑媚生成。
早起时分，天气清值寒冷。

远际歌声，撩动我的心身。
不怕寒冷，男儿振志清纯。

仲冬届正，情怀依旧清芬。
菊花犹盛，月季努力开芬。

淡度红尘，不为名利竞争。
悠悠心身，向阳情怀纯正。

阳光既和畅兮

2024-12-20

阳光既和畅兮，心地吾安祥。
云天复苍茫兮，仲冬此正当。

散坐余思想兮，振志以向上。
不屈此艰苍兮，挺意以顽强。

心志不苍凉兮，微笑吾澹荡。
神恩领广长兮，阖家享安康。

放怀余讴唱兮，哦歌以奔放。
裁心不放浪兮，贞定情志间。

寂寞人生场

2024-12-20

寂寞人生场，值此冬夜寒凉。
灯下哦诗章，舒出心志情肠。

时光是飞殇，明日冬至将访。
人生荷希望，奋向未来飞翔。

岁月多奔放，只是人易老苍。
无可奈何间，付之一笑澹荡。

人生世界上，最贵良知增长。
道德力提倡，努力修心昂扬。

正见心地间，慧灯燃明襟房。
穿越迷雾障，定志天涯遐方。

风雨兼程闯，男儿纵展豪强。
阳光眉宇间，英武盈于心肠。

向上尽力量，人生不惧艰苍。
困苦并厄障，正好磨炼顽强。

挺志人生场，不为名利狂猖。
贞心叩道藏，济世寻觅良方。

一阳又初放

2024-12-21

一阳又初放，冬至今日正当。
合当开新象，中心喜乐平康。

寒气任狂猖，室内暖气洋洋。
天气喜晴朗，爽风其来清畅。

振意撰诗章，舒出吾之昂扬。
人生奋发闯，万里关山雄壮。

展颜微笑放，豁达人生扬长。
步履迈坚壮，男儿荷有志向。

冬至今届正兮

2024-12-21

冬至今届正兮，清喜阳光和温。
余心喜不胜兮，讴诗以发真诚。

岁月旷飞骋兮，老我霜华渐盛。
一笑复温存兮，人生淡荡生成。

冬至今届正兮，休闲品茗清芬。
向阳情志盛兮，人生奋力以骋。

五十九载骋兮，心志愈发刚贞。
正心仁义存兮，叩道不计艰深。

蓝天清秀白云

2024-12-21

蓝天清秀白云，天气值寒清。
阳光洒得和俊，冬至今正临。

清坐思发殷殷，人生振志行。
不畏艰难苦境，男儿展雄英。

世事真如浮云，名利徒空境。
合当高蹈水云，去享烟霞清。

诗书雅自经营，朗哦声入云。
人生领取意境，道义力遵循。

斜照清好

2024-12-21

斜照清好，蓝天白云正袅袅。
心境写照，从容清哦我诗稿。

冬至今到，朔风吹击正萧萧。
冷寒正峭，读书品茗怡心窍。

人生不老，开怀容我长笑傲。
正志前道，关山风云朗度了。

红尘扰扰，勿为名利跌倒了。
持心静悄，淡泊人生吾洒潇。

夕照光明

2024-12-21

夕照光明，人生振奋意境。
挺志前行，一路悠放歌吟。

岁月进行，一九严寒初临。
清意品茗，享受周末雅清。

读书奋兴，朗声哦咏不停。
写诗舒情，旷怀中心高兴。

人生经行，履尽苍茫困境。
依然劲挺，依持勃勃心襟。

心志和慵，读书意从容。
人生灵动，物欲弃轻松。

淡荡之中，时光飞迅涌。
老我斑浓，一笑爽无穷。

正志前冲，人生沐雨风。
洒脱襟胸，气宇正如虹。

时既三更兮

2024-12-21

时既三更兮，醒转时分。
不眠思深兮，裁诗生成。

静悄心身兮，冬夜清冷。
四围无声兮，内叩秉诚。

人生奋骋兮，历尽艰深。
岁末回审兮，一笑意振。

未来瞻骋兮，鼓志十分。
山水雄浑兮，旷我心身。

远抛心疼兮，淡泊平正。
道德力遵兮，修心奋身。

百年人生兮，匆若一瞬。
韶华敬珍兮，惜福晨昏。

蔚蓝晴空

2024-12-22

蔚蓝晴空，喜鹊高鸣颂。
旷来清风，冷寒不严重。

午时阳光正敞亮

2024-12-22

午时阳光正敞亮，心地吾平康。
裁思哦咏新诗章，一舒闲情况。

一九天气寒不彰，和暖此尘壤。
蓝天青碧真无恙，爽风来扬长。

阖家生活乐安祥，父母俱健康。
感谢神恩赐茁壮，颂赞理应当。

努力步履迈坚壮，万里越艰苍。
困苦磨难成既往，幸福赴康庄。

暖日煦阳

2024-12-22

暖日煦阳，周日清享此平旷。
喜鹊大唱，振我情志也无疆。

红尘安祥，蓝天云烟袅袅放。
小风来翔，惬我情志也无限。

身心平康，品茗哦诗声激昂。
一腔奔放，舒发情志也无恙。

一九之间，天气并不寒峭狷。
微笑淡放，豁达情志也悠扬。

挺志前行
2024-12-22

挺志前行，人生正意分明。
阳光洒俊，惬我身心康宁。

悠悠品茗，袅起诗人意兴。
展眼野境，一片萧瑟情景。

振奋心灵，不为寒冬困禁。
读书怡情，更加哦诗奋兴。

百年生命，真如电影放映。
层层演进，焕发生命意境。

努力振兴，此生不为利名。
匡意鲜明，济世挥洒热情。

实干要紧，业绩矢志创俊。
淡泊心襟，雅思舒发圆明。

天人之境，叩道体道怀情。
悟彻空清，悟彻世界图景。

淡放歌吟，人生安步前行。
风雨苍境，正好磨炼身心。

云淡天青
2024-12-22

云淡天青，袅起闲意境。
爽风经行，仲冬寒不峻。

休憩心襟，读书以怡情。
声震入云，放旷真无垠。

秉持心灵，修心领意境。
层层云岭，叩道奋挺进。

红尘艰辛，百年飞苍劲。
老我斑鬓，一笑依多情。

履历人生
2024-12-23

履历人生，正志从心生成。
天寒时分，雀鸟喧鸣纷纷。

朔风吹冷，品茗惬意心芬。
哦出心身，哦出刚正人生。

奋力前骋，穿越山高水深。
豪情心生，一路悠放歌声。

神恩丰盛，导引我们人生。
淡荡秋春，领受平安福分。

挺立人生
2024-12-24

挺立人生，奋志舒我刚贞。
感谢神恩，赐我阖家丰盛。

努力灵程，不惧恶浪丛生。
正直秋春，淡泊名利十分。

仲冬时分，喜鹊大声鸣振。
品茗意奋，新诗从心哦成。

客旅行程，标的天国精准。
加强修身，加强怡养灵魂。

挺志人生
2024-12-27

挺志人生，冲决患难成阵。
丰沛神恩，导引人生旅程。

奋不顾身，叩道秉持纯真。
正直心身，力战魔敌凶狠。

红尘滚滚，大化太多炼人。
努力灵程，努力保守心身。

颂赞神恩，赐下如此丰盛。
平安秋春，清度吉祥人生。

心志从心生成
2024-12-27

心志从心生成，守护良心纯正。
世事虽然纭纷，努力擎掌心灯。

此际仲冬届正，天晴鸟语缤纷。
心志焕发诚真，努力灵性旅程。

善恶两军对阵，杀伐何其艰深。
圣父亲自临阵，圣徒欢呼声声。

终必凯歌清震，响彻云天缤纷。
善良终必得胜，真理普覆乾坤。

罪恶必归消遁，新天新地创成。
努力守护心身，努力奋行灵程。

人生客旅行程，天父时常慰问。
天国永生安稳，欢乐幸福永恒。

雅洁人生
2024-12-27

雅洁人生，依持吾之清纯。
努力前骋，一生仰赖神恩。

心志生成，人生奋发刚正。
名利弃扔，无欲则刚心芬。

诗书清骋，哦咏舒出意诚。
叩道进深，不惧困苦历程。

济世奋争，力战魔敌妖氛。
凯归天城，天父倚门正等。

裁思人生
2024-12-27

裁思人生，正志容我奋刚贞。
试炼任生，叵耐我心持沉稳。

名利合扔，清贫度世有清芬。
向学志盛，晨昏朗放读书声。

冬夜思深，远际嘹歌动心身。
振奋精神，内叩身心修道诚。

正直人生，吃尽苦头不沉沦。
一笑倩芬，向阳情志雅十分。

心志不取萧凉
2024-12-28

心志不取萧凉，奋发男儿贞刚。
傲骨体坚强，茁若梅花放。

天气冷寒之间，品茗情志舒畅。
神恩赐丰穰，阖家享吉祥。

岁月无比迅狂，人易老衰斑苍。
一笑还澹荡，共缘取安祥。

体道人生昂扬，雅将未来瞻望。
风云任涤荡，坚决往前闯。

越过高山万幛，胸怀世界无恙。
不为名利忙，坚贞是志向。

心怀南山情长，不忘水云之乡。
哦咏吾奔放，声入云天旷。

蔚蓝长空
2024-12-28

蔚蓝长空，壮阔吾之心胸。
冷寒之中，朔风肆意吹送。

心志中庸，品茗惬怀无穷。
淡定之中，闲观世事飞涌。

红尘狂疯，太多名利孽种。
吾持清空，不为物欲所动。

一笑从中，人生豁达和慵。
挺志前冲，越过关山千重。

雅持从容，步履迈越凝重。
力战魔凶，守护圣洁襟胸。

神恩恢弘，赐我心志灵动。
哦咏心胸，原也雅洁堪讽。

遁世无闷
2024-12-28

遁世无闷，保守吾之天真。
世事红尘，清度磨炼心身。

奋志前骋，越过山水雄浑。
身心清纯，不受染污半分。

奋行灵程，智慧日日加增。
神恩丰盛，赐下平安秋春。

淡定人生，悠悠心境生成。
名利弃扔，高蹈吾之灵魂。

处心静定
2024-12-28

处心静定，不为名利侵凌。
身处清贫，不减志向凌云。

心志殷殷，人生奋发前行。
关山峻岭，增我阅历心襟。

红尘艰辛，唯赖神恩丰盈。
赐下安平，赐下福分满盈。

淡淡定定，享受生活清平。
不妄动心，趋向水云之境。

坦腹哦吟，无机是我心灵。
正志挺进，辞去物欲浮云。

岁月进行，冬寒清喜朗晴。
优雅心襟，超越世俗闲情。

冷眼观世象

2024-12-28

冷眼观世象，心志不取迷茫。
物欲害人肠，合当将之弃放。

保守我襟房，善良不可稍减。
正义力增长，智慧明烛擎掌。

人生客旅间，百年顷似瞬间。
标的明心膛，努力修心向上。

诗书润情肠，晨昏纵我哦唱。
一舒兰蕙芳，一舒正直襟房。

午时阳光灿靓

2024-12-28

午时阳光灿靓，天气清喜晴朗。
逸致升上，闲品茗芳，
心灵心志奔放。

时值仲冬之间，冷寒一任狂猖。
长风浩荡，写意尘壤，
老柳梳风澹荡。

正气从心增长，向上尽我力量。
修心昂扬，私欲弃光，
心灯努力擎掌。

养德岂有止疆，诗书沉潜尽量。
哦出心芳，哦出阳刚，
哦出激越情肠。

阳光洒满世界上

2024-12-28

阳光洒满世界上，心境吾悠扬。
正志人生放歌唱，颂赞神恩旷。

努力前路奋闯荡，不惧风雨艰。
一路悠放歌声扬，领受神恩旷。

丰沛人生放歌唱，阅历山水广。
五十九载入烟嶂，欢庆神恩旷。

振奋情肠哦诗章，舒出我昂藏。
胜过试炼之深艰，沐浴神恩旷。

六. 礼颂上苍

第二十一卷《怀仁集》

夕照舒光
2024-12-28

夕照舒光,人生感兴悠长。
仲冬正当,天寒却喜晴朗。

正志之向,依然是在远疆。
不辞艰苍,步履迈越坚壮。

持心定当,超越物欲之上。
处志安祥,微笑从心浮漾。

红尘之间,人是客旅一趟。
务须轻装,名利徒为缠障。

挺立人生
2024-12-28

挺立人生,努力弃假归真。
保守心身,坚决作个真人。

红尘滚滚,正邪两军对阵。
傲骨刚贞,努力守护灵魂。

正直秋春,力战魔敌凶狠。
丰沛神恩,赐下吉祥安稳。

奋行灵程,叩道冲决艰深。
冬夜深沉,冷寒一任其盛。

灯下思深,此生唯赖神恩。
天国永生,只收正直之人。

擎掌心灯,穿越暗夜深沉。
天使缤纷,救护夜行之人。

圣洁心身,污秽努力抛扔。
心地清芬,哦诗舒发诚真。

守护心身,守护自我灵魂。
守护心灯,守护良知纯正。

心志平静
2024-12-29

心志平静,雅思吾康宁。
神恩丰盈,阖家享温馨。

努力前行,穿越风雨境。
彩虹心襟,七彩灿而映。

岁月进行,仲冬喜朗晴。
晨起高兴,新诗纵哦吟。

淡淡定定,不为名利凌。
享受清贫,享受心和平。

六．礼颂上苍

铁骨铮铮
2024-12-29

铁骨铮铮，人生吾刚正。
傲立乾坤，力战魔凶狠。

努力前程，轻装吾上阵。
名利弃扔，正志吾青春。

红尘滚滚，太多锻炼人。
秉心纯正，不为邪污损。

一笑旷生，男儿有清芬。
憩此红尘，努力奋心身。

心志旷展青春
2024-12-29

心志旷展青春，人生未可沉沦。
秉持良心纯正，努力奋行灵程。

窗外鞭炮声声，蓝天青碧无痕。
仲冬天气寒冷，火热是我心身。

颂神旷发真诚，正直清度人生。
诗书一生潜沉，赢得心襟馨芬。

向阳情志清骋，持正傲骨铮铮。
谦和一生为人，哦咏冬夏秋春。

善加守护心灵
2024-12-29

善加守护心灵，人生正志凌云。
不为名利所侵，心灵心志均平。

沉潜诗书之境，向上是我心灵。
鼓志风雨之境，前行万里挺进。

不畏崇山峻岭，守护正义良心。
雅守吾之清贫，赢得身心干净。

红尘步步惊心，正好磨炼心襟。
素朴无机心灵，雅洁秋春清平。

体道人生兮
2024-12-29

体道人生兮，焕发我的刚正。
困顿任生兮，唯赖神恩丰盛。

奋行灵程兮，力战魔敌凶狠。
试炼任深兮，我心坚毅沉稳。

圣洁心身兮，清度浊世红尘。
淡泊情振兮，哦咏诗书清芬。

朔风吹骋兮，天气冷寒正盛。
心志生成兮，歌颂天父鸿恩。

情志人生吾雅芬
2024-12-29

情志人生吾雅芬，
名利何益人生。
淡泊清度此红尘，
趋向水云清芬。

一生感沛是神恩，
多次起死回生。

努力奋行我灵程，
胜过试炼艰深。

展眼天际走云层，
仲冬朗晴时分。
冷风吹击萧瑟生，
心志旷然生成。

坦腹哦诗吾意振，
人生百年行程。
不负良心力前骋，
标的天国永生。

喜鹊鸣唱
2024-12-31

喜鹊鸣唱，一使余意悠扬。
激情心间，能不放怀讴唱。

仲冬之间，天气清喜晴朗。
振奋情肠，雅将生活歌唱。

神恩广长，赐我心灵力量。
颂赞献上，努力奋志向上。

克尽关障，我心依然雄壮。
展眼平望，世界掩在桑沧。

不忘修心
2024-12-31

不忘修心，努力保守心灵。
谦正持心，向阳情志空灵。

喜鹊大鸣，蓝天清喜碧青。
仲冬之境，欣此天气朗晴。

微笑浮映，人生快慰于心。
神恩心领，颂赞出于心灵。

奋向前行，穿越崇山峻岭。
心志均平，体道悠放歌吟。

吉祥人生
2025-1-1

吉祥人生，总赖神赐鸿恩。
颂出心身，今日元旦届正。

感谢神恩，赐我阖家康盛。
努力灵程，努力步履坚正。

微笑清生，豁达清度秋春。
正义心生，矢沿正道驰骋。

红尘滚滚，人生客旅行程。
淡泊虔诚，努力保守灵魂。

新年雅开新气象
2025-1-1

新年雅开新气象，
元旦今日喜当。
振奋情肠哦诗章，
舒出情志安祥。

拙正心灵天葆奖，
雅守善良情肠。

颂神出自我襟房,
人生正义昂扬。

天气晴朗鸟歌唱,
爽风其来悠扬。
淡淡品茗情志旷,
领受平安雅康。

未来容我长瞻望,
烟云无限苩壮。
人生坚贞守襟房,
无机阳光贞刚。

坚贞人生

2025-1-1

坚贞人生,保守心灵纯真。
铁骨铮铮,力战魔敌凶狠。

保守诚真,保守心志雅芬。
保守洁纯,保守心性纯正。

良知十分,不畏风浪清生。
清贫意振,仰赖丰沛神恩。

清度红尘,矢沿正道驰骋。
无机心身,正直阳刚清纯。

世事履历缤纷

2025-1-1

世事履历缤纷,依持无机心身。
元旦今日届正,清喜阳光洒温。

柔和是余心身,振志万里前骋。
不畏风雨艰盛,饱览风光雄浑。

世事履历缤纷,坚持正直一生。
清贫无妨刚正,修心秉持精诚。

读书秋春晨昏,写诗哦咏清芬。
不计斑苍渐盛,清展微笑和温。

守我素朴良心

2025-1-2

守我素朴良心,人生奋志挺进。
穿越山水高深境,
心襟雅洁清平。

此际旷怀高兴,二九清喜朗晴。
爽风其来正多情,
鸟语亦复雅清。

瞻望未来前景,荷负神恩丰盈。
安乐清度此生平,
不必计较利名。

高蹈余之心襟,振志天涯前行。
沿路风光悦心灵,
哦咏容我舒情。

清夜无眠

2025-1-2

清夜无眠,灯下思发殷殷。
人生前行,努力保守良心。

冬寒之境，此际心志平静。
哦诗舒情，原也雅有心情。

岁月进行，人生不嗟斑鬓。
雅思旷运，正直心志空灵。

红尘艰辛，仰赖神恩丰盈。
灵修之境，荣神益人无垠。

挺立人生

2025-1-3

挺立人生，赢得心志清芬。
爽风清纯，雀鸟啼鸣纷纷。

颂赞神恩，导此人生旅程。
持正前骋，胜过试炼深沉。

品茗惬生，哦诗倩雅缤纷。
质朴心身，无机正直清纯。

红尘滚滚，正好磨炼心身。
奋向天城，求取福乐永生。

修心秉诚，人生步履坚正。
风雨艰深，男儿努力兼程。

一笑清生，客旅人生持正。
淡荡秋春，擎举手中慧灯。

稳重人生

2025-1-3

稳重人生，不为名利纷争。
守护心身，守护良知纯正。

窗外风骋，窗外响着鸟声。
朗晴时分，心志秉持雅正。

淡度红尘，心怀水云之芬。
读书朗声，哦诗描写灵魂。

仲冬届正，冷寒一任其盛。
丰沛神恩，温暖余之心身。

正义心襟

2025-1-3

正义心襟，力战魔敌妖兵。
守护良心，守护正义心灵。

仲冬正临，天气清喜朗晴。
斜照在映，容我悠悠品茗。

读书怡情，人生情志振兴。
不为利名，损我浩然心襟。

岁月进行，人老不计斑鬓。
奋然前行，心灵心志爽清。

正志人生（之一）

2025-1-3

正志人生，雅放吾之刚贞。
试炼任盛，努力擎掌心灯。

守护灵魂，守护心之纯正。
守护诚真，守护良知心神。

红尘滚滚，大浪淘沙是真。
莫使污损，莫为名利奋身。

淡泊心身，清度冬夏秋春。
诗书潜沉，寻觅真理清芬。

善加守护心灵

2025-1-4

善加守护心灵，
豺狼总想插得进。
神恩赐下丰盈，
阖家领受平安境。

冬夜清寒之境，
早起情志吾殷殷。
回思吾之生平，
波浪饱经心镇定。

奋志向前挺进，
力战魔敌与仇兵。
不畏艰辛苦境，
男儿始终怀柔情。

大千只是幻境，
百年生命是空清。
磨炼吾之心灵，
奋向天国求康平。

永生幸福无垠，
与父万年同升平。
修身努力上进，
灵修道路辟新境。

五更初初来临，
灯下思发吾殷勤。

正志人生奋行，
微笑从心以显明。

正志挺进

2025-1-4

正志挺进，悠悠穿山越岭。
人生前行，一路朗放歌吟。

红尘艰辛，太多试炼之境。
所谓利名，不过欺人之景。

焕发灵明，焕发吾之心境。
焕发雄心，焕发男儿豪情。

早起情殷，身心体道康平。
短诗哦吟，舒出一身振兴。

品茗觉茶香

2025-1-4

品茗觉茶香，逸意扬长。
天晴爽风旷，鸟语奔放。

二九时正当，天未寒猖。
明日小寒访，惊讶时光。

流年奋更张，正志向上。
努力向前方，饱览风光。

人生勿匆忙，定定当当。
客旅人生场，持有安祥。

心志守平常，诗书平章。
一任霜华涨，微笑浮上。

淡泊之襟房，原无张扬。
素朴之情肠，无机雅靓。

惜福人生

2025-1-4

惜福人生，矢志冲决困顿。
修我心身，不为物欲所困。

刚正秋春，柔和是我心身。
中庸诚正，不屈不挠十分。

正义清骋，力战魔敌凶狠。
守护心身，擎掌心中慧灯。

暗夜沉沉，总赖丰沛神恩。
灵程缤纷，前景美好丰盛。

情志人生

2025-1-4

情志人生，未可过于消沉。
冬日清冷，谁慰余之心身。

自我慰问，人生孤旅奋骋。
山高水深，旷怀恒持雅正。

苍烟清生，夕照当此黄昏。
哦诗生成，舒出自我灵魂。

坦腹哦申，男儿当展刚正。
傲立乾坤，不卑不亢生存。

天气惜阴

2025-1-4

天气惜阴，正志奋我殷殷。
鞭炮震鸣，鼓舞吾之身心。

人生前行，悠悠山水空清。
百年生命，正如一曲歌吟。

华年逝劲，笑我华发斑鬓。
依然劲挺，依然质朴纯情。

岁月飞鸣，往事化为电影。
德操先行，一生尽力修心。

暝色重浓

2025-1-4

暝色重浓，心地灿怀彩虹。
七彩闪动，瑰丽是余心胸。

灯下哦讽，舒出吾之情浓。
正义持中，人生努力前冲。

关山叠重，展我英武从容。
振志摩空，学取飞鸟之雄。

红尘如梦，弹指华年逝风。
一笑灵动，不负正义襟胸。

拙正人生

2025-1-5

拙正人生，力保吾之纯真。
岁月进深，不减少年风神。

霜华清生，笑意从心生成。
豁度秋春，共缘雅去驰骋。

人生兴奋，哦咏新诗真诚。
吐出心身，吐出正义深沉。

红尘滚滚，不过洗涤心身。
正气长存，天地永不沉沦。

寂寞人生场

2025-1-5

寂寞人生场，正义向上。
舒出我阳光，舒出贞刚。

小寒今正当，霾锁尘间。
心地觉萧怅，感哦诗章。

挺志往前闯，山水远长。
男儿骋顽强，傲立茁壮。

岁月舒奔放，老我斑苍。
依然奋志向，依然贞刚。

正志人生（之二）

2025-1-6

正志人生，原不畏惧艰深。
浊世红尘，努力保守心身。

季冬届正，天晴鸟噪时分。
品茗意振，哦咏新诗清芬。

淡荡生尘，不为名利所乘。
清贫人生，雅守纯洁灵魂。

灵程奋骋，胜过试炼之深。
涉过沙尘，朗然天日清纯。

世界缤纷

2025-1-6

世界缤纷，最贵素朴纯真。
守护心灯，开拓智慧人生。

东风爽神，天晴鸟语纷纷。
心志平正，撰诗舒出心芬。

人生刚正，迎接考验层层。
不屈奋争，展我英武心身。

笑度秋春，守拙如磐安稳。
名利损人，吾已弃之十分。

逸意人生

2025-1-6

逸意人生，保守吾之真诚。
天晴时分，品茗意气清振。

时光飞奋，不觉季冬时分。
心志牛成，人生未可沉沦。

奋不顾身，展我男儿刚正。
叩道历程，领略烟雨纷呈。

一笑淡生，人生自我慰问。
淡度红尘，未可陷落寸分。

坚正人生

2025-1-7

坚正人生，保有我的雄浑。
厚重一生，不为名利奋身。

此际夜深，此际季冬四更。
灯下思深，不眠心志清骋。

人生刚正，力战魔敌缤纷。
守护心身，不为名利侵损。

正义生成，胸怀宇宙乾坤。
傲骨铮铮，独立如松虬正。

体志顽强

2025-1-7

体志顽强，人生迎难而上。
奋我贞刚，毅勇风雨前闯。

二九正当，天气一任寒狙。
早起三光，哦诗舒我激昂。

人生向上，胜过试炼之艰。
守护襟房，守护善良情肠。

神恩奔放，思此我心温让。
灵程奋闯，标的荣美天堂。

修身必讲，圣洁自我心肠。
力抛污脏，慧意眼中流淌。

正直无恙，力战魔敌妖魍。
前驱无疆，风光瑰丽雄壮。

热情心间，诗书一生讲唱。
不屈艰苍，慧烛始终擎掌。

淡淡荡荡，中心不存机奸。
无机清芳，一似流云之翔。

持心安祥，不为名利起浪。
清贫无妨，我有意志坚壮。

冲决艰苍，冲决厄苦困障。
冲决霾障，冲决风雨凄凉。

孤身何妨，性光吾持清亮。
努力昂扬，努力舒展奔放。

道德力倡，正义天终葆奖。
天国辉煌，天父倚门正望。

心志生成

2025-1-7

心志生成，人生纵情而论。
阳光和温，季冬天晴怡神。

岁月进深，不计斑苍日盛。
一笑温存，正义雅怀心身。

淡度红尘，不为名利倾身。
清贫雅芬，诗书性命之根。

蓝天青纯，惬我情志十分。
自我慰问，写诗舒发心身。

持心纯正

2025-1-7

持心纯正,不入泥淖之坑。
持心纯正,岂可阿心事人。

窗外鸟声,窗外阳光和温。
窗外风骋,窗外天青十分。

淡定心身,写诗舒我真诚。
人生前骋,历尽山高水深。

旷怀雅正,诗书憩意一生。
哦咏清芬,哦咏声入云层。

裁心无恙

2025-1-7

　　时光在静谧中流淌,阳光在温和里灿放,午后的时光,听着野地的鸟儿鸣唱,小风清来,爽我情肠,惬意情思,淡然舒放,聊赋短诗,一倾思致云尔。

裁心无恙,腊八今正当。
哦咏诗章,记录余心向。

不觉斑苍,不觉华年放。
不觉年长,不觉桑沧旷。

正志之向,依然在远方。
只是情肠,时怀孤寂间。

二九正当,春来不会长。
恒怀希望,恒怀我向往。

人生情长,袅共风同旷。
世界广长,奋志越重苍。

关山万幢,显我男儿壮。
努力驱闯,努力破雾障。

性光敞亮,物欲未许障。
注目前方,注目万里疆。

红尘暂享,人生奋慨慷。
名利虚妄,未许成遮障。

轻装前闯,悠悠放歌唱。
心中霞光,眉眼俱清靓。

处世安祥,定定复当当。
冲决艰苍,冲决心迷茫。

冬日时光

2025-1-7

冬日时光,享受心之安祥。
午时阳光,洒在心田之上。

小风和畅,爽快吾之情肠。
野禽鸣唱,打动我之心房。

人生向上,不惧万千关障。
骋志之向,是在无穷远方。

一笑澹荡,百年真似梦间。
坚贞襟肠,坚贞吾之理想。

第二十二卷《顺意集》

阳光既敞亮兮

2025-1-9

阳光既敞亮兮,心地复悠扬。
三九严寒狷兮,北风号呼狂。

清坐品茗闲兮,哦咏我词章。
心境复澹荡兮,聊舒情歌唱。

神恩感奔放兮,阖家享安康。
颂神理应当兮,歌咏吾激昂。

春来不会长兮,季冬之时间。
余心持盼望兮,桃红柳复芳。

斜照正朗

2025-1-9

斜照正朗,惬意吾之情肠。
只是寒狷,只是朔风舒狂。

清意心间,品茗读书悠扬。
一任时光,淡淡飞逝飞翔。

老我斑苍,依然志取雄壮。
名利抛放,高蹈吾之襟房。

红尘无恙,人生正意强刚。
努力向上,努力舒展奔放。

日落西山展夕照

2025-1-9

日落西山展夕照,心志吾清好。
三九严寒正笼罩,读书意气高。

岁月侵鬓不必道,振志吾逍遥。
一任时光飞渺渺,重关清度了。

红尘百年吾笑傲,不为名利扰。
清贫正义持心窍,努力奋前道。

历尽风雨艰苍饶,兼程吾朗造。
览尽风光之美妙,洒然余一笑。

早起寒凉之境

2025-1-10

早起寒凉之境,心境旷持雅清。
天还没有明,五更吾清醒。

灯下思发殷殷,人生振奋心灵。
努力向前进,关山越无垠。

红尘太多艰辛,磨炼我心坚定。
秉持身心灵,叩道无止境。

岁月不断进行,三九季冬正临。
冷寒一任劲,春终将来临。

清新人生

2025-1-10

清新人生,雅持吾之温存。
风雨艰深,赢得一笑沉稳。

红尘滚滚，大化何其炼人。
修炼心身，修养心志灵魂。

三九寒盛，所幸阳光洒逞。
碧天青纯，身心因之而振。

努力前骋，未可耽于平稳。
奋志旅程，饱览风光丰盛。

闲思聊表
2025-1-11

闲思聊表，桑沧何须言道。
清享逍遥，人生情志清好。

向阳心窍，朗晴心襟洒潇。
不走险道，不向名利细瞧。

淡泊就好，诗书容我哦逍。
正志叩道，领略风光微妙。

人渐苍老，开心赢得一笑。
三九寒峭，自怡写诗舒抱。

冬日喜朗晴
2025-1-11

冬日喜朗晴，心志振兴。
放怀吾讴吟，吐出身心。

人生奋前行，穿山越岭。
百年之生命，如电如影。

回思我生平，感发心襟。
坎坷艰苍境，忧患饱经。

神恩广无垠，赐与安平。
荷恩吾心领，步履康宁。

畅意人生
2025-1-11

畅意人生，雅持心之安稳。
冬晴时分，远际音乐撩人。

品茗悭生，新诗哦咏清芬。
舒出志诚，舒出吾之人生。

红尘滚滚，慧目务须圆睁。
不可污损，不可秽了心身。

正意秋春，诗书沉潜深深。
一笑微生，豁雅清度晨昏。

暮色既当
2025-1-11

暮色既当，心志吾平康。
落日西降，喜鹊大噪唱。

季冬时光，天气寒狂猖。
室内安祥，写诗亦流畅。

红尘之间，人生试炼场。
持正阳光，修心晨昏间。

骋志清昂，不为名利障。
内叩襟房，发见有慧光。

喜鹊噪其振唱兮

2025-1-12

喜鹊噪其振唱兮，
我心袅起悠扬。
品茗展眼长望兮，
见雾霾之狂猖。

季冬三九正当兮，
清喜天日晴朗。
淡荡盈余心房兮，
复清享此暇闲。

春来其不会长兮，
当振奋以慨慷。
前路万里克艰兮，
张男儿之气象。

人生清怀漫浪兮，
叠遭险厄坎艰。
唯雄心不会减兮，
骋志风雨兼闯。

岁月舒其奔放兮，
老我渐以斑苍。
豁达一笑扬长兮，
此客旅任艰苍。

荷神恩之茁壮兮，
坦平清持襟房。
正直一生贞刚兮，
叩道体道向上。

心志平旷

2025-1-12

心志平旷，冬季清喜此晴朗。
身心悠扬，为因不执名利障。

淡淡荡荡，人生空空走一场。
德操清芳，修心向上启无疆。

红尘攘攘，只是幻化之现象。
叩求真相，唯有灵魂之宣讲。

正义奔放，倾心诗书吾温让。
晨昏哦唱，更撰新诗舒情肠。

落日既西降兮

2025-1-12

落日既西降兮，感兴升上。
三九此寒猖兮，朔风吹狂。

清怀余志向兮，慨当以慷。
奋发向前闯兮，山高水长。

心境怀澹荡兮，超越尘壤。
胸怀吾奔放兮，存有雅量。

正志挥强刚兮，傲立茁壮。
鼓志以讴唱兮，声震穹苍。

蔚蓝晴空

2025-1-13

蔚蓝晴空，喜鹊旷鸣颂。
我自轻松，三九午时寒不重。

六．礼颂上苍

人生情浓，正志以歌咏。
舒出襟胸，舒出正气如长虹。

芳洁心胸，诗书吾情钟。
纫兰操守持凝重，
不随世俗邪风。

展眼天穹，愿学鸟飞空。
万里乘风快意中，
去访山野松风。

逸意人生
        2025-1-13

逸意人生，总赖心之生成。
季冬届正，清喜阳光和温。

洒脱心身，振志讴咏真诚。
清听鸟声，享受东风爽神。

红尘缤纷，城市熙攘十分。
淡持心身，读书陶冶灵魂。

不惧艰深，叩道鼓我热忱。
风雨兼程，男儿果敢雄浑。

又近黄昏
        2025-1-13

又近黄昏，阳光洒照温存。
心志平正，正是读书时分。

三九届正，窗外雅闻鹊声。
爽风怡神，一任天气清冷。

阖家康盛，父母健康心身。
感谢神恩，领受平安馨温。

努力灵程，努力奋我心身。
努力持正，努力加强修身。

厚重君子风
        2025-1-13

厚重君子风，人生中庸。
德操力推崇，无惧雨风。

夜幕已罩笼，华灯灿动。
三九寒浓重，裁思哦讽。

舒出我情浓，舒出意雄。
舒出我和慵，舒出襟胸。

人生履险重，神恩恢弘。
不惧年成翁，冲决困穷。

淡泊盈心胸，慧蕴襟中。
努力往前冲，山水浑雄。

微笑浮面容，豁达无穷。
不为名利动，沉静怡中。

人生维艰
        2025-1-14

人生维艰，挺志我向上。
坚贞情肠，不畏风雨苍。

天寒之间，室内暖洋洋。
温和心向，裁志哦诗章。

心志广长，向谁舒并讲？
孤旅昂扬，神恩赐茁壮。

红尘无恙，正是试炼场。
持心向上，坚如磐石壮。

肩住了风雨艰苍
2025-1-14

肩住了风雨艰苍，
挺立如磐石之壮。
人生我胸襟昂扬，
迎难我奋志敢上。

此际值三九寒猖，
天地间萧瑟苍凉。
清坐我思想深广，
哦诗舒激情张扬。

荷神恩如此奔放，
走灵程力战魔狂。
胜试炼冲决厄艰，
瞻未来阳光灿亮。

岁月舒无限激昂，
不必计人老斑苍。
依然持正志贞刚，
努力向万里驱闯。

善加守护心灵
2025-1-15

善加守护心灵，勿为外缘所侵。
保守自我良心，努力兼程挺进。

此际三九正临，天气清喜朗晴。
爽风亦清新，悠悠吾品茗。

袅起中心诗兴，雅将新诗哦吟。
舒出我心灵，舒出我振兴。

岁月侵我双鬓，一笑雅持淡定。
红尘客旅行，天国有美景。

子夜三更兮
2025-1-16

子夜三更兮，灯下思深。
三九寒盛兮，室内暖温。

人生前骋兮，山高水深。
回首惊震兮，关山千层。

斑苍清生兮，依持刚正。
不息修身兮，风雨兼程。

坎坷勿论兮，神恩丰盛。
未来待奋兮，光明清芬。

遁世吾无闷
2025-1-16

遁世吾无闷，保守天真。
阳光洒清纯，爽风阵阵。

三九此届正，和慷心身。
振志以前骋，读书意奋。

红尘任滚滚，磨炼心身。
挥洒吾刚正，傲立乾坤。

岁月任进深,霜华任盛。
淡泊且清诚,正直立身。

心志生成

2025-1-18

心志生成,人生纵情而论。
阳光和温,喜鹊大声鸣振。

天不寒冷,四九我心温存。
写诗清芬,舒出人生精诚。

大化运稳,演绎桑沧层层。
只是人生,百年顷刻之瞬。

振奋精神,鼓志我要前骋。
放飞心神,展翅碧天飞征。

享受午时阳光

2025-1-18

享受午时阳光,享受东风清畅。
享受岁月温让,享受心境悠扬。

人生奋志向上,不畏风雨艰苍。
男儿果敢奔放,骋志驱闯远疆。

雅怀心之安祥,感谢神恩丰穰。
阖家清享平康,颂神出于襟房。

微笑从心舒放,谦贞情志昂扬。
四九冬寒不狷,心怀优雅清靓。

斜照既朗兮心志清昂

2025-1-18

斜照既朗兮心志清昂,
爽风流畅兮听见鸟唱。
寒冬不彰兮四九安祥,
心怀奔放兮哦咏诗章。

阖家安康兮神恩清享,
心情舒畅兮胸襟茁壮。
展眼旷望兮鸟掠天苍,
情思悠扬兮朴雅平康。

夕照舒光

2025-1-18

夕照舒光,心境油然旷。
阖家安祥,享受此辰光。

神恩奔放,思此颂心间。
努力向上,抛弃彼颓唐。

人生昂扬,勿为物欲障。
守护心房,守护我性光。

冲决暗障,冲决彼迷茫。
冲决艰苍,冲决锁与缰。

展眼旷望,天际苍烟漾。
季冬之间,生活奏平康。

鞭炮震响,鼓舞我襟房。
微笑浮上,人生奋志向。

挺志人生

2025-1-18

挺志人生，注重自我灵魂。
加强修身，正直一生坚贞。

灯下思深，哦诗舒出精诚。
人生刚正，不屈困障之城。

神恩丰盛，导引吾之灵程。
克敌制胜，保守心志纯真。

试炼任生，心灵稳固十分。
名利弃扔，每日三省吾身。

振志人生（之一）

2025-1-19

振志人生，远抛心之消沉。
努力前骋，努力风雨兼程。

阳光和温，四九冷寒未盛。
心志清芬，品茗惬意生成。

淡度秋春，赢得身心平稳。
名利弃扔，高蹈余之心身。

岁月驰奋，老我斑苍日盛。
一笑温存，修炼人格纯真。

烟雨人生

2025-1-19

烟雨人生，保守吾之纯真。
弃假归真，质朴淡荡秋春。

一生行正，不为名利扰纷。
清贫刚贞，读书怡我晨昏。

滚滚红尘，磨炼吾之心身。
笑意微生，豁达清度世尘。

阳光洒纯，雀鸟清啼纷纷。
冷寒不盛，暖冬惬意心身。

履历人生

2025-1-19

履历人生，远抛心之痛疼。
阳光心身，正志向前奋骋。

烂漫清芬，一生注重修身。
清度红尘，不惹污浊埃尘。

笑容清生，人生仰荷神恩。
力行灵程，胜过试炼缤纷。

阖家康盛，安乐和蔼温存。
颂赞神恩，丰美丰硕丰盛。

品味人生

2025-1-19

品味人生，不过五味俱陈。
一笑旷生，领受丰沛神恩。

正我心身，不为名利所乘。
鼓志前骋，越过山高水深。

季冬届正，天气清喜暖温。
和蔼意振，读书品茗惬生。

霾锁乾坤，叹息中心生成。
文明进升，须倾心力奋身。

落日灿红
2025-1-19

落日灿红，一使余感动。
处此季冬，心志持和慵。

人生持中，不惧渐成翁。
往事如风，化为记忆浓。

欣慰心胸，平和晨昏中。
诗书哦讽，快意真无穷。

只是情浓，付与谁感动。
孤旅前冲，奋志烟雨中。

持心诚正
2025-1-19

持心诚正，不减人生热忱。
冬夜寒冷，火热是余心身。

此际思深，此际自我慰问。
此际情骋，此际哦诗缤纷。

旷度红尘，不入泥淖之坑。
正义刚贞，君子男儿清纯。

颂赞神恩，赐我阖家康盛。
颂赞神恩，领受平安福分。

振志人生（之二）
2025-1-20

振志人生，雅持意之清纯。
旷怀清正，不惹俗世污尘。

叩道进深，越过山水纭纷。
淡笑生成，仰荷丰沛神恩。

人生旅程，磨炼心志清芬。
修养诚正，修养清澈灵魂。

大寒届正，天晴温暖时分。
哦诗温存，舒出情志缤纷。

持心厚重
2025-1-20

持心厚重，原不随俗世邪风。
人渐成翁，爽然一笑意轻松。

阳光和慵，大寒节届值晴空。
惬意清风，拂我心襟也无穷。

人生凝重，叩道体道越险重。
淡定心胸，不惧试炼之深浓。

红尘汹涌，大化运动谁真懂？
神恩恢弘，赐我阖家福分隆。

季冬无恙
2025-1-21

季冬无恙，心志不取彷徨。
阳光灿放，洒照心田之上。

阖家安康，颂神出于襟房。
奋发向上，努力长途驱闯。

情志悠扬，雅将新诗哦唱。
正义情肠，原不存有机奸。

修心必讲，道德大力宣扬。
克己有芳，君子人格显彰。

挺立人生

2025-1-21

挺立人生，保守吾之纯真。
一生刚正，力战魔敌凶狠。

守护心灯，守护智慧之根。
守护灵魂，守护圣洁心身。

努力灵程，胜过试炼艰深。
标的天城，永生国度青春。

感谢神恩，赐我阖家安稳。
颂出心身，讴咏每一晨昏。

骋志人生场

2025-1-21

骋志人生场，履尽风暴并雨狂。
而今享安祥，神恩赐下何茁壮。

鞭炮远际响，振我心襟真无限。
季冬之时间，清喜天日放晴朗。

诗书漫平章，人生正如走马场。
勿为名利伤，定志修心叩道藏。

时光飞无限，只是人生易老苍。
一笑淡然旷，青春心志依强刚。

人生持正

2025-1-21

人生持正，领尽烟雨缤纷。
依持纯真，依持心志刚贞。

红尘滚滚，大化何其炼人。
勿使心疼，豁达清度秋春。

此际意奋，此际季冬时分。
此际和温，此际阳光宜人。

爽风清生，惬我意向十分。
努力前程，勿负大好人生。

挺拔人生

2025-1-21

挺拔人生，没有卑媚是真。
保持纯真，保持心之诚正。

此际冬深，此际霾锁乾坤。
此际意振，此际新诗哦成。

人生奋争，坚持操守纯正。
名利弃扔，高蹈吾之心身。

人生思深，努力修心历程。
奋不顾身，叩道体道秉诚。

灯下清展吾思想

2025-1-21

灯下清展吾思想，
人生正义昂扬。
季冬时节不寒凉，
情志无比茁壮。

人生旷志是飞扬，
不惧苦旅深艰。
努力守护我心房，
心灯燃明闪亮。

不为物欲而狂狷，
清真是我情肠。
修心养德启无疆，
叩道是吾志向。

回思往事不悲怅，
奋向前路驱闯。
心怀意念持贞刚，
向前向上奔放。

读书万卷有何用

2025-1-21

读书万卷有何用？悟彻穷通，
悟彻穷通，淡然一笑雅无穷。

六十华年付逝风，正直持中，
正直持中，不随俗世之邪风。

灯下撰诗情汹涌，孤旅奋冲，
孤旅奋冲，履尽山水之清雄。

旷怀高举入苍穹，大风哦颂，
大风哦颂，情思不与世苟同。

笑意清新

2025-1-21

笑意清新，淡对流年之飞劲。
老我苍鬓，爽然一笑持淡定。

心志殷殷，系念苍生之苦境。
奋发雷霆，努力叩道任艰辛。

情思空清，不惹尘世利与名。
读书意境，领略山水之雅清。

济世必行，大声呼喊世人醒。
几人能听？几人是非明辨清？

神恩丰劲，赐我身心享安平。
灵程奋行，胜过试炼之诱境。

阖家康宁，颂神发出自本心。
努力挺进，关山峻岭越无垠。

第二十三卷《通达集》

处心镇定
2025-1-22

处心镇定，履尽尘世烟云。
我意爽清，不执世俗利名。

诗书之境，涤心镇日哦吟。
清雅之境，原也陶冶性灵。

阳光灿俊，四九严寒不凌。
爽风清新，散步适我心境。

笑意浮萦，清喜阖家康平。
神恩心领，颂赞出于心灵。

坚守道德情操
2025-1-22

坚守道德情操，人生忍耐为高。
此生绝不骄傲，谦和正直力保。

向阳情志洒潇，风雨兼程开道。
不惧山高水遥，努力旷展刚傲。

坚守道德情操，神恩赐下丰饶。
努力灵程长跑，胜过试探险要。

红尘客旅逍遥，不为名利所扰。
骋志诗书微笑，君子人格朗造。

爽风来临
2025-1-22

爽风来临，惬意我之心襟。
阳光洒俊，四九宜人清新。

心志殷殷，向书倾我热情。
哦咏心灵，呼出正义刚劲。

人生前行，不畏崇山峻岭
一笑爽清，独立人格堪凭。

红尘艰辛，多有试炼之境。
贞心坚挺，力胜魔敌仇兵。

爽意人生
2025-1-22

爽意人生，履尽苦难是真。
一笑沉稳，唯赖丰沛神恩。

季冬届正，午时阳光和温。
只是风声，呼啸似若狂奔。

品茗清芬，怡兴我心雅纯。
品味人生，挺志奋向前骋。

红尘滚滚，不过磨炼心身。
奋志刚正，迎接卓浪生成。

傲立乾坤，男儿振志十分。
名利弃扔，赢得清心净纯。

淡度世尘，不老是我心身。
远辞青春，不减少年风神。

暖晴时分

2025-1-22

暖晴时分，旷风惬意生成。
四九不冷，哦诗热情雅芬。

心向谁论？倾向诗书之城。
孤旅奋争，不减傲骨风神。

世事评论，弹指桑沧幻成。
百年人生，未可空过秋春。

奋志刚正，努力叩道诚真。
加强修身，培育圣洁灵魂。

正义人生

2025-1-23

正义人生，力战魔敌凶狠。
努力前骋，风雨之中兼程。

挺立人生，远辞机巧丛生。
卑媚抛扔，傲骨由来铮铮。

正直人生，无机心地雅芬。
向上力争，修心养德晨昏。

质朴人生，君子人格修成。
端正心身，儒雅并且温存。

独立襟雄

2025-1-23

独立襟雄，人生旷志随风。
时值季冬，天气冷寒不重。

雀鸟鸣颂，惬悦余之心胸。
哦诗清空，舒出吾之情浓。

坎坷回讽，感谢神恩丰隆。
努力前冲，不惧风雨艰浓。

淡定之中，华年逝去匆匆。
一笑和慵，正直清持中庸。

芳美人生

2025-1-24

芳美人生，惬听喜鹊鸣声声。
天阴时分，却有爽风来慰问。

季冬不冷，心怀情志都缤纷。
向上力争，不忘修心于晨昏。

红尘滚滚，大化真是锻炼人。
守护心身，守护耿耿之心灯。

人生刚正，力战魔敌之凶狠。
神恩丰盛，赐与生活美不胜。

惬意人生

2025-1-24

惬意人生，爽意此际生成。
东风慰问，天阴喜鹊鸣振。

微笑清生，豁达人生平正。
心志清芬，向阳情志昌盛。

岁月进深，斑苍不减清纯。
笑傲红尘，赢得身心沉稳。

感谢神恩，赐我阖家福分。
叩道奋争，坚持人格纯正。

挺立人生（之一）
2025-1-24

挺立人生，奋发吾之刚贞。
男儿豪正，风雨之中兼程。

季冬届正，爽风清吹怡神。
天阴时分，雀鸟奏其朗声。

一笑清生，人生自我慰问。
不惧艰深，独立人格秉诚。

叩道心身，雅洁并且清芬。
流年任骋，淡定是我心神。

淡眼风云
2025-1-24

淡眼风云，赢得心襟镇定。
天气任阴，正志依然凌云。

爽风进行，吹拂吾之心襟。
阖家康平，感谢神恩无垠。

灵程挺进，力战仇敌魔兵。
凯歌彻云，圣徒荣归天庭。

红尘艰辛，多有试炼之境。
持心坚定，不惧风雨苍劲。

春节将近
2025-1-24

春节将近，心志吾均平。
朔风鼓劲，天气又值阴。

人生多情，奋发我干劲。
鼓志前行，力战虎狼群。

红尘艰辛，男儿纵豪情。
不计利名，济世奋殷殷。

风雨酸辛，磨炼我心灵。
一笑爽清，神恩荷无垠。

时既三更兮醒转思深
2025-1-24

时既三更兮醒转思深，
试炼任生兮神恩广盛。
心志安稳兮灵程奋骋，
胜过魔敌兮讴出心身。
奋发人生兮谦和一生，
真理追寻兮诗书晨昏。
不惧斑苍兮心力旺盛，
秉炬前奔兮践履灵程。

天阴无妨
2025-1-26

天阴无妨，心志怀有阳光。
五九正当，时间春节即将。

我自昂扬，笑傲尘世桑沧。
不折奋闯，荷负神恩无限。

红尘攘攘，不过客旅之乡。
唯有天堂，才是中心向往。

人生向上，克尽万重险艰。
一笑澹荡，正直如松茁壮。

磨炼吾之心襟
2025-1-26

磨炼吾之心襟，纵我正气凌云。
不为物欲所禁，清心叩道挺进。
红尘无比艰辛，神恩赐下丰盈。
欢呼发出自心，努力灵程前行。

挺立人生（之二）
2025-1-26

挺立人生，傲骨嶙峋是真。
如松虬贞，如梅雪中开盛。

天气阴沉，五九时节寒冷。
火热心身，颂神出自真诚。

努力前程，风雨之中驰奔。
旷展刚正，不屈不挠奋争。

名利弃扔，一生努力修身。
济世赤诚，君子男儿清芬。

持心吾清净
2025-1-27

持心吾清净，人生散乱可不行。
叩道力前行，穿过千山与万岭。

阳光洒清劲，蔚蓝晴天听鸟鸣。
爽风吹清新，五九一任寒之凌。

心志鼓干劲，来年计划筹心襟。
焕发我热情，不畏困厄矢挺进。

阖家享康平，颂赞神恩出心襟。
微笑吾浮萦，正志人生万里云。

正气人生
2025-1-28

正气人生，傲立于此乾坤。
除夕届正，阳光洒得温存。

阖家康盛，中心感谢神恩。
努力灵程，努力加强修身。

未来瞻骋，山高水深勿论。
丰沛神恩，赐我阖家福分。

一笑清生，儒雅身心清芬。
风雨兼程，万里风光清纯。

除夕今日正当
2025-1-28

除夕今日正当，焕发意向成章。
阳光洒辉煌，清风来舒旷。

阖家欢乐无限，雅将生活颂扬。
持心奋向上，履道践安康。

岁月蓬勃昂扬，人生快马奋闯。
不为物欲障，修心叩道藏。

微笑从心淡放，豁怀无比澹荡。
立春行即将，万物将舒芳。

除夕届当
2025-1-28

除夕届当，喜此灿烂阳光。
身心和畅，激情哦咏诗章。
人生向上，克尽万千阻艰。
一笑爽朗，荷负神恩无限。

高远理想，支撑我往前闯。
身心强刚，力战恶虎凶狼。
世界神创，大道普覆宇间。
骋志昂扬，矢向天涯闯荡。

天日和暖喜不禁
2025-1-28

天日和暖喜不禁，
阳光洒照怡心襟。
除夕今日届当临，
愉悦身心享安宁。
阖家生活欢乐蕴，
岁月侵鬓吾多情。
一首新诗聊适兴，
歌咏人生乐康平。

流风鼓荡
2025-1-28

流风鼓荡，喜悦余之心房。
天喜晴朗，温暖除夕届当。

志取昂扬，读书品茗扬长。
新年瞻望，应许奋马快闯。

神恩饱享，思此颂赞献上。
灵程奋闯，不惧试炼深艰。

一笑澹荡，人生不持清狂。
谦贞情肠，原也雅洁清芳。

斜照既朗兮心境舒畅
2025-1-28

斜照既朗兮心境舒畅，
除夕喜当兮阖家安祥。
清风吹旷兮愉我情肠，
怀情讴唱兮生活平康。
一年过往兮内叩襟房，
未来瞻望兮激昂盈腔。
人生振志兮万里驱闯，
畅意生涯兮努力向上。

振志人生场
2025-1-28

振志人生场，六十载风雨艰苍。
除夕喜届当，心境共阳光同旷。

爽风吹奔放，成群喜鹊奋飞翔。
生活享安康，颂赞神恩出襟房。

人生矢向上，穿越风雨一笑畅。
不为物欲障，豪情逸意心地间。

展眼长旷望，青天朗日惬无限。
世界入康庄，人生正道万里疆。

夕照舒光

2025-1-28

夕照舒光,喜气吾淡放。
除夕正当,浴后何清爽。

阖家安康,欢乐真无恙。
神恩广长,颂赞理应当。

红尘之间,时光飞逝忙。
老我斑苍,情志依爽朗。

来年瞻望,身心振慨慷。
正气昂扬,努力奋前闯。

正志人生

2025-1-28

正志人生,瞻望未来征程。
不惧艰深,仰赖丰沛神恩。

华年清骋,老我霜华何论。
一笑温存,人生客旅行程。

淡泊是真,名利合当弃扔。
高蹈心身,水云之中憩身。

红尘滚滚,太多磨炼生成。
铁骨铮铮,正直坦荡立身。

日落西山逞晚照

2025-1-28

日落西山逞晚照,展我逍遥。
除夕今日喜晴好,爽朗情抱。

六．礼颂上苍

人生奋志在远道,名利弃抛。
清心振意乐洒潇,诗书哦饱。

最喜阖家康乐饶,清展微笑。
清平度日怡昏朝,淡泊美好。

人生百年是飞飙,莫付草草。
珍惜寸阴之美好,力叩大道。

逸意人生

2025-1-28

逸意人生,雅秉情志之真。
正直立身,卑媚辞去十分。

如松之贞,挺立迎风长成。
如梅开盛,斗雪斗寒芳纯。

一笑清生,人格于中显逞。
坦荡心身,无机儒雅清芬。

灯下思深,流年光阴飞骋。
除夕届正,明日又是新春。

心志平静

2025-1-28

心志平静,朗度岁月纷纭。
情怀空清,不执尘世利名。

人生殷殷,叩道领取意境。
悟彻圆明,圆通圆融心领。

正志之行,万里关山经行。
风雨挺进,穿越迷雾崇岭。

人生怀情，斑苍依旧豪劲。
内叩心襟，心灯耿耿正明。

振志是我人生

2025-1-28

振志是我人生，心境朗晴十分。
清展吾之热忱，济世奋发刚贞。

努力守护心身，不为名利所乘。
淡泊清度秋春，诗书朗哦晨昏。

振志是我人生，彩虹心襟清生。
抛开卑弱困顿，矢向遐方驱骋。

红尘浊浪滚滚，磨炼吾之心身。
正直并且坦诚，叩道奋我一生。

星光正明

2025-1-28

星光正明，城市灯火灿映。
除夕夜景，生活雅奏安平。

奋我心襟，雅将新诗哦吟。
舒我心灵，无机正直空清。

岁月进行，六十华年之境。
一笑爽清，不执于物持心。

红尘艰辛，苦旅焕发热情。
叩道之境，重重云山峻岭。

风骨人生

2025-1-28

风骨人生，正义奋我刚贞。
风雨兼程，挺直脊梁做人。

旷意秋春，染我霜华勿论。
努力前骋，览尽风光清纯。

岁月进深，心志沉雄十分。
诗书奋争，陶冶情志清芬。

红尘滚滚，不沾名利是真。
乐度朝昏，朗放哦吟之声。

时近子夜时分

2025-1-28

时近子夜时分，醒转思深，
醒转思深，明日春节届正。

时光如飞之骋，人生情振，
人生情振，呵呵一笑温存。

岁月侵人深深，斑苍时分，
斑苍时分，依然意取清纯。

希望心中恒存，神恩丰盛，
神恩丰盛，努力奋发前程。

清夜无眠

2025-1-29

清夜无眠，春节正届临。
律动心襟，奋志正凌云。

人生前行，穿越万重岭。
山水之境，愉悦我心灵。

旷展身心，人生快马行。
岁月空清，不可恃利名。

此际怀情，此际鞭炮鸣。
此际振兴，此际舒心灵。

新年开笔讴真诚

2025-1-29

新年开笔讴真诚，歌颂神恩，
歌颂神恩，赐我阖家之福分。

振志奋发是人生，努力前程，
努力前程，修心养德作真人。

未来霞光满征程，彩虹心生，
彩虹心生，万里步履迈坚正。

微笑从心淡生成，不负神恩，
不负神恩，持心坚贞走灵程。

挺志人生（之一）

2025-1-29

挺志人生，坚持正直一生。
绝不沉沦，绝无卑媚生成。

正义刚贞，力战魔敌凶狠。
丰沛神恩，赐下如此丰盛。

力行灵程，标的天国精准。
试炼任生，我心坚正沉稳。

笑傲红尘，如松虬劲长成。
绝壁挺生，不屈不挠十分。

此际四更

2025-1-29

此际四更，正月初一届正。
感发心身，哦诗舒我真诚。

人生奋争，正义旷度秋春。
卑媚抛扔，傲骨由来铮铮。

山水征程，风风雨雨不论。
风光雄浑，壮阔余之心身。

华年逝损，辞旧迎新时分。
未来瞻骋，奋发心力十分。

诗书人生，书生意气纵横。
人格显逞，男儿一生刚正。

大千红尘，大浪淘沙真正。
守护心身，守护良知灵魂。

喜迎新春到

2025-1-29

喜迎新春到，旷展吾之欢笑。
海内乐嚣嚣，雅将幸福夸道。

人生奋志跑，新年努力开道。
岁月多逍遥，振意万里洒潇。

淡泊盈心窍，不为名利所扰。
诗书吾笑傲，谦和正直力保。

鞭炮鸣不了，生活安平堪表。
颂神赐福饶，赞美欢声应高。

朗日喜天晴
2025-1-29

朗日喜天晴，正月初一今届临。
欢乐盈身心，观看电视雅品茗。

岁月多振兴，人生挺志向前行。
穿越关山岭，悠悠放歌也多情。

振志吾凌云，脚踏实地往前行。
豪情盈于心，男儿济世怀热情。

体道度生平，晨昏诗书纵哦吟。
学取彼流云，自由烂漫万里行。

悠悠人生经行
2025-1-29

悠悠人生经行，新年开笔殷殷。
心志怀朗晴，振志复凌云。

身心怀有坦平，机奸全部抛清。
素朴之身心，胸襟怀白云。

高蹈余之心灵，不为名利争竞。
叩道任艰辛，万里脚下行。

向往烟霞之境，向往世字清平。
朝日洒光明，希冀盈于襟。

挺志人生（之二）
2025-1-29

挺志人生，笑傲红尘是真。
不折奋争，叩道奋辟新程。

人生刚正，君子男儿铮铮。
丰沛神恩，赐下美妙不胜。

岁月进深，新年又开征程。
一笑清生，不忘加强修身。

阳光温存，阖家幸福安稳。
颂赞神恩，颂赞生活平顺。

振志人生
2025-1-29

振志人生，总赖心之生成。
新春届正，阳光温暖宜人。

朗放书声，哦咏心志清芬。
奋发刚正，万里奋志驱骋。

岁月飞奔，霜华日新不论。
一笑温存，道德努力加增。

大千红尘，幻化桑沧层层。
百年人生，持心正志行稳。

流年飞骋
2025-1-29

流年飞骋，又值蛇年初春。
阳光洒正，清风拂拂宜人。

品茗时分,休憩心志生成。
哦出心身,哦出人生意正。

阖家安稳,父母健康生存。
乐享天伦,中心颂赞真神。

力辟征程,万里轻装飞奔。
名利不论,修心叩道力争。

流年不断更张

2025-1-29

流年不断更张,正月初一喜当。
休憩我暇闲,品茗读华章。

人生奋志向上,历尽万水千嶂。
一笑淡意向,正直吾方刚。

不卑不亢之间,儒雅且有清芳。
岁值晚晴间,蔼然是情肠。

依然奋向前闯,不惧风暴雨狂。
贞怀谦无恙,守心素朴间。

第二十四卷《运化集》

正志是我人生

2025-1-29

正志是我人生,清展洒脱风神。
春节届正,春节届正,
喜悦余之心身。

大化运行滚滚,人生素朴守真。
名利合扔,名利合扔,
高蹈余之心身。

阖家康乐平顺,中心充满感恩。
奋向前骋,奋向前骋,
磨炼余之心身。

斜照此际旺盛,和平盈此乾坤。
希冀恒存,希冀恒存,
温暖余之心身。

天气朗晴

2025-1-30

天气朗晴,雀鸟泰其欢鸣。
朔风鼓劲,五九冷寒正殷。

心志空清,雅将新诗哦吟。
舒出心襟,舒出正气凌云。

岁月进行,时近立春情景。
蔚蓝天青,惬我心境无垠。

淡定品茗，不惹尘世利名。
诗书之境，陶冶吾之性灵。

旷风舒情
2025-1-30

旷风舒情，我心振兴。
朗日天晴，雀鸟欢鸣。
天寒之境，心快无垠。
阖家欢庆，新春届临。

旷风舒情，我心安宁。
诗书哦吟，大声朗劲。
悠悠品茗，情志无垠。
岁月进行，立春将临。

流年光阴飞渺渺
2025-1-30

流年光阴飞渺渺，正月初二，
正月初二，天晴朗日愉心窍。

东风清狂舒其骚，我意遥遨，
我意遥遨，一首新诗脱口造。

红尘乐度吾洒潇，清风襟抱，
清风襟抱，不为名利所骚扰。

阖家欢乐真美妙，正志朗造，
正志朗造，雅洁身心度昏朝。

笑意清长
2025-1-30

笑意清长，雅将生活歌唱。
神恩奔放，思此颂赞献上。

东风舒狂，爽我意向无限。
读书声朗，声入云天霄间。

心志清昂，人生奋马快闯。
风雨苍凉，不过磨炼襟房。

正意向上，不惧关山困障。
一笑爽朗，矢向天涯闯荡。

欢快人生
2025-1-30

欢快人生，新诗从心生成。
阳光洒温，鸟语何其惬人。

心志生成，激情哦诗时分。
振意刚贞，人生傲骨铮铮。

卑伪抛扔，男儿正志乾坤。
努力驱骋，济世挥洒心身。

时近立春，旷喜东风吹逞。
阖家馨温，乐享天伦温存。

爽风清新
2025-1-30

爽风清新，人生雅放歌吟。
阳光复劲，生活漾满和平。

一笑爽清，快慰盈于心襟。
体道振兴，叩求天人之境。

奋向前行，何惧崇山峻岭。
胸怀白云，旷意宇宙包并。

岁月进行，立春行将来临。
大快我心，激情旷欲朗鸣。

云天清朗

2025-1-30

云天清朗，心志不取苍茫。
爽风何畅，愉悦余之情肠。

身心安康，品茗意发洋洋。
新诗哦唱，旷欲向天飞翔。

立春即将，冬去不觉之间。
意兴昂扬，瞻望未来遐方。

红尘平康，演绎不尽桑沧。
华年逝淌，弹指悟彻炎凉。

逸意旷然生成

2025-1-30

逸意旷然生成，心志无比温存。
休憩吾心身，读书意何奋。

向阳情志挺生，如松生长虬正。
风雨任艰盛，我志是沉稳。

六十华年逝骋，身心潇潇清纯。
绝不取沉沦，绝不稍污损。

奋志依然刚贞，不屈世俗红尘。
一笑爽无伦，人格毕显逞。

东风行将碧柳条

2025-1-30

东风行将碧柳条，
立春不日将到。
此际东风正洒潇，
我的意向忒高。

午时阳光复朗照，
心情无比娟妙。
新诗从心朗哦了，
舒出正意丰饶。

人生迈越奋前道，
关山朗度逍遥。
一路风光是清好，
涤我心襟怀抱。

六十华年来到了，
不惧鬓发萧萧。
开怀振意付一笑，
晚晴时节正好。

爽风进行开意境

2025-1-30

爽风进行开意境，快我身心，
快我身心，读书品茗惬心境。

正月初二今届临，阳光洒劲，
阳光洒劲，世界沐浴彼和平。

男儿怀情哦清新，一曲旷吟，
一曲旷吟，舒出正意也凌云。

瞻望未来持激情，阳光心襟，
阳光心襟，努力驱闯万里行。

夕照辉煌

2025-1-30

夕照辉煌，心志温暖无恙。
阖家平康，喜悦余之襟房。

正义阳刚，绝无卑媚模样。
男儿豪强，旷怀阳光向上。

季冬之间，清喜冷寒不狷。
定志之向，是在诗书哦唱。

人生奔放，雅怀清澈襟肠。
无穷远方，寄托余之向往。

浑厚人生

2025-1-30

浑厚人生，总赖心之真诚。
努力沉稳，努力奋发心身。

暮色渐深，灯下思发深深。
正志人生，雅将心志舒申。

红尘滚滚，清心力保纯真。
不可污损，是非务须辨分。

正直一生，清持吾之坦诚。
叩道奋身，岂惧风雷滚滚。

挺立人生

2025-1-31

挺立人生，不做奴才是真。
傲骨铮铮，君子男儿秉诚。

感谢神恩，赐我阖家福分。
平安心身，努力灵程奋骋。

天阴时分，心志旷然生成。
哦诗清芬，舒出心志灵魂。

弃假归真，叩寻真理十分。
正直立身，不做奴才是真。

养志人生

2025-1-31

养志人生，正气从心生成。
天阴时分，读书朗放高声。

时近立春，东风旷意吹骋。
雀鸟欢腾，啾啾清语无伦。

傲立乾坤，男儿一生刚正。
微笑清生，悟彻世界十分。

振我心身，人生鼓志前骋。
山水清芬，涤我心志灵魂。

体道人生

2025-1-31

体道人生，吾何惧彼艰深。
风烟滚滚，坚守情操纯正。

六．礼颂上苍

鹊噪声声，清风其来慰问。
时近立春，爽快余之心身。

持心沉稳，奋向万里驰骋。
迷烟任盛，擎掌心之慧灯。

百年人生，勿为名利所乘。
正义刚贞，胸怀天下苍生。

挺志人生

2025-1-31

挺志人生，展我笑意清芬。
清风阵阵，惬我情志十分。

清听鸟声，袭起诗意无伦。
正直心身，奋发穿越艰深。

清度红尘，不为名利污损。
旷怀雅诚，叩道冬夏秋春。

此际温存，此际品茗意奋。
此际怡神，此际写诗哦申。

人生清好

2025-1-31

人生清好，小酌微醺正妙。
夜幕降了，灯下思发骚骚。

红尘扰扰，应持清心静悄。
奋叩大道，正志清度逍遥。

怡我情抱，新诗舒情不了。
浮上微笑，君子人格显造。

鞭炮鸣叫，新年气氛堪表。
阖家康好，颂神雅出心窍。

心志此际平静

2025-2-1

心志此际平静，听见喜鹊之鸣。
正月初四情景，天阴爽风经行。

人生快慰心灵，荷负神恩无垠。
振志努力前行，不惧风雨艰凌。

一笑多么爽清，男儿是怀柔情。
孤旅风雨艰辛，依然爽朗心襟。

六十华年来临，心志不减豪情。
正直一生刚劲，笑傲尘世浮云。

天阴沉

2025-2-1

天阴沉，哦诗爽雅吾清芬。
风阵阵，清喜时节近立春。

奋心身，人生振志力前骋。
山高深，风雨之中我兼程。

笑意生，领略神恩是丰盛。
阖家稳，乐享岁月与天伦。

品茗芬，惬意盈满我周身。
新诗逞，舒出情志也和温。

此际清夜无眠

　　　　　　　　　2025-2-3

此际清夜无眠，灯下思发殷殷。
今日立春喜临，冬去时光飞劲。

此际清夜无眠，内叩自我身心。
人生骋志前进，不可贪图利名。

此际清夜无眠，身心无比雅清。
时近四更光景，路上偶闻车行。

此际清夜无眠，沉静是我心灵。
振志未来前行，风光无限爽心。

今日立春

　　　　　　　　　2025-2-3

今日立春，清喜天晴十分。
雀鸟啼芬，东风爽神，
快慰情志心身。

鼓志前骋，不惧山高水深。
人生刚正，傲骨铮铮，
正直坦荡立身。

红尘滚滚，心志共风同骋。
朗晴心身，一笑和温，
君子人格修成。

诗书潜沉，朗哦放我高声。
叩道秉诚，注重修身，
展眼万里乾坤。

日午时分

　　　　　　　　　2025-2-3

日午时分，阳光朗照清纯。
放我书声，激越情志清芬。

今日立春，韶华飞逝纭纷。
振奋精神，寸阴珍惜必争。

努力前骋，万里风云清生。
风光纯正，涤我心志灵魂。

笑意清生，阖家享受安稳。
欢乐天伦，中心颂赞神恩。

裁思无限

　　　　　　　　　2025-2-3

裁思无限，心志舒我平康。
立春届当，天气清淡晴朗。

蓝天广长，雀鸟欢欣鸣唱。
惬意心间，能不新诗哦旷。

情志昂扬，胸襟共春同放。
放飞襟肠，辽天无限阔广。

振我襟房，男儿一生豪强。
努力向上，努力劈波斩浪。

斜照既朗

　　　　　　　　　2025-2-3

斜照既朗，心境吾很清爽。
立春喜当，东风舒其奔放。

阖家平康，雅将天伦安享。
颂出心房，神恩无比丰穰。

情志轩昂，人生纵马快闯。
风雨艰苍，磨炼吾之襟房。

时光飞旷，霜华日渐增长。
一笑爽朗，豪情依持心间。

心志清芬

2025-2-3

心志清芬，爽雅意奋。
欣值立春，东风怡神。
朗晴时分，蓝天惬人。
生活和温，颂赞真诚。

心志清芬，品茗振奋。
读书慰身，体道平正。
展眼前程，风云苣盛。
努力前骋，胸怀刚贞。

夕照黄昏

2025-2-3

夕照黄昏，吾意不取消沉。
今日立春，勃勃生机显逞。

清度世尘，一切虚伪抛扔。
心襟刚正，胸怀世界乾坤。

淡荡生尘，赢得潇潇秋春。
读书奋身，心得缕缕清芬。

逸意生成，纵哦新诗时分。
旷怀温存，注目世界人生。

暮色正当

2025-2-3

暮色正当，华灯灿光。
东风舒扬，立春届访。
正意昂藏，人生向上。
努力奋闯，关山清苍。

暮色正当，喜气洋洋。
小酌兴涨，精神显彰。
聊撰短章，一舒情肠。
未来瞻望，希冀心间。

悠悠人生场

2025-2-3

悠悠人生场，不取轻狂。
正志之所向，恒在远乡。

立春今喜当，情志舒畅。
清心撰诗章，一泻汪洋。

怀情向谁讲，孤旅扬长。
柔思入诗唱，婉转回肠。

岁月舒奔放，不计斑苍。
依然持向往，心襟雄壮。

清志人生

2025-2-3

清志人生，挺立不羁时分。
时值立春，放飞心志缤纷。

此际三更，醒转灯下思深。
人生情振，旷欲万里驰奔。

嗟此红尘，大化何其弄人。
名利弃扔，清贫刚正清芬。

微笑清生，不屈苦难历程。
神恩丰盛，必赐平安年轮。

天气朗晴

2025-2-4

天气朗晴，正月初七此经行。
喜鹊大鸣，萧萧冷风振心襟。

阖家康平，幸福生活入诗吟。
春已来临，迎风独立我舒情。

大化旷运，世界日新变无垠。
斑苍之境，爽然一笑意何清。

持正力行，男儿未可畏艰辛。
奋志凌云，脚踏实地万里行。

斜照在望

2025-2-4

斜照在望，斜照此际在望。
心地情长，春来心地情长。

清风舒旷，市井生活繁忙。
听见鸟唱，享受生之安祥。

袅袅情肠，放飞云霄之间。
诗意心间，能不纵情哦唱。

红尘无恙，生机勃勃待放。
孟春之间，情怀悠悠扬长。

情志吾清骋

2025-2-5

情志吾清骋，春来振奋。
时既值孟春，寒风号申。

室内清坐稳，正意心身。
午时阳光纯，和乐清芬。

人生奋刚贞，傲立乾坤。
卑媚全抛扔，谦正晨昏。

向上吾奋争，修心历程。
一笑复和温，清度秋春。

阳光何其温让

2025-2-5

阳光何其温让，白云悠悠飘翔。
风号轻狂，风号轻狂，
时值孟春无恙。

吾之心地平康，品茗情思袅扬。
新诗哦唱，新诗哦唱，
舒出人生昂扬。

春来情志开张,向阳是我襟房。
正志向上,正志向上,
不惧烟雨艰苍。

情怀无比安祥,人生雅怀希望。
万里疆场,万里疆场,
挥洒吾之奔放。

情志共春同涨
      2025-2-5

情志共春同涨,煦阳此际清旷。
孟春之时间,身心我舒畅。

向学志取昂扬,诗书耽于哦唱。
撰诗亦昂藏,人生向前闯。

流年光阴飞翔,六十华年来访。
振志人生场,绝不取颓唐。

春寒犹然狂猖,朔风号呼奔放。
淡然微笑放,万里用脚量。

雀鸟啾纷
      2025-2-6

雀鸟啾纷,喜鹊大声鸣振。
时值孟春,晨起冷寒犹盛。

心志清芬,人生奋发前骋。
诗书潜身,赢得一笑温存。

加强修身,清度滚滚红尘。
不为污损,名利合当弃扔。

笑傲红尘,正直坦荡生存。
展眼乾坤,风云激荡十分。

天气阴晴颇不定
      2025-2-6

天气阴晴颇不定,心志朗晴,
振志凌云,奋发读书以慰情。

爽风其来复清新,听见鸟鸣,
薄寒犹劲,清心雅意以品茗。

时值孟春快心灵,奋发上进,
不惧艰辛,努力挺志万里行。

阖家享受此康平,神恩心领,
颂出于心,步履灵程历风云。

六十华年已来临,一笑爽心,
淡泊于襟,叩道体道度生平。

勤于著书我志殷,思想堪凭,
记录身心,挥洒热情与清新。

云天苍茫
      2025-2-6

云天苍茫,春意正其酝酿。
清风舒旷,我的意气昂扬。

春来淡荡,野禽啼其鸣放。
品茗意扬,聊撰新诗扬长。

温情心间,情志共春同涨。
岁月增长,华年逝去安祥。

激情心间，振志我要歌唱。
地久天广，人生悠悠旷朗。

一夜朔风怒号
2025-2-7

一夜朔风怒号，晨起十分寒峭。
孟春已来到，天气会晴好。

清坐思发逍遥，新诗从心构造。
舒出我洒潇，舒出我情窍。

人生骋志长跑，越过山水迢迢。
淡然展一笑，风光已经饱。

胸襟大有奇妙，不为物欲倾倒。
正气盈襟抱，顺逆不紧要。

清志聊舒旷
2025-2-7

清志聊舒旷，窗外北风狂。
孟春冷寒间，峭意何嚣猖。
清发我思想，人生正意昂。
万里瞻望间，脚踏实地闯。

清志聊舒旷，寂寞心地间。
情思向谁讲，哦诗徒奔放。
年华冉冉翔，霜华逐渐苍。
挺志骋顽强，浩意嗟茫茫。

清志聊舒旷，多言无益间。
沉默酝贞刚，实干显豪强。
岁月泻扬长，百年顷刻间。
不必多愁怅，天道永恒昌。

清志聊舒旷，激情盈中肠。
理想恒茁壮，壮怀亦昂藏。
男儿学松长，挺志风雨间。
君子人格壮，修身恒向上。

身心平正
2025-2-7

身心平正，内叩心襟时分。
时值孟春，天气冷寒十分。

持心温存，不减壮志寸分。
品茗意振，撰诗舒发心身。

大化红尘，磨炼我心沉稳。
清度世尘，雅洁自守方寸。

努力修身，诗书哦咏清芬。
希冀恒存，奋向遐方远征。

午后阳光暖温
2025-2-7

午后阳光暖温，裘起意兴温存。
时节正届孟春，心怀由衷升腾。

六九天气寒冷，品茗振奋精神。
写诗适我心身，人生正志生成。

午后阳光暖温，生活和平安稳。
中心雅有诉申，撰诗舒发真诚。

人生奋发而骋，难免阻艰深沉。
振志一笑爽身，丈夫意志纵横。

七. 修心向上

第二十五卷《灿烂集》

天地如此寒峭
2025-2-8

天地如此寒峭,喜鹊大声鸣叫。
孟春已来到,红旭东方照。

心境平和堪表,一生诗书笑傲。
红尘徒扰扰,清心吾微笑。

奋志要去长跑,领略关山险要。
风雨不紧要,磨炼意志饶。

身心洒脱逍遥,男儿一身刚傲。
谦正育情操,正志我风骚。

清度人生
2025-2-8

清度人生,保持心灵纯真。
存志温存,人生步履平稳。

此际孟春,此际冷寒正盛。
中午时分,清喜阳光煦温。

展我心身,新诗从容哦芬。
一身刚正,不屈困障丛生。

大千红尘,幻化何其蒙人。
慧目务睁,穿越迷雾前骋。

山海是阵,物欲多所欺人。
一笑雅芬,正志风雨兼程。

傲立乾坤,修心养德奋争。
淡泊晨昏,诗书慰我十分。

天气朗晴
2025-2-8

天气朗晴,只是冷寒正劲。
悠悠白云,淡荡掠过天青。

振我心灵,孟春已经来临。
奋我心襟,努力鼓志前行。

中心温情,默默书海挺进。
向往殷殷,世界美好和平。

撰诗舒情,呼出心志无垠。
人格显明,厚重一生是凭。

暝烟重浓
2025-2-8

暝烟重浓,苍茫心志与谁通。
孤旅奋冲,览尽关山之沉雄。

初春之中，一任冷寒之严重。
心志中庸，裁思哦咏吾轻松。

人生情钟，叩道奋勇沐雨风。
正直凝重，君子不与世苟同。

赞此宇穹，神造世界妙无穷。
灵程彩虹，七彩瑰丽灿襟胸。

心志平旷

2025-2-9

心志平旷，能不纵情哦唱。
蓝天广长，天气冷寒之间。

情怀安祥，孟春品茗悠扬。
舒发襟房，原也热情盈腔。

人生向往，是在天涯远疆。
努力驱闯，不畏山高水苍。

微笑浮上，豁怀清取昂扬。
男儿慨慷，不执名利贞刚。

读书朗声

2025-2-9

读书朗声，天气正晴十分。
时既孟春，冷寒一任其盛。

岁月飞奔，霜华冉冉新增。
一笑温存，奋发吾之人生。

淡荡秋春，诗书为伴晨昏。
浩意旷存，矢向天涯驰奔。

嗟此红尘，何其磨炼心魂。
正直一生，不屈世俗凡尘。

阳光温存

2025-2-9

阳光温存，和蔼吾之心身。
东风清纯，递来鸟语纷纷。

岁值孟春，万物生机待盛。
心志生成，哦诗舒我精诚。

天气犹冷，清喜蓝天青纯。
旷怀雅正，读书品茗意奋。

远抛心疼，人生痛楚不论。
豁达心身，正志万里远程。

独立襟雄

2025-2-9

独立襟雄，鼓志乘此春风。
男儿豪勇，清心秉持中庸。

年近成翁，爽然一笑轻松。
悟彻穷通，诗书容我清诵。

红尘之中，持心共缘而从。
正直心胸，原也淡荡清空。

雀鸟鸣颂，点缀和平宇穹。
爽冷清风，振我心襟无穷。

情怀舒畅

2025-2-9

情怀舒畅,春已来到人间。
芳美情肠,衷情朗哦诗章。

阖家平康,父母健康在堂。
神恩茁壮,颂赞出于襟房。

清听鸟唱,享受和煦阳光。
东风何旷,惬我意向无限。

正志向上,努力珍惜韶光。
诗书平章,寻觅智慧灵粮。

煦日正温

2025-2-9

煦日正温,蓝天如此青嫩。
心志生成,时节况当孟春。

哦诗清芬,痛快心地十分。
人生奋骋,山高水深不论。

淡荡红尘,野境鸟语纷纷。
东风旷奔,爽我心身意神。

展眼乾坤,万物生机待盛。
振意人生,勿负华年逝奋。

斜照清朗

2025-2-9

斜照清朗,温暖吾之情肠。
诵读华章,心境无比悠扬。

春意淡放,东风先舒扬长。
和谐宇间,天人和乐安祥。

清听鸟唱,品茗意兴奔放。
振起阳刚,男儿一生豪强。

不折奋闯,关山履尽苍茫。
人生世间,修行修心向上。

喜鹊此际鸣唱

2025-2-9

喜鹊此际鸣唱,袅起吾之情肠。
寂寞初春间,诗书朗声唱。

心地怀有希望,奋向未来驱闯。
不计艰与苍,炽热是心房。

男儿当展刚强,独立自尊向上。
勿为名利障,勿为物欲狂。

春光行将绽放,草野行将舒芳。
万物待生长,生机正酝酿。

落日西降天地苍

2025-2-9

落日西降天地苍,冷寒笼上,
冷寒笼上,初春天气寒犹狷。

诗意人生振志唱,感兴襟房,
感兴襟房,此生历尽是炎凉。

展眼世界心襟旷,努力向上,
努力向上,不为名利俯身向。

讴歌一曲天回响，人生昂扬，
人生昂扬，万里长途径驱闯。

暝色其苍

2025-2-9

暝色其苍，振志人生昂扬。
华灯灿放，城市灯火平康。

舒发情肠，值此初春之间。
无恙心房，中情共春奔放。

心向谁敞，孤旅不惧凄凉。
娟洁襟肠，无机正直向上。

未来瞻望，希冀恒怀心间。
迈步阔壮，径向天涯驱闯。

春来情长

2025-2-9

春来情长，心志向谁讲唱。
孤旅昂扬，只是寂寞心间。

清坐思想，内心九曲回肠。
振志慨慷，正欲大干一场。

心共春涨，人生恒怀向往。
万里疆场，显我英勇无双。

奋向前闯，关山用脚丈量。
风雨萧凉，磨砺吾之襟房。

人生振志向上

2025-2-11

人生振志向上，清持我的安祥。
不畏险艰，不惧风浪，
风雨兼程驱闯。

此际春寒正当，早起阳光灿亮。
心志平康，雅哦诗章，
舒发情怀慨慷。

男儿迎难而上，纵展生之豪强。
丹心红芳，正义阳光，
力战世之虎狼。

百度岁月苍茫，中心怀有感想。
清听鸟唱，胸襟平旷，
叩道体道昂扬。

清新情肠

2025-2-11

清新情肠，春来共风同旷。
喜鹊鸣唱，东风呼发声响。

天色茫苍，孟春冷寒之间。
品茗意放，纵情朗哦诗章。

向前向上，高远直至无疆。
人生世间，不为名利羁绑。

无机襟房，淡泊吾颇安康。
坚贞理想，时刻鼓荡心间。

七．修心向上

芳年清好
2025-2-11

芳年清好，又值孟春来了。
天阴风潇，哦诗激情骚骚。

清听啼鸟，悠扬吾之心窍。
人生晴好，风风雨雨经饱。

展颜微笑，人生洒脱情抱。
向阳志高，脚踏实地奔跑。

时光飞飙，人生莫付草草。
振志长啸，壮怀激烈堪表。

一身轻松
2025-2-13

一身轻松，淡看暮烟浓。
正气盈中，哦诗复灵动。

孟春之中，清风来自东。
情思正浓，发为诗吟咏。

人生奋勇，关山越重重。
试炼任猛，沉静持襟胸。

笑意微动，豁怀取无穷。
坎坷之中，步履迈凝重。

天气惜阴
2025-2-14

天气惜阴，春来雅怀心情。
悠悠品茗，淡泊是余心灵。

不图利名，秉持正直身心。
修身奋进，昂然万里经行。

红尘艰辛，男儿奋发刚劲。
傲立劲挺，不卑不亢和平。

岁月进行，斑苍侵我双鬓。
一笑淡定，览尽尘世风云。

此际清宁
2025-2-14

此际清宁，灯下思发殷殷。
东风舒情，袅起无限意境。

冷寒犹劲，正值孟春节景。
浪漫盈心，雅怀诗意柔情。

岁月多情，笑我华发斑鬓。
依然刚劲，依然怀有雄心。

努力前行，冲决关山峻岭。
大好寰景，壮我心襟无垠。

依旧天阴
2025-2-15

依旧天阴，我心清持朗晴。
孟春之境，清风递来鸟鸣。

心向谁明？孤旅骋尽豪英。
一笑淡定，人生鼓志前行。

大千幻境，人生百年匆行。
应持雅清，叩道悟取灵明。

心痛抛清，正志向天而鸣。
如鹤飞行，憩向松枝之顶。

流年舒芳

2025-2-15

流年舒芳，又值孟春之间。
东风清畅，哦诗亦复铿锵。

激情张扬，人生正志慨慷。
男儿豪放，天下漫自平章。

红尘攘攘，情系水云之乡。
不惹污脏，清心自守平康。

向前向上，高远是我理想。
一笑澹荡，坚贞盈满襟房。

喜鹊大鸣叫

2025-2-15

喜鹊大鸣叫，振意骚骚。
春风复清好，涤我情抱。

人生吾洒潇，名利弃抛。
持正万里遥，奋辟前道。

努力振心窍，诗书潜造。
朗然意气饱，人格培高。

不为尘世扰，清守情操。
淡泊何逍遥，晨昏哦饱。

骋志人生场

2025-2-15

骋志人生场，纵我昂扬。
春来情奔放，激情嚣张。

野境禽欢唱，东风绵放。
薄寒此正当，孟春无恙。

周末情志畅，哦咏张扬。
品茗添兴涨，微笑浮上。

未可稍狂猖，谦贞情肠。
努力向前方，风雨兼闯。

振奋情志哦诗章

2025-2-16

振奋情志哦诗章，
春已来到人间。
清听喜鹊之鸣唱，
享受风之清旷。

此际煦阳正清放，
此际品茗悠扬。
此际激情有高涨，
此际写诗流畅。

中心蕴满是感想，
人生振志向上。
努力骋志向遐方，
览取烟霞明靓。

不屈尘世艰与障，
男儿豪勇顽强。

七．修心向上

正直一生不张狂，
谦贞兼且豪放。

鸟语啾啾唱

2025-2-16

鸟语啾啾唱，悠扬吾之情肠。
喜鹊大鸣放，激越吾之襟房。

时值孟春无恙，天晴煦日灿光。
清风其来爽朗，振意能不哦唱。

舒出我之奔放，舒出我之阳光。
舒出我之昂扬，舒出我之向上。

人生百感心间，努力万里驱闯。
高远是余理想，坚贞并且强壮。

斜照在望

2025-2-16

斜照在望，东风奋吹旷。
孟春之间，心地何清爽。

读书意畅，新诗从心唱。
旋律悠扬，舒出我心向。

情共春涨，逸兴真扬长。
野禽鼓唱，宛转动人肠。

聊舒襟房，正志万里间。
努力舒昂，努力振奔放。

夕照黄昏东风畅

2025-2-16

夕照黄昏东风畅，
孟春喜悦我襟房。
淡定读书不张狂，
激情写诗复流畅。
几声啼鸟啾啾响，
慨慷身心振昂藏。
展眼云烟多澹荡，
奋欲长飞入天壤。

日落西山逞晚照

2025-2-16

日落西山逞晚照，心兴吾清好。
春风吹展何逍遥，赞美这穹霄。

心志生成朗哦了，情怀何娟妙。
不为名利而倾倒，正直我洒潇。

红尘艰辛何必道，人生谁不晓。
振志万里辟前道，风雨兼程造。

阖家康好神恩饶，思此颂赞高。
努力灵程奋飞跑，胜过试炼嚣。

展颜微微露一笑，人格于中晓。
乐观开怀人生道，胡不取逍遥。

正志人生不狂傲，谦贞尽力保。
不惧霜华催人老，晚晴何其骚。

暝色正浓重

2025-2-16

暝色正浓重，灯火渐次灿浓。
心志持中庸，旷哦新诗从容。

孟春走清风，爽快吾之襟胸。
人生享轻松，名利弃之空空。

淡泊盈心中，体道趋入圆通。
正志往前冲，关山阅尽清雄。

斑苍怀凝重，沉潜诗书和慵。
朗哦晨昏中，声震云天苍穹。

清夜雅自无眠

2025-2-16

清夜雅自无眠，三更光景，
三更光景，灯下思发殷勤。

人生奋志前行，孟春来临，
孟春来临，温暖我之身心。

心灵此际平静，内叩身心，
内叩身心，原也淡荡清宁。

希冀恒在内心，努力挺进，
努力挺进，关山万里无垠。

子夜时分

2025-2-17

子夜时分，醒转心志生成。
时既孟春，环境温和宜人。

感谢神恩，赐我阖家康盛。
颂出真诚，讴呼出自心身。

努力前骋，灵程容我奋身。
正志刚贞，胜过试炼缤纷。

平安心身，清度每一晨昏。
奋走秋春，赢得一笑温存。

回顾人生，坎坷并且艰深。
叩道历程，步步风云壮生。

坦腹哦申，舒发自我灵魂。
保持纯真，保持一生清正。

朝日舒晴

2025-2-17

朝日舒晴，雀鸟纷纷啼鸣。
孟春情景，愉悦吾之心襟。

心志殷殷，雅哦新诗舒情。
东风多情，淡荡而且清新。

岁月进行，人生初值晚晴。
不计斑鬓，依然奋发前行。

大千之境，幻化桑沧无垠。
百年空清，德操最为要紧。

春来情志盈襟房

2025-2-17

春来情志盈襟房，
喜悦东风舒狂。

雀鸟大声纵情唱，
蓝天青碧堪赏。

振奋身心哦诗章，
婉转并且激昂。
人生恒是怀向往，
万里披荆斩艰。

淡然一笑清无恙，
人生绝不张狂。
正志始终心地间，
不惹名利污脏。

心境勃发逞嚣张，
况复品茗清香。
展眼青天欲飞翔，
搏击云天茫苍。

激情人生场

2025-2-17

激情人生场，春来气宇昂藏。
煦阳正灿光，东风其来悠扬。

野禽大鼓唱，欣悦吾之襟肠。
读书哦华章，情怀无比清旷。

云天多澹荡，愿学飞鸟遨翔。
万里之疆场，展我人生奔放。

振志之所向，不肯羁于平常。
努力奋贞刚，努力奋发向上。

履历人生

2025-2-17

履历人生，远抛心之痛疼。
春来振奋，读书写诗清芬。

东风旷逞，听见鸟语纷纷。
悦我心身，放怀讴颂真诚。

淡荡红尘，心襟保持纯真。
不为污损，清澈若水之纯。

名利害人，淡泊盈我心身。
傲立乾坤，男儿一生刚正。

人生正意向

2025-2-17

人生正意向，走过万水千嶂。
春来情志畅，展眼世界画廊。

体道吾安祥，不必计较过往。
展眼向前方，骋志依在远疆。

岁月是芬芳，陶冶心襟贞良。
男儿有慨慷，不屈不挠向上。

流年多奔放，正如老洒相仿。
人生世界间，故事演绎千章。

心志不狂猖，谦怀永保昂扬。
最爱哦诗章，舒出情志悠扬。

四野轻霭漾，雀鸟大声啼唱。
喜悦我心房，清新微笑浮上。

痛快身心

2025-2-17

痛快身心，人生正志凌云。
春来多情，哦咏诗书振兴。

夜幕降临，华灯点缀街景。
灯下思殷，化为新诗哦吟。

孟春之境，晚风袭袭来临。
音乐空灵，撩动我的心襟。

旷怀无垠，时光飞逝何劲。
珍惜寸阴，人生已值晚晴。

微笑浮萦，心志向谁吐明。
孤旅奋进，人生不嗟凄清。

红尘艰辛，百年生命刚劲。
正直身心，雅度岁月爽清。

何计利名，淡守吾之清贫。
知足之心，叩道豁达空灵。

合当奋兴，合当体道安平。
合当前行，合当览尽风景。

悠悠此心，活泼难以言明。
趋向圆明，趋向水云之境。

阖家康宁，神恩勿忘于心。
颂出心灵，清享生活温馨。

春晚犹寒凉

2025-2-17

春晚犹寒凉，灯下清思想。
人生振志向，未可久彷徨。
挺志人生场，万里奋志航。
江山多雄壮，览取风光畅。

春晚犹寒凉，四围静悄间。
内叩我襟肠，骋志哦诗章。
短诗怀力量，呼出我奔放。
激烈发狂想，神思天地间。

早起五更读华章

2025-2-18

早起五更读华章，
节届雨水春情放。
四围静悄唯我唱，
振奋情志何扬长。
人生胸襟共春长，
向阳心地勃勃间。
壮怀世界之辽广，
愿搏云天之青苍。

早起五更读华章，
清裁情思哦奔放。
人生从来怀感想，
此际初春意飞旷。
一篇短诗具交响，
悟彻天人吾何讲。
践履思想我昂扬，
努力向前复向上。

第二十六卷《辉煌集》

人生骋志向
2025-2-18

人生骋志向，舒出心之轩昂。
春来情志涨，豪情怀于襟房。

天还没有亮，节届雨水正当。
早起吾三光，读书写诗上网。

撰诗复流畅，裁心哦出奔放。
男儿持昂扬，努力奋发向上。

才思挥洒间，笔下龙飞云乡。
脚踏实地闯，万里披荆斩艰。

东风舒情
2025-2-18

东风舒情，春意初初显明。
快我身心，斜照清朗清新。

天色卵青，淡淡飘走闲云。
雀鸟啼鸣，写意红尘爽心。

振奋心灵，春来情志先行。
努力挺进，不畏高山峻岭。

微笑浮萦，人生正意鲜明。
修身之境，层层重峦掩映。

人生振意听啼鸟
2025-2-19

人生振意听啼鸟，洒脱我逍遥。
写意东风何洒潇，清爽我情抱。

孟春时节开怀笑，天气复晴好。
诵读诗书乐无二，朗放声入霄。

品茗悠悠情堪表，淡荡人生道。
不为名利而烦恼，清心我潇骚。

正志人生迈前道，风雨任其嚣。
万里风光何妙好，怡我之情窍。

多情岁月若飞飙，笑我斑苍老。
依然情怀朗且骚，著书等身高。

六十华年悄来到，心志比天高。
脚踏实地往前跑，览尽关山妙。

寂寞人生场
2025-2-19

寂寞人生场，总赖诗书慰情肠。
孟春东风畅，欣听喜鹊之鸣放。

激情哦诗章，舒出人生正气昂。
困障一任放，叵耐我志磐石壮。

身心颇安祥，体道人生奋向上。
豁达真无疆，冲决困厄一笑扬。

春意正酝酿，百草行将碧而芳。
心志何奔放，瞻望未来情满腔。

东风多情

2025-2-20

东风多情，爽朗我的心襟。
朝日鲜新，薄寒使余警醒。

初春妙境，喜鹊大声啼鸣。
心志殷殷，雅放吾之哦吟。

一笑浮萦，人生快慰于心。
努力前行，不负吾之生平。

穿山越岭，悠放我的歌吟。
无机心灵，原也雅洁空清。

天气阴晴任不定

2025-2-20

天气阴晴任不定，心持朗晴，
快慰心襟，旷朗东风正经行。

春来淡定以品茗，焕发身心，
振志凌云，人生努力以挺进。

豪情盈于我内心，诗书经营，
哦咏多情，舒发情志也鲜明。

林野众禽欢声鸣，爽我心灵，
袅起诗兴，一曲短章从心吟。

呼吸清风何快畅

2025-2-20

呼吸清风何快畅，爽我情肠，
惬我意向，孟春散步兴悠扬。

一杯绿茗意无限，读书奔放，
哦咏清芳，舒发人生之感想。

天阴薄寒无所妨，意气张扬，
奋欲飞翔，万里云天任邀访。

岁月增添不怅惘，清心扬长，
振意向上，百年人生度安祥。

暮阴时分

2025-2-20

暮阴时分，心志旷然生成。
东风清纯，微冷使人爽神。

灯下思深，情志共风同逞。
展我振奋，万里风光雄浑。

红尘滚滚，太多磨炼心身。
正直灵魂，永远不使沉沦。

奋我精诚，努力加强修身。
不使污损，心灵清澈十分。

此际华灯灿放

2025-2-20

此际华灯灿放，远处又嘹歌唱。
春晚微有寒凉，清心裁哦诗章。

舒出人生昂扬，舒出心志奔放。
舒出情怀激昂，舒出我的漫浪。

人生转瞬斑苍，依然持有向往。
不屈不挠向上，修身养德贞刚。

远远抛开愁怅，挺志人生履航。
正见支撑理想，男儿胸襟豪放。

有兰清芬

2025-2-21

有兰清芬，春来花香宜人。
使我兴奋，写诗赞美真诚。

时正孟春，天色苍茫难论。
雀鸟啼奋，愉悦吾之心身。

人生纵论，弹指华年逝骋。
不必悲愤，不必伤心嗟深。

奋我心神，人生傲立铮铮。
展眼远程，振奋情志驰骋。

百年人生，矢将业绩创成。
苦难年轮，终将运转平稳。

此际思深，此际心志生成。
此际哦申，此际自我慰问。

东风清纯，涤荡吾之心身。
奋发刚正，努力每一晨昏。

不为物乘，不为名利献身。
淡泊秋春，秉持雅洁灵魂。

处心安宁

2025-2-21

处心安宁，人生雅思均平。
春已来临，请听野禽之鸣。

东风舒情，薄寒使人清醒。
裁心哦吟，舒出我之心灵。

百年生命，真是如电如影。
嗟发心襟，感慨向天而鸣。

奋发身心，雁过当留声音。
著书奋勤，记录余之胸襟。

天气惜阴

2025-2-23

天气惜阴，此际舒发心襟。
春来多情，自尊自立奋兴。

心志均平，人生坦荡前行。
关山峻岭，磨砺我的心灵。

淡笑浮萦，裁思人生空清。
所谓利名，不过欺人之景。

正直生平，吃尽苦头镇定。
神恩心领，努力奋发挺进。

沉静心襟

2025-2-23

沉静心襟，春来放飞心灵。
东风舒情，雀鸟纷纷啼鸣。

勃勃身心，振志万里经行。
风雨苍劲，爽然一笑清新。

人生奋进，六十华年来临。
依然多情，依然怀有奋兴。

体道清平，不惹世俗闲情。
读书之境，修养身心空灵。

夕照苍茫

2025-2-23

夕照苍茫，四野苍烟迷漾。
感兴心间，春来情思绵长。

内叩襟房，正见支撑理想。
孤旅闯荡，阅尽江山清苍。

呼出情肠，呼出我的奔放。
呼出昂扬，呼出人生向上。

华年逝淌，依然心怀茁壮。
心灯燃亮，挺志万里遐方。

心志不取苍茫

2025-2-23

心志不取苍茫，春来我情涨。
徜徉诗书无恙，振节放哦唱。

暮色渐渐笼上，落日已西降。
舒发心地情长，却向何人讲？

展转尘世艰苍，心境怀晴朗。
婉转放我歌唱，袭共风同旷。

抛开心痛心伤，男儿一身爽。
天涯奋志驱闯，豪情盈襟房。

春夜静宁

2025-2-23

春夜静宁，唯闻路上车之行。
灯下思清，小哦新诗舒才情。

心志清明，雅洁浮生吾淡定。
不图利名，高蹈诗书吾多情。

红尘之境，弹指华年逝何勤。
何物可凭？共缘漫自去旅行。

百年生命，起承转合真幻境。
德操贞定，清度日月持清心。

诗书经营，甘于寂寞著书勤。
思想积淀，慧烛心中恒燃明。

无限心情，旷怀袭袭共风行。
真难吐尽，一似春蚕之奋勤。

依怀雄心，孤旅骋尽我豪英。
正直心灵，不随俗世之浮云。

内叩身心，无机清澈度生命。
岁月进行，孟春万物待勃兴。

中庸心襟，不持极端吾和平。
趋向圆明，圆融圆通吾心领。

阖家康平，淡泊生活惬心灵。
挺志去行，万里云天爽意境。

蓝天碧青

2025-2-24

蓝天碧青,纵展我正志凌云。
喜悦心襟,孟春天气正朗晴。

悠悠品茗,逸意闲情盈中心。
朗声哦吟,舒出情志也鲜新。

东风袭行,爽凉振奋我心灵。
奋志前行,人生未可恃安宁。

男儿豪英,此生不图利与名。
读书意境,领略山高水流情。

悠悠人生

2025-2-24

悠悠人生,领略尽山高水深。
阳光和温,野地春禽唤声声。

东风来逞,卵青天壤喜悦人。
时既孟春,万物生机待勃盛。

写诗怡神,舒出情志之刚正。
不屈奋争,力战魔凶傲骨铮。

岁月清芬,流年涤我心与神。
一笑淡逞,清新心志度年轮。

努力人生

2025-2-24

努力人生,春来情志吾振奋。
朗日意芬,清风吹拂鸟啼纯。

流年生成,老我斑苍不足论。
奋发真诚,奋发人生往前骋。

自我慰问,孤旅艰深何足论。
桑沧之阵,风雨兼程我刚贞。

红尘滚滚,世事不过磨炼人。
内心清纯,不惹污浊与凡尘。

正志人生

2025-2-24

正志人生,履历尽山高水深。
而今沉稳,而今放歌向天震。

时值孟春,蓝天青碧慰心身。
小鸟啼纯,爽意东风何怡神。

哦诗舒申,中心一曲展温存。
正直秋春,不畏困厄与艰深。

振意前骋,豪情一腔持中正。
大千风尘,苦风苦雨磨炼人。

斜照正朗

2025-2-24

斜照正朗,清思吾发扬。
诵读词章,激情何奔放。

春来人间,雀鸟都啼唱。
喜悦襟房,沐此东风旷。

身心平康,振志欲飞翔。
人虽斑苍,依然持豪爽。

努力向上，努力奋阳刚。
努力成长，努力万里疆。

云淡天青

2025-2-24

云淡天青，斜照展其鲜明。
鸟语多情，振奋余之心襟。

读书怡情，只是孤寂难禁。
展眼野境，嗟叹发自本心。

人生前行，千关万嶂挺进。
振志凌云，男儿满腔豪情。

东风吹行，爽朗我的心灵。
抛却闲情，实干最为要紧。

黄昏无恙

2025-2-24

黄昏无恙，夕照展其苍茫。
心地情长，值此孟春之间。

东风袅旷，鸟语何其奔放。
心地情长，能不新诗哦唱。

正志向上，人生奋发闯荡。
心地情长，济世挥洒强刚。

情志阳光，冲决黑暗之障。
心地情长，男儿豪放贞刚。

暝色重浓

2025-2-24

暝色重浓，心地持有感动。
孟春之中，生气勃勃襟胸。

清风来送，凉爽是此宇穹。
华灯灿动，点缀市井无穷。

心志灵动，哦诗呼出情浓。
男儿持中，淡泊清度和慵。

名利何功？只是损人心胸。
壮志于中，欲跨飞鹤凌空。

贞定情操

2025-2-25

贞定情操，原不随俗世飘摇。
人生清好，春来扬我之怀抱。

天阴寒峭，此际写诗怡情窍。
努力前道，万里关山展洒潇。

红尘扰扰，不为名利耽误了。
诗书潜造，修养身心之逍遥。

展眼远瞭，天际苍烟笼罩了。
有鸟啼叫，喜鹊清鸣声最高。

悠悠情肠

2025-2-25

悠悠情肠，人生挺志向上。
春阴无恙，野禽大放啼唱。

东风舒昂,惬意我的襟房。
此际休闲,此际品茗意畅。

生活安享,莫忘诗与远方。
努力奔放,努力舒展贞刚。

红尘狂荡,太多机关暗障。
慧目擦亮,万里长途驱闯。

悠悠的人生
2025-2-25

悠悠的人生,容我情志清振。
春来意发生,心境共风同奔。

向往旷飞腾,博览山水清纯。
万里之云层,山河壮丽雄浑。

脚踏实地骋,风雨之中兼程。
淡放我笑声,豪情盈于心身。

困难时生成,内叩自我灵魂。
努力往前奔,努力燃亮心灯。

挺立人生
2025-2 25

挺立人生,纵展傲骨铮铮。
正直心身,未许卑媚生成。

孟春时分,天阴冷风吹逞。
雀鸟啼振,愉悦吾意十分。

滚滚红尘,大化何其炼人。
淘沙真正,金子终将显逞。

奋力驰骋,越过山高水深。
旷怀雅正,坚持人格清纯。

叩道奋争,不为名利俯身。
清贫意芬,诗书慰我灵魂。

神恩丰盛,赐我阖家馨温。
颂出心身,努力灵程驰奔。

清夜复无眠
2025-2-26

清夜复无眠,读书意振兴。
四围唯悄静,偶有车响行。

春意正氤氲,孟春生机凝。
春华将发行,微笑吾浮萦。

清夜复无眠,人生振意境。
努力尽生平,不图利与名。

红尘是艰辛,奋志当凌云。
脚踏实地行,万里越关岭。

喜鹊既鸣唱兮
2025-2-26

喜鹊既鸣唱兮,
人生振志而慨慷。
雾霾郁穹壤兮,余叹息而嗟长。

朝日洒辉光兮,
有东风恣意飞翔。
薄寒且微凉兮,使余身心清爽。

春来情志张兮，
人生雅怀彼漫浪。
奋志去闯荡兮，岂畏彼艰与苍。

正志撰诗章兮，
舒发人生之感想。
微笑且浮漾兮，绝不得意狂猖。

正志人生场
2025-2-26

正志人生场，不缺我的昂扬。
春来意气旷，欣听雀鸟鸣唱。

情怀持安祥，东风其来扬长。
天晴日正朗，霾烟锁于尘壤。

奋发矢向上，冲决世之艰苍。
憩身世界间，不忘中心理想。

悠悠放哦唱，男儿一身豪放。
展眼天壤间，奋欲云霄飞翔。

心志聊舒广长
2025-2-26

心志聊舒广长，人生充满力量。
春来意昂扬，情怀都开敞。

喜鹊大声鸣唱，东风吹来舒畅。
展眼看斜阳，天际迷烟漾。

生活雅奏乐章，和平是此尘壤。
车水马龙放，惬意心地间。

读书写诗奔放，流光一似水殇。
振意讴激昂，声震入穹苍。

春意温良
2025-2-26

春意温良，展眼看此夕阳。
心地情长，能不放怀讴唱。

东风舒旷，递来鸟啭扬长。
休憩情肠，清心品茗澹荡。

生活雅享，正直一生昂藏。
不屈艰苍，不屈世之虎狼。

振志之向，恒是在于远方。
冲决世网，不为名利羁缰。

夕照正苍
2025-2-26

夕照正苍，感发吾之襟房。
孟春无恙，清风袭我情肠。

阖家平康，向神献上歌唱。
正义昂扬，奋沿灵程闯荡。

修身向上，不入世俗罗网。
振节讴唱，诗书倾情平章。

身心澹荡，清澈是我心肠。
体道昂扬，持正如松之张。

云天展其苍茫

2025-2-26

云天展其苍茫,暮色渐笼上。
写诗打开灯光,舒发我情肠。

春来气宇轩昂,人生振意向。
漫将诗书平章,心中怀漫浪。

世界运行平旷,清度岁月畅。
东风写意张扬,涤我之心房。

不为名利狂狷,贞定是志向。
田园山村乡庄,是我之向往。

一夜睡眠好

2025-2-27

一夜睡眠好,五更起得早。
四围真静悄,偶有车声闹。
灯下思潇骚,发为诗哦了。
短章具力道,多言令人恼。

一夜睡眠好,心志朗且俏。
孟春已来到,此际寒微峭。
振志关山道,烟雨兼程跑。
男儿怀洒潇,骋志万里遥。

五更已毕天未亮

2025-2-27

五更已毕天未亮,
心中激情有嚣张。
远闻路上车声响,
城市街道灿灯光。

朗声读书何锵锵,
更舒心境入诗章。
吐出情志是张扬,
春来气宇正轩昂。

春来气宇正轩昂,
男儿正志万里间。
平生读书体志向,
挥洒心襟哦奔放。

修得身心潇无恙,
磨炼半生始成钢。
不负生平豪情壮,
万里江山费平章。

冲决一切桎梏

2025-2-27

冲决一切桎梏,放飞我的逍遥。
人生振志前道,不惧风雨艰饶。
春来感发情抱,朗歌舒我洒潇。
努力旷飞远遥,心境洒然奇妙。

喜鹊振其大鸣

2025-2-27

喜鹊振其大鸣,朗晴我的心襟。
天气虽然多云,薄寒使余警醒。
孟春已经来临,时节会当暖晴。
悠悠是余心境,淡荡盈余肺心。

云烟笼罩

2025-2-27

云烟笼罩，喜鹊大声以鸣叫。
霾锁尘表，散步闲行吾焦躁。

春风堪表，柳芽新碧绽芳苞。
心怀微笑，生命活力真堪骄。

人生长跑，历尽高山流水骚。
振意朗啸，英武襟抱原洒潇。

裁思哦了，舒出情志之丰标。
百感盈窍，多言或许未为好。

鞭炮啸啸

2025-2-27

鞭炮啸啸，振奋情志颇为好。
春风来了，野境先碧柳之梢。

雀鸟啼叫，朗声喜鹊最洒潇。
清展微笑，裁思哦咏也逍遥。

心志清妙，一年之计裁须早。
奋发刚傲，万里征途吾长跑。

千关克了，不回首望瞻远眺。
天涯风骚，风光宜人惬怀抱。

灯下清展我思想

2025-2-27

灯下清展我思想，春夜温良，
春夜温良，远际音乐缭绕唱。

此际内叩我襟房，人生向上，
人生向上，况值孟春情思长。

奋发心灵之力量，男儿慨慷，
男儿慨慷，振志万里之遐方。

风风雨雨难阻挡，兼程而闯，
兼程而闯，胸中正气弥宇间。

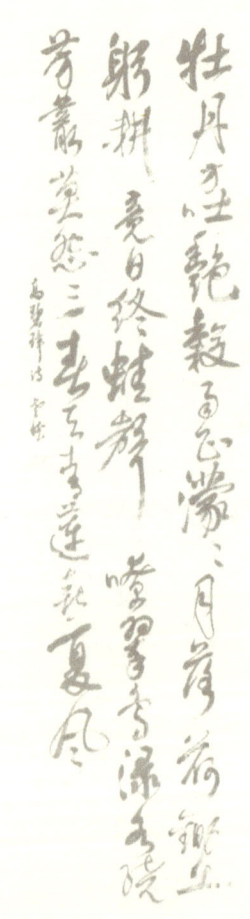

第二十七卷《育人集》

鸟语宛转雾中唱

2025-3-1

鸟语宛转雾中唱,
时节正值孟春间。
清风其来多悠扬,
清新振我情志畅。

激情从心哦诗章,
舒出意气也张扬。
人生豪旷心地间,
春来能不放昂藏。

鸟语宛转雾中唱,
此际天还没有亮。
路上灯光灿放光,
早起情怀真雅靓。

胸中有情须发扬,
正气凌云万里间。
六十平头何所讲,
天人大道悟良长。

喜鹊大声鸣唱

2025-3-1

喜鹊大声鸣唱,如此响亮,
如此响亮,振奋吾之情肠。

孟春大雾晨间,小风来爽,
小风来爽,早起展我思想。

哦歌一曲昂扬,人生向上,
人生向上,万里无有止疆。

红尘梦幻之乡,清醒心间,
清醒心间,不为物欲狂狷。

贞定是我志向,诗书讲唱,
诗书讲唱,情志悠悠扬扬。

春来心志开敞,若花之放,
若花之放,勃勃盈满襟房。

向上尽我力量,骋志强刚,
骋志强刚,人生迎难而闯。

淡定是我襟肠,冷眼所向,
冷眼所向,悟彻世之机簧。

济世挥洒阳光,炽热心房,
炽热心房,春来情志奔放。

老来心胸犹壮,激昂情肠,
激昂情肠,不惧世间风浪。

心志平静

2025-3-2

心志平静,淡眼柳烟止青。
天气惜阴,喜鹊朗声大鸣。

悠悠品茗,袅起我的意兴。
周日闲境,休憩吾之身心。

清风来行,孟春和雅之境。
享受康宁,享受生活清平。

振志心襟，人生勿忘挺进。
关山峻岭，合展吾之雄心。

朔风呼啸
2025-3-2

朔风呼啸，春雨细洒飘。
寒气犹饶，碧柳绿笼罩。

喜动心窍，新诗哦雅骚。
春来情抱，欢欣真不了。

读书怡抱，朗声彻云霄。
丈夫志高，雄心勃发潇。

不为名扰，不为利所骚。
淡泊情窍，旷雅何逍遥。

撰诗良好，情志若春草。
清展微笑，人生奋前道。

沧桑经饱，赢得心洒潇。
身心晴好，正志万里造。

春雷震响
2025-3-2

春雷震响，暴雨如盆倾降。
写诗流畅，舒发吾之情肠。

心志昂扬，情思共春同放。
碧柳青芳，毵毵摇摆何旷。

人生无恙，挺志恒在远方。
风雨苍凉，不过磨炼襟房。

春来人间，生机一片盛旺。
芳草滋长，新绿遍野之间。

夜黑华灯灿放
2025-3-2

夜黑华灯灿放，心志展我悠扬。
风雨交加狂猖，我心闲雅无恙。

惊蛰行将来访，今日春雷响亮。
振奋余之情肠，新诗哦出奔放。

努力向前向上，高远直至无疆。
人生绝不猖狂，贞定一生是尚。

履尽风雨凄苍，微展一笑扬长。
人生就是这样，一切顺理成章。

风声雨声
2025-3-2

风声雨声，聊放读书之声。
夜色深沉，城市灿放华灯。

灯下思深，人生奋志而骋。
山高水深，心志依持清纯。

滚滚红尘，太多磨炼心神。
尽力沉稳，努力万里驰奔。

擎举心灯，照亮暗夜沉沉。
风声雨声，振奋余之心魂。

心志沉静

2025-3-2

心志沉静，雅放我的歌吟。
正见盈心，春夜漾满和平。

岁月进行，斑苍不减豪情。
依然劲挺，依然志取凌云。

大千旷运，叠变桑沧无垠。
百年生命，迅若流变飞云。

努力前行，修身养德上进。
不为利名，损了吾之心襟。

雨已停

2025-3-3

雨已停，天仍阴，
春风舒多情，晨鹊噪不停。

心志殷，发奋勤，
哦诗适身心，人生慨慷行。

岁月俊，我斑鬓，
一笑也淡定，名利合辞屏。

体道劲，趋圆明，
无机之雅境，水月映于心。

柳烟拖青

2025-3-3

柳烟拖青，新绿初发明。
散步闲行，空气真鲜新。

九九今临，爽凉薄寒境。
迎春清新，盛开何清俊。

我意振兴，新诗雅哦吟。
孟春情境，使人快心襟。

情志先挺，共春奋进行。
奋发殷殷，韶光惜于心。

努力前行，未可止而停。
万里之境，关山何苍峻。

男儿雄英，正志颇鲜明。
旷怀无垠，实干纵豪情。

细雨如筛洒降

2025-3-3

细雨如筛洒降，我意情长。
东风袅袅悠扬，振我意向。

老柳新碧扬长，毵毵摆荡。
河水汤汤流淌，鸟掠天苍。

春来意兴发扬，纵情哦唱。
舒出情志清昂，旷欲飞翔。

时节真如水殇，斑苍之间。
身心不取颓唐，奋发向上。

清风拂面觉微凉

2025-3-3

清风拂面觉微凉，爽意我情肠。
欣喜碧柳初绽芳，迎春绽金黄。

激情容我哦诗章，舒出情志畅。
人生共春同奔放，展眼云天苍。

好汉从来不易当，挺直我脊梁。
困苦磨难是寻常，意志成铁钢。

欣慰于心春来访，人生振意向。
万里奋发去闯荡，莫负好时光。

意取昂扬

2025-3-3

意取昂扬，人生如花之放。
春来人间，能不欣喜若狂。

请听鸟唱，请看碧柳绽芳。
请吸风畅，请赏迎春金黄。

欢意心间，品茗意气发扬。
新诗纵唱，豪情盈满宇间。

实干为上，未可耽于梦想。
汗水流淌，秋收才会盈仓。

努力人生

2025-3-3

努力人生，必经过艰苦困顿。
奋志刚贞，矢冲决一切困城。

感谢神恩，赐下丰沛且丰盛。
步我灵程，领受风光也清纯。

春来情振，哦歌此世界乾坤。
人生奋争，不惧试炼之艰深。

红尘滚滚，大化总是磨炼人。
标的天城，努力圣洁我心身。

奋向前骋，一任山高复水深。
克敌制胜，战胜魔敌之缤纷。

笑从心生，圣灵中保护佑深。
永生福分，荣美天国妙无伦。

杨柳梳风

2025-3-3

杨柳梳风，快慰吾之襟胸。
春阴正浓，爽风递来鸟颂。

微笑浮动，豁怀清取无穷。
正意心胸，原也充满灵动。

裁思于中，新诗如泉迸涌。
旷雅从容，男儿一身凝重。

迎春芳浓，金黄灿其形容。
春意野中，新芽渐次萌动。

风声呼啸

2025-3-3

风声呼啸，春寒微觉峭。
老柳青了，迎春金般俏。

开怀大笑，品茗兴致高。
新诗哦巧，舒出我风骚。

振我情抱，人生沐晴好。
风雨纵嚣，兼程我奔跑。

关山险要，磨炼意志饶。
天涯灿妙，风光定大好。

心往宽处想

2025-3-3

心往宽处想，逼仄可不应当。
人生共缘放，学取水流之淌。

春来气昂藏，新诗哦咏奔放。
冷寒未有妨，天阴心志晴朗。

男儿振志向，不肯耽于安祥。
万里之遐方，寄托余之向往。

努力奋去闯，越过高山万幢。
风光阅无限，愉悦吾之心房。

红尘是无恙，人生客旅一趟。
不为名利妨，不为物欲遮障。

性光发明亮，烛照前路广长。
雾终有褪藏，阳光朗照寰壤。

一笑颇平康，荷负神恩何壮。
努力奋向上，修心养德无疆。

此际孟春间，九九今日初访。
写诗舒情肠，一曲哦歌嘹亮。

春来浩发我心房

2025-3-3

春来浩发我心房，天阴无妨，
天冷无妨，火热盈满我襟肠。

振志人生矢向上，克尽艰苍，
克尽困障，万里云天任遨翔。

六十华年届相访，心志定当，
情怀悠扬，弃去名利享安祥。

读书写诗并上网，时光飞旷，
晚晴茁壮，微微一笑何欢畅。

早起值五更

2025-3-5

早起值五更，惊蛰届正。
精神颇振奋，写诗真诚。

春夜颇温存，内叩心身。
人生奋前骋，时光水奔。

老我斑苍逞，一笑清芬。
淡荡之生辰，读书潜沉。

岂会久沉沦，合当高声。
发语震乾坤，男儿刚正。

老柳舒青

2025-3-7

老柳舒青，春禽啭其娇鸣。
天气任阴，仲春妙丽情景。

散步缓行，呼吸爽风清新。
薄寒之境，一使余意清醒。

草野绽新，生命活力无垠。
河水悠行，大鸟掠水飞俊。

一笑多情，华年不计斑鬓。
中心高兴，短章聊以舒情。

芳美春朝

2025-3-8

芳美春朝，欣听喜鹊之鸣叫。
爽风逍遥，惬我情志真无二。

仲春美好，碧柳先绽鞭丝条。
红尘娟妙，百草排芽迎春笑。

读书志高，朗放清啸入云霄。
阖家康好，颂赞神恩赐丰饶。

正意远道，万里关山征迢迢。
风景怡抱，引我爽朗浮微笑。

已知春来到

2025-3-8

已知春来到，芳景何美好。
风裁碧柳条，迎春灿金骚。

野禽旷啼叫，引我诗兴俏。
短章聊以表，身心雅且妙。

已知春来到，振志关山遥。
男儿怀远道，风雨兼程跑。

乐天吾逍遥，华年任逝飙。
叩道心洒潇，不为名利扰。

喜鹊大鸣唱（之一）

2025-3-9

喜鹊大鸣唱，春风复潇凉。
读书声铿锵，情志复张扬。
展眼碧柳芳，云天多澹荡。
仲春喜悦间，新诗哦奔放。

新诗哦奔放，人生万里疆。
共春放志向，鼓意诗书间。
正道幻桑沧，百年一瞬间。
韶华惜襟房，努力奋贞刚。

天尚未明

2025-3-10

天尚未明，早起五更吾清醒。
读书尽兴，渐闻窗外鸟清鸣。

心志殷殷，春来又放情先行。
努力前行，振志人生奋凌云。

吾本多情，苦难人生骋意行。
风雨艰辛，赢得一笑也爽清。

神恩丰盈，思此颂赞发于心。
正直心襟，力战魔敌与妖兵。

红尘酸辛，磨得意志是刚劲。
旷意如云，不执尘世利与名。

快慰心襟，修身养德启无垠。
春来振兴，勃勃身心雅且清。

坦荡心灵，无机一生悠悠行。
体道奋兴，觑破世事吾清明。

写诗怡情，一篇发出自本心。
身心静宁，慧灯燃亮力前行。

喜鹊大鸣唱（之二）

2025-3-10

喜鹊大鸣唱，引我情悠扬。
浓雾渐褪藏，春阳煦华光。
清风来野壤，快我襟与肠。
新柳碧无恙，草芽尽舒芳。

喜鹊大鸣唱，品茗振意向。
春来情志涨，读书意气张。
哦诗复昂扬，舒出我中肠。
人生怀向往，济世乐无疆。

贯彻中庸之道

2025-3-11

今日是九九第九天，九尽矣，歌之。

贯彻中庸之道，人生情志洒潇。
春日起得早，天犹未放晓。

听见百鸟啼叫，我心雅起娟妙。
九九今日了，时光若飞飙。

仲春已经来到，春寒一任微峭。
情志吾逍遥，放歌此春朝。

展眼人生正道，尽心尽力奔跑。
风光任奇俏，心境领安好。

玉兰绽芳

2025-3-11

玉兰绽芳，花开朵朵安祥。
散步闲逛，水禽游于波间。

天阴正漾，雾霾如此狂猖。
心襟不畅，污染害人无限。

仲春之间，菜花初绽金黄。
碧柳扬长，迎风袅袅摆荡。

叹息心间，环境污染祸殃。
害人遭殃，堪忧人民健康。

休闲心襟

2025-3-11

休闲心襟，抛开书本不经营。
养颐先行，放旷胸襟野外行。

风不清新，空中雾霾郁浓峻。
鸟旷飞行，不知忧伤叫殷勤。

天气正阴，公园人多柳飘俊。
草野绽青，玉兰花开也多情。

岁月进行，老我霜华日渐新。
正志凌云，不计老来奋刚劲。

暮阴时分

2025-3-11

暮阴时分，灯下写诗一篇成。
舒发心身，春来身心体兴奋。

感谢神恩，奋发心襟走灵程。
正志生成，不屈磨难我刚贞。

红尘滚滚，太多艰难与险程。
唯赖神恩，起死回生恩何盛。

努力前程，克敌制胜力驰骋。
不惧艰深，不惧试探风雨阵。

思发骚骚，新诗纵情哦了。
阖家康好，颂赞神恩丰饶。

清展微笑，红尘胡不娟好。
正意洒潇，不为名利侵扰。

淡泊尘表，叩道趋入微妙。
悟彻心窍，客旅人生逍遥。

野禽鼓唱
2025-3-12

野禽鼓唱，爽风悠扬，
蓝色野花正清芳，
菜花却是金黄。

散步扬长， 碧柳摇漾，
春来情志俱增长，
雅哦新诗歌唱。

人生昂扬，阔步远疆，
不为困难所遮障，
骋意风雨无恙。

书生本行，清怀志向，
淡放微笑我慨慷，
胸襟持有雅量。

心志安好
2025-3-12

心志安好，人生奋发前道。
暮阴正饶，春来情志美妙。

挺立人生
2025-3-13

挺立人生，岂屈你鬼魔缤纷。
心志生成，写诗舒发我真诚。

天气阴沉，北风呼啸春正冷。
品茗惬生，浩意中心旷无伦。

人生驰骋，不为名利而俯身。
万里征程，览尽山河之雄浑。

时已仲春，柳绿花开正妍盛。
微笑清芬，豁达人生奋刚贞。

天气惜阴
2025-3-13

天气惜阴，雅放我之歌吟。
人生多情，春来开放心襟。

朔风吹紧，寒潮其来正劲。
仲春风情，碧柳毵毵飘行。

心志奋勤，人生向往殷殷。
不计利名，不计吾之斑鬓。

挺志前行，穿越千山万岭。
悠放歌吟，慨慷乐观镇定。

暝色重浓
                                2025-3-13

暝色重浓，心志雅放从容。
华灯灿送，灯下清心哦讽。

暮阴之中，春寒犹颇浓重。
正值春仲，碧柳摇摆舞风。

淡定于中，览尽世态沉重。
正志奋勇，努力万里冲锋。

红尘汹涌，太多诱惑魅胸。
裁志中庸，不为物欲所动。

早起五更兮
                                2025-3-14

早起五更兮，心志平正。
写诗怡神兮，内叩精诚。

四围无声兮，赞此春晨。
心怀雅芬兮，哦咏清纯。

时光飞骋兮，奋我心身。
正直一生兮，傲骨铮铮。

微笑清生兮，人生纵论。
淡泊意正兮，向上力争。

朝霞东方涨
                                2025-3-14

朝霞东方涨，红旭吐光。
喜鹊大鸣放，众鸟和唱。

天气冷寒间，爽风清畅。
灿烂此晨光，引余情旷。

时值仲春间，碧柳毵荡。
百草排芽长，花渐开芳。

迎春灿无恙，玉兰妙靓。
月季七色汝，菜花金黄。

心地喜洋洋，新诗哦唱。
激情向天旷，奋欲飞翔。

共春情志长，向阳情肠。
努力向遐方，风雨兼闯。

春风呼啸
                                2025-3-14

春风呼啸，情志吾清好。
向阳情窍，舒发如春草。

哦诗怡抱，人生享晴好。
关山迢迢，展我英武潇。

奋发前道，不计风雨饶。
人生不老，清振我怀抱。

淡浮微笑，豁怀真无二。
神恩笼罩，阖家欢乐高。

沉静人生场

2025-3-14

沉静人生场，正意作导航。
春来气昂藏，从容哦诗章。
窗外北风响，寒流自朔方。
已值仲春间，百草排芽长。

百草排芽长，碧柳先绽芳。
月季打苞放，玉兰妍盛妆。
喜鹊欢声唱，百年和鸣畅。
激越盈中肠，能不哦奔放？！

心志贞定

2025-3-14

心志贞定，展眼漫天阴云。
仲春情景，天气阴晴不定。

旷怀多情，瞻彼碧柳舒青。
雅听鸟鸣，引发吾之诗兴。

畅意哦吟，舒出人生奋兴。
关山峻岭，磨炼勃勃心襟。

阖家康馨，神恩丰富无垠。
努力前行，努力上进修心。

第二十八卷《振州集》

芳怀清好

2025-3-15

芳怀清好，惬听鸟之叫。
喜鹊噪噪，振声何朗傲。
天阴堪表，东风正袅袅。
碧柳风骚，随风舞娟妙。

振意哦了，新诗撰来好。
舒出心窍，舒出情怀抱。
人生晴好，春来意丰标。
努力前道，风光阅大好。

柳笼鹅黄

2025-3-15

柳笼鹅黄，随风摆荡。
毿毿其芳，引余欣赏。
百鸟鸣唱，春仲无恙。
我意情长，哦歌奔放。

哦歌奔放，心志温良。
春来昂藏，胸怀向往。
振志之向，恒在远疆。
不计苍凉，鼓勇前闯。

鼓勇前闯，风雨任狂。
一笑澹荡，男儿豪爽。
挺志向上，岂屈尘网。
纵展慨慷，矢掠天苍。

矢掠天苍，万里无疆。
世宇广长，尽我飞旷。
寰球激昂，风云茁壮。
济世情肠，永恒贞刚。

云天澹荡
2025-3-16

云天澹荡，风儿轻狂。
煦阳灿放，春禽鼓唱。
逸意心间，享受休闲。
春仲正当，裁思慨慷。

裁思慨慷，人生向上。
时光飞殇，惜于心间。
努力舒昂，努力奔放。
正志襟房，旷怀无量。

云天淡荡
2025-3-16

云天淡荡，惬意我的襟房。
东风舒狂，柳烟笼罩鹅黄。

我自兴上，新诗哦咏扬长。
情志昂扬，旷怀如云飘荡。

正意心间，人生勿忘闯荡。
关山万幢，攀越不惧其艰。

白云悠翔，野鸟多情啼唱。
好个春光，好个大好寰壤。

欢快人生
2025-3-16

欢快人生，雅放读书之声。
时近春分，时光如水之奔。

风儿狂奔，野境遍布鸟声。
白云飘纷，世界画廊之氛。

清静心身，淡泊清度人生。
正直一生，不计名利十分。

修心历程，胜过试炼艰深。
光明诚贞，努力灵性旅程。

天气阴晴颇不定
2025-3-16

天气阴晴颇不定，刚才朗晴，
此际多云，旷意东风径吹行。

野境喜鹊放大鸣，振我身心，
读书怡情，春来情志慨慷兴。

仲春时节美无垠，柳拖碧青，
迎春灿俊，玉兰芳美盛开屏。

菜花绽放灿胜金，田园胜境，
漫眼芳青，生命活力折心襟。

努力挺志奋前行，未可止停，
一任斑鬓，活出人生之意境。

男儿旷怀包宇境，不图利名，
淡泊身心，心系苍生与黎民。

周日休闲雅品茗，微笑浮萦，
阖家康宁，颂赞神恩赐丰劲。

体道向阳持心灵，注重修心，
养德丰盈，上进征途风光俊。

暮色正苍

2025-3-16

暮色正苍，仲春值此晚凉。
落日西降，大地清展茫茫。

感兴升上，哦诗激越奔放。
人生向上，情志共春鼓荡。

高远理想，支撑我往前闯。
风雨艰苍，赢得一笑爽朗。

人生阳光，努力穿越雾障。
中心昂扬，不屈不挠成长。

休闲无恙

2025-3-18

休闲无恙，淡眼夕照正苍。
春分即将，海棠渐次开放。

我心扬长，享受东风清旷。
蓝天广长，白云朵朵飘翔。

喜鹊鸣唱，振奋人之情肠。
惬意心间，能不放怀讴唱。

人生向上，只是华年渐苍。
一笑澹荡，不屈不挠前闯。

气爽神清

2025-3-19

气爽神清，悠悠吾品茗。
读书尽兴，东风正清新。

喜鹊大鸣，朝日朗且劲。
春分明临，时光真飞迅。

人生艰辛，苦难磨历并。
努力前行，努力以挺进。

正志凌云，不图利与名。
修养身心，德操增无垠。

傲骨嶙峋

2025-3-19

傲骨嶙峋，岂屈你鬼魔妖兵。
正义心襟，孺子牛是我心灵。

春风多情，裁剪得碧柳芳青。
野禽畅鸣，愉悦吾之身与心。

蓝天白云，朵朵幻化其清新。
月季鲜新，海棠满树花娇俊。

胸怀无垠，情志共春妙难云。
踏实追寻，万里江山正苍青。

天日晴好

2025-3-19

天日晴好，雀鸟都鸣叫。
写意风骚，碧柳正飘飘。

仲春芳妙，生机遍野饶。
引我微笑，新诗哦雅骚。

红尘娟好，神恩赐丰饶。
努力前道，灵程奋奔跑。

战胜魔妖，不怕试炼饶。
圣洁心窍，朗步万里遥。

骚骚心襟

2025-3-19

骚骚心襟，春来勃发殷殷。
阳光鲜明，蓝天清秀白云。

仲春情景，万物生机勃兴。
雀鸟欢鸣，寰宇欢乐无垠。

清风旷行，袅起我之心境。
新诗哦吟，舒发不已心灵。

人生前行，已度崇山峻岭。
老来身心，体道分外安宁。

踏青无恙

2025-3-19

踏青无恙，粉蝶自由飞翔。
踏青无恙，碧柳河畔飘旷。

踏青无恙，田野菜花金黄。
踏青无恙，春风清拂襟房。

踏青无恙，阳光和蔼温让。
踏青无恙，蓝天白云闲逛。

踏青无恙，海棠月季舒芳。
踏青无恙，情志共风同畅。

爽风进行

2025-3-20

爽风进行，春分今日来临。
天气温馨，雀鸟尽都啼鸣。

天日喜晴，爽朗我之心襟。
喜鹊大鸣，欢乐寰宇妙境。

心志开屏，能不放歌讴吟。
舒出心襟，舒出心灵振兴。

韶光若金，百年人生飞迅。
实干要紧，业绩当创丰盈。

窗前闲望

2025-3-20

窗前闲望，但见喜鹊飞翔。
午时阳光，何其炽热辉煌。

清风吹旷，田野菜花金黄。
春分今当，和平盈此寰壤。

振奋情肠，雅将生活歌唱。
神恩广长，赐我阖家平康。

努力向上，克己修身有芳。
裁思无限，奉献心灵力量。

早起五更

2025-3-21

早起五更，四围静悄无声。
宁静心身，写诗舒发真诚。
时正仲春，天气温和宜人。
灯下思深，人生奋志驰骋。

华年逝奋，笑我趋老之身。
一笑清芬，依持纯洁心身。
秉持清纯，秉持一身真诚。
秉持灵魂，秉持浩志无伦。

叩道奋身，历尽磨难缤纷。
而今沉稳，而今悟彻天人。
感谢神恩，赐下平安福分。
努力灵程，努力挥洒刚正。

心志生成，不为名利俯身。
淡泊一生，矢为真理奋身。
红尘滚滚，众生太多沉沦。
济世秉诚，不惧风雨艰深。

蓝天既展其碧青

2025-3-21

蓝天既展其碧青，
喜鹊复朗声大鸣。
朝日其出热情，爽风其来清新。

仲春展妙丽情景，
碧柳舒展其多情。
月季开放妍俊，海棠满树鲜新。

早起我哦歌多情，
心灵分外持振兴。
人生向往殷殷，不计霜华清映。

岁月旷飞其何劲，
当惜取每一寸阴。
人生挺志前行，万里阔步迈进。

仲春无恙

2025-3-22

仲春无恙，莳花种草悠扬。
斜照朗朗，和气东风清旷。

我自昂扬，裁思畅哦诗章。
情志正涨，豪情盈满中肠。

人生向上，不计鬓发萧苍。
努力驱闯，努力舒发奔放。

阖家平康，神恩感于襟房。
理想心间，鼓舞我奋前闯。

大化运行

2025-3-23

大化运行，仲春清展美景。
东风旷行，柳烟澹荡碧青。

海棠开俊，桃花笑脸盈盈。
月季鲜新，菜花胜似黄金。

天日喜晴，雀鸟纷纷啼鸣。
紫燕飞俊，喃喃何其多情。

我心开屏，品茗更加振兴。
新诗哦吟，奋发人生清俊。

修德上进

2025-3-23

修德上进，时光正飞劲。
转眼老境，转眼是晚晴。

惜时如金，人生力挺进。
关山峻岭，磨炼我心襟。

红尘艰境，百年如电影。
莫恃利名，大浪淘沙劲。

正志凌云，济世努力行。
修身无垠，厚德无止境。

天未亮

2025-3-24

天未亮，鸟语宛转歌奔放，
明月清照间。

爽风扬，仲春正是好时光，
能不哦昂藏。

早起间，情怀淡荡好悠扬，
激情读诗章。

展眼望，远野数点灿灯光，
清静好安祥。

正志向，人生奋发向前闯，
万里启无疆。

男儿旷，不图名利不嚣张，
倾心叩道藏。

修身昂，力抛卑弱与污脏，
圣洁心地间。

微笑漾，神恩领受彼丰穰，
阖家俱安康。

向前闯，山水阅历是无恙，
情志我娟扬。

鬓衰苍，无妨身心展昂扬，
沉潜诗书间。

旷无恙，六十华年今来访，
不必回首望。

努力间，一任时光驰飞殇，
勿负好韶光。

听鸟唱，身心此际真清旷，
诗意心地间。

心量广，合将寰宇俱包藏，
济世乐无疆。

实干强，汗水岂会白白淌，
秋收会盈仓。

情满腔，振奋心襟往前闯，
关山用脚量。

时光畅，华年若水容易殇，
切莫视等闲。

喜鹊唱，惬我胸襟真无量，
搁笔奏绝响。

不多讲，一任清风拂襟房，
五更初毕间。

叩心房，内有慧光烛照亮，
眼目透穹苍。

谦贞间，努力上进岂有疆，
虚怀正无恙。

红尘旷，多有磨炼成队行，
百炼应成钢。

不再讲，多言滔滔似有妨，
践履我思想。

鸟啭簧，野境一片盛歌唱，
起伏真无恙。

挺直人生
2025-3-25

挺直人生，未许曲折生成。
努力灵程，叩道奋不顾身。

春来情振，旷志万里云程。
努力前骋，脚踏实地沉稳。

凝重心身，不为名利俯身。
笑傲红尘，正直清度秋春。

红尘滚滚，正好磨炼心身。
一笑清芬，一笑豁怀无伦。

东风清旷吹浩荡
2025-3-26

东风清旷吹浩荡，
春禽恣意鼓闲唱。
清喜桃花竞开放，
七色月季妍而芳。

田野菜花是金黄，
艳红海棠妙无上。
品茗情志吾增长，
能不新诗哦扬长。

能不新诗哦扬长，
春来心境欢无限。
珍惜时光之逝淌，
斑苍无妨我向上。

骋志人生奋昂扬，
万里云天任遨翔。
弹指华年付飞殇，
感慨百端入诗间。

平淡心襟
2025-3-27

平淡心襟，惬听鸟之清鸣。
朔风清劲，雨后清喜天晴。

仲春情景，田野妙丽雅清。
繁花似锦，色彩明丽鲜俊。

中心高兴，雅将新诗哦吟。
悠悠心灵，不忘共春振兴。

已值晚晴，六十华年飞劲。
一笑爽清，鼓志人生前行。

风声呼啸
2025-3-27

风声呼啸，春寒已来到。
花开堪表，碧柳舞风骚。

内叩心窍，哦诗亦雅好。
舒出情抱，舒出正义饶。

红尘美妙，生机勃发了。
引我兴高，引我意飞遥。

不取高傲，谦贞尽力保。
百年如飙，切莫付草草。

天阴无妨
2025-3-27

天阴无妨，朔风一任号狂。
春仲之间，冷寒能待怎样。

我自休闲，悠悠品茗情长。
新诗哦唱，舒出人生感想。

田野荣昌，万物尽都生长。
河水汤汤，老柳迎风摆荡。

花开俊芳，鸟飞何其扬长。
生机寰壤，振奋吾之情肠。

暮阴之间
2025-3-27

暮阴之间，情志吾轩昂。
撰写诗章，一舒我情肠。

春仲无恙，心襟勃发间。
旷欲飞翔，旷欲放高唱。

红尘奔放，万物俱生长。
花开昂扬，鸟歌亦悠扬。

微笑浮上，得意我不狂。
谦和心房，正义盈中肠。

尽力向上，高远至无疆。
努力闯荡，不惧风雨艰。

人生飞旷，转眼觉斑苍。
珍惜寸光，莫使空流淌。

情志人生
2025-3-27

情志人生，舒发吾之真诚。
不妄纷争，秉守吾之清纯。

华年逝骋，笑我霜华清生。
一笑和温，豁怀径取无伦。

红尘滚滚，不过磨炼心身。
如钢之纯，如水之清真正。

已过春分，大千生机勃盛。
意取振奋，努力人生旅程。

一夜睡眠好

2025-3-28

一夜睡眠好，晨起精神饱。
推窗听啼鸟，清风振襟抱。
远际音乐妙，天晴吾微笑。
柳烟何飘飘，惬我襟无二。

一夜睡眠好，此际情思饶。
春仲花开妙，生机赞不了。
田野是画稿，引我讴兴高。
新诗从心造，歌咏舒潇骚。

清意人生场

2025-3-28

清意人生场，正志作导航。
春仲花奔放，野禽尽鼓唱。
爽风来悠扬，薄寒天地间。
振意哦诗章，天地汇交响。

清意人生场，理想心地间。
爱好作文章，遐思骋奔放。
体道吾安祥，名利不必讲。
处静叩襟房，身心享澹荡。

天日喜晴好

2025-3-28

天日喜晴好，逸意逍遥。
春仲适情抱，花开美妙。

东风恣意潇，清听鸟叫。
散步步街道，市井繁茂。

红尘胡不好，神恩笼罩。
人生奋前道，万里奔跑。

华年逝飘渺，往事难找。
振志前驱遥，关山朗造。

怀情吾何讲

2025-3-28

怀情吾何讲，人生奋慨慷。
春来花怒放，北风啸声响。
啼鸟高歌唱，碧柳曼飘扬。
能不讴奔放，激越怀中肠。

激越怀中肠，展眼菜花黄。
田畴真漫浪，遍野生机昂。
大道覆无疆，人生天地间。
崇德未可忘，修身有清芳。

天气阴晴不定

2025-3-28

天气阴晴不定，无妨我心朗晴。
写诗聊舒情，春仲美无垠。

合当振志旷兴，合当万里远行。
合当志取凌云，合当披荆挺进。

悠悠且品芳茗，心怀浪漫盈襟。
华年逝去殷殷，晚晴合享安宁。

淡放微笑空清，人生不图利名。
读书写诗慰情，著书等身雅俊。

挺志人生

2025-3-28

挺志人生，历尽烟雨缤纷。
而今沉稳，而今一笑清芬。

历练人生，磨得心襟刚正。
傲骨铮铮，原不屈膝世尘。

红尘滚滚，弹指华年逝奋。
斑苍惜生，豁怀清取纯正。

笑傲世尘，不为名利而生。
诗书平生，陶冶心襟十分。

闲适人生

2025-3-28

闲适人生，春来心志欣奋。
喜鹊声声，东风清纯温存。

休憩心身，淡荡中心生成。
时光滚滚，如潮之涌奔腾。

华发清生，笑我虚度人生。
更应发奋，努力奋展刚贞。

岁月进深，年轮运转平稳。

桑沧幻阵，百年真似一瞬。
花开妍芬，引我欣赏真诚。
雀鸟啼春，欢欣振我心身。

鼓志前骋，绝不可以沉沦。
向上力争，不负一世人生。

杨柳梳风

2025-3-28

杨柳梳风，婀娜飘拂从容。
时值春仲，万红千紫和慷。

心志清空，展眼旷野远送。
田园妙浓，色彩明丽堪讽。

笑我成翁，华发迎风飘动。
淡荡襟胸，原不介意穷通。

心怀刚雄，不肯甘于平庸。
诗书哦颂，著书舒我情浓。

坎坷惜重，一生风雨经猛。
雨后彩虹，正似我之心胸。

踏实去冲，关山不畏险重。
前路灿浓，大好风光堪颂。

八. 天人康庄

第二十九卷《滨海集》

清振我的心胸
2025-3-28

清振我的心胸，舒发我的情浓。
此际激情汹涌，时节况届春仲。

暮阴风吹灵动，细雨洒降从容。
骑车吾意轻松，穿过市井熙拥。

街上华灯灿送，呼吸清风惬胸。
岁月旷飞迅猛，不计华发斑慵。

共春情志乘风，愿上长天云空。
去寻山野云松，涤我尘襟凡庸。

时既三更
2025-3-29

时既三更，不眠校诗吾秉诚。
宁静气氛，春仲时节正宜人。

内叩心身，人生奋志以驰骋。
努力修身，努力正志以成人。

大化滚滚，太多磨炼考验人。
持心秉正，学取清水之净纯。

清度人生，守拙一生吾持稳。
不妄纷争，名利徒是欺骗人。

笑傲红尘，男儿俊骨是铮铮。
卑媚抛扔，如松之挺之刚贞。

时光飞骋，斑苍不减我精神。
正直一生，豪情逸致度秋春。

哦唱晨昏，诗书为伴吾清芬。
感谢神恩，赐我阖家享馨温。

努力灵程，叩道合当奋心身。
济世热忱，发光发热当用恒。

身心勿轻动
2025-3-29

身心勿轻动，守静吾和同。
晨起听鸟颂，爽风来从容。
时节届春仲，繁花胜锦浓。
碧柳雅飘风，余意欣无穷。

余意欣无穷，年已近成翁。
一笑淡淡动，悟彻是穷通。
诗书一生讽，澹荡盈襟胸。
哦咏问何功？只是舒情浓。

八．天人康庄

喜鹊欢鸣唱
2025-3-29

喜鹊欢鸣唱，我意转悠扬。
春寒不必讲，天阴朔风畅。

周末吾休闲，品茗作诗章。
短章具交响，旷怀舒奔放。

旷怀舒奔放，中心无机奸。
正直人生场，艰辛饱经尝。

不废哦与唱，情志喧昂扬。
百年存漫浪，思想践履间。

此际容我休闲
2025-3-29

此际容我休闲，书本暂且抛放。
窗外大好春光，花红柳绿奔放。

守我素朴情肠，心志定定当当。
一任时光流淌，和蔼盈满襟房。

阖家清喜平康，神恩赐下茁壮。
欢呼发自心间，颂赞神恩丰穰。

夕照此际舒光，世界掩于苍茫。
人生过客相仿，思此叹息良长。

独立襟雄
2025-3-29

独立襟雄，抛开心地苦痛。
暮色之中，哦诗舒发心胸。

岁月凝重，赐我斑苍重浓。
意取轻松，不为名利所动。

红尘汹涌，大化炼人何猛。
不计斑慵，奋发鼓志前冲。

时值春仲，天气冷寒惜重。
独立襟雄，君子待时而动。

此际夜深
2025-3-30

此际夜深，不眠时分。
内叩心身，倾心哦芬。
宁静四更，春意温存。
意取振奋，一泻真诚。

一泻真诚，人生奋争。
名利弃扔，容我轻身。
万里驱骋，风光清纯。
持正刚贞，豪旷一生。

豪旷一生，不肯纷争。
淡定心身，诗书潜沉。
老来心稳，豁怀无伦。
淡泊天人，叩道秉诚。

叩道秉诚，素朴心身。
风云纷纷，烟霞秋春。
晨昏哦奋，著书诚恳。
思想有芬，济世度人。

时既五更

2025-3-30

时既五更，心志生成。
内叩心身，发诗吐诚。
人生奋骋，秉持心身。
正直一生，风雨任盛。

时既五更，感谢神恩。
赐下福分，阖家安稳。
努力灵程，克己修身。
振奋精神，万里前骋。

天未亮

2025-3-30

天未亮，五更初毕间。
鸟初唱，激越读诗章。

天犹凉，春仲时正当。
激情旷，能不哦诗行。

人向上，不计是艰苍。
情发扬，况值此春芳。

骋志向，高远至无疆。
风雨艰，兼程我驱闯。

怀情畅，身心似阳光。
济世艰，男儿纵豪放。

一笑扬，正气冲寰壤。
丈夫壮，不屈世尘网。

读书郎，名利不必讲。
清贫间，欢乐且安祥。

持理想，踏实追寻间。
云天旷，尽我去飞翔。

天复阴

2025-3-30

天复阴，喜鹊旷高鸣。
冷风清，春寒犹峭峻。

柳拖青，飘飘何空灵。
花开俊，七色颇鲜明。

早起勤，心志奋殷殷。
读书境，享受此康宁。

音乐轻，远远袅无垠。
起心境，微笑吾浮萦。

旷意人生吾飞扬

2025-3-30

旷意人生吾飞扬，春仲清当，
逸意扬长，清听雀鸟之啼唱。

写意红尘生机壮，碧柳飘扬，
桃花绽芳，处处妙丽不胜赏。

清怀婉转哦诗章，一曲昂扬，
一曲奔放，舒写心地之慨慷。

人生豪情放万丈，踏实去闯，
万里脚量，览尽关山雄与壮。

夜已深

2025-3-30

夜已深,雅放读书声。
情振奋,不眠思深深。

春已深,夜色颇撩人。
华灯盛,东风正温存。

人前骋,山水阅丰盛。
一笑生,旅途不劳顿。

情志正,不为利名生。
简心身,质朴有清芬。

高歌猛进

2025-3-31

高歌猛进,人生不守因循。
开拓前行,穿越崇山峻岭。

春来奋兴,漫眼繁花似锦。
东风多情,递来不尽鸟鸣。

骑车经行,悠悠中心怀情。
鼓足干劲,努力振志挺进。

红尘艰辛,世味吾已饱经。
一笑爽清,豁怀旷达无垠。

春夜静宁

2025-4-1

春夜静宁,四更寂寞身心。
华年逝勤,时节近清明。

心志殷殷,读书意发振兴。
新诗哦吟,舒出心与襟。

人生前行,挺志奋发凌云。
风雨艰辛,磨炼身与心。

一灯孤明,体道人生经行。
正直生平,如松之劲挺。

骋志人生

2025-4-1

骋志人生,保持心的纯真。
春风阵阵,喜鹊欢鸣声声。

阳光温存,遍野菜花开盛。
碧柳飘纷,赞此写意红尘。

心志和温,写诗舒发诚真。
飞燕纷纷,喃喃吐语低声。

人生奋争,三万朝夕只争。
名利抛扔,剩有高蹈心身。

春光大好

2025-4-1

春光大好,勃发我情抱。
东风潇潇,旷意响啼鸟。

骑车奋跑,漫城花风骚。
碧柳飘飘,紫叶李开俏。

惬怀无二,新诗朗哦了。
清明将到,时光惊飞飙。

人生不老，情怀犹俊俏。
斑苍微笑，豁达乐逍遥。

霜华人生

2025-4-2

霜华人生，不惹名利是真。
内叩心身，尽力保持沉稳。

春仲时分，万物欣欣荣生。
慰我十分，吐诗哦咏诚真。

岁月进深，人生晚晴届正。
淡荡生成，珍惜韶华奋争。

坎坷一生，赢得心襟清纯。
微笑清生，豁达清度秋春。

烟雨人生

2025-4-2

烟雨人生，心志旷然生成。
远辞青春，斑苍不减清纯。

惬听鸟声，享受清风温存。
朝日朗升，时节沐此仲春。

花开繁盛，中心微笑清生。
人生前骋，不畏山高水深。

奋志刚正，不屈不挠奋争。
名利弃扔，此物无益心身。

春光如此美妙

2025-4-2

春光如此美妙，老柳舞其风骚。
野禽都啼叫，东风吹清好。

散步我意遥逍，呼吸清风洒潇。
振志万里遥，春来开情抱。

人生其实大好，风雨任其飘萧。
展颜吾微笑，客旅乐昏朝。

读书志向颇高，写诗舒发不了。
天晴有云飘，写意红尘骚。

心志吾取沉静

2025-4-2

心志吾取沉静，雅洁是我心灵。
夕照正鲜明，春风旷清新。

仲春妙丽情景，一片繁花似锦。
我意裁空清，哦诗适心灵。

悠悠心志谁明，孤旅剩下凄清。
振志展凌云，艰深不要紧。

心襟奋发无垠，共春情怀朗俊。
欣欣向荣景，惬我之身心。

休憩我心襟

2025-4-2

休憩我心襟，书本暂且抛屏。
春夜正宁静，享受此际雅清。

休憩我心灵，人生不妄争竞。
淡泊且康宁，一生加强修心。

休憩我身心，放松自我神经。
一切不要紧，顺其自然运行。

休憩我心境，广大应许无垠。
人生百年行，不必计较利名。

人生清好

2025-4-3

人生清好，今日起得早。
五更黑暗当道，窗外初响啼鸟。

春风清妙，惬我情怀抱。
寒食今日来到，时光飞逝如飘。

读书意潇，振志人生道。
不为困厄击倒，万里风光朗造。

清展微笑，豁达天人道。
雄襟旷远广辽，世宇一起并包。

情志人生

2025-4-3

情志人生，勿为名利所乘。
物欲损人，应弃应抛应扔。

高蹈心身，山野烟霞宜人。
读书修身，清静自我心神。

人生前骋，历尽山高水深。
红尘滚滚，尽是幻化所成。

淡泊清芬，未可稍取沉沦。
共化同骋，不过随缘之奔。

创化人生，力将道德提振。
宇宙永恒，文明永远进升。

百年一瞬，思此嗟发心身。
努力振奋，不负华年之奔。

此际五更，春禽渐次鼓声。
早起意奋，读书写诗情振。

旷怀无伦，济世挥洒热忱。
名利害人，合当抛弃十分。

一腔清真，正直是我人生。
魔敌凶狠，正邪搏击艰深。

神恩丰盛，赐我阖家安稳。
健康心身，向神献上感恩。

岁月进深，今日寒食时分。
霜华惜盛，更应珍惜秒分。

淡荡生成，处世平和心身。
大浪缤纷，淘沙金石两分。

英武心身，不屈磨难纷呈。
雅正一生，绝不允许邪生。

笑傲红尘，传世著书等身。
孤寂秋春，奋志依然刚正。

樱花初开放

2025-4-3

樱花初开放，愉悦吾之情肠。
寒食今届当，天日清喜晴朗。

菜花旷舒芳，田野妙丽色相。
东风复舒狂，鸟语何其奔放。

月季七彩芳，灿放最是海棠。
引我折腰赏，新诗从心哦唱。

正志人生场，勿负大好春光。
书本勿抛放，寻觅智慧灵粮。

闲情聊表

2025-4-3

闲情聊表，人生吾雅骚。
天日晴好，东风吹荡浩。

清听啼鸟，振志撰诗稿。
舒出情操，舒出意向饶。

人生志高，踏实去创造。
风雨飘飘，兼程我奋跑。

履尽迢迢，开怀我大笑。
莫使草草，人生胡不好！

心志旷生成

2025-4-3

心志旷生成，人生纵论。
努力奋前骋，绝不沉沦。

东风浩荡生，野境花芬。
雀鸟啼兴奋，惬我心身。

品茗悠意逞，写诗怡神。
煦日正和温，寒食届正。

红尘嗟滚滚，大化炼人。
心志持质正，风雨兼程。

夕照黄昏向晚

2025-4-3

夕照黄昏向晚，心境如此妙曼。
东风恣开展，碧柳飘淡淡。

清坐思想开展，写诗吐出情澜。
浩志出霄汉，不入世井暗。

寒食今日雅安，读书朗声呼喊。
我是男子汉，豪放兼果敢。

花开何其浪漫，蜂儿采蜜翩翩。
喜鹊鸣溅溅，田野金灿灿。

喜悦心襟

2025-4-3

喜悦心襟，春来情志勃兴。
享受风清，享受时光宁静。

淡荡身心，名利早已辞屏。
高蹈心灵，趋向水云雅境。

读书怡心，陶冶清雅性灵。
修身之境，重重云山峻岭。

人生晚晴，豁达爽朗无垠。
朗日天晴，哦诗振奋胸襟。

暝色重浓

2025-4-3

暝色重浓，华灯点缀街容。
音乐灵动，远远遥响轻松。

灿烂心胸，春来情志盈中。
奋展刚猛，万里迎难径冲。

胸怀彩虹，七彩闪其妙浓。
踏实行动，风雨兼程勇猛。

名利何功，只是扰我心胸。
真的英雄，一片天真中庸。

时值春仲，今日寒食之中。
灯下哦咏，舒出正直襟胸。

微笑浮动，华年逝去匆匆。
达观心胸，共缘雅洁无穷。

诗书容讽，呼出吾之情踪。
理想心中，支撑我往前冲。

坎坷任重，中心清持凝重。
高哦大风，不屈世俗庸风。

壮志盈胸，岂为物欲所动。
淡泊清空，胸中白云流涌。

大化无穷，世界宇宙运动。
叩道持中，趋入圆明圆通。

清坐思涌，笔下如龙飞动。
激情于中，写诗如飙如风。

搁笔轻松，意下不尽情涌。
清新晚风，拂我心襟灵动。

正义人生

2025-4-4

正义人生，雅持我心之真诚。
清明届正，东风劲吹惬心身。

花开缤纷，不由赞道好个春。
人生前骋，须惜韶华务十分。

心襟生成，品茗更加意兴增。
新诗哦芬，一吐胸襟也勃盛。

大千红尘，春来真是妙不胜。
鸟歌轻声，碧柳飘荡舞纷纷。

振我心身，男儿傲立于乾坤。
清度世尘，不惹名利万里程。

诗书平生，体道秋春与晨昏。
和蔼心生，淡荡一若云之奔。

正志是我人生

2025-4-4

正志是我人生，历尽红尘滚滚。
身心忍受巨疼，唯赖神恩丰盛。

此际清明时分，花香鸟语宜人。
休闲品茗意奋，雅将新诗哦成。

笑意旷展清芬，人生鼓志前骋。
不惧风雨艰深，标的天涯奋争。

六十华年逝骋，霜华是我人生。
中心不取消沉，豁达清度秋春。

春光正好

        2025-4-4

春光正好，清明今日到。
遍野鸟哨，青芦茁生了。

东风清好，惬我情怀抱。
踏青步草，情志振兴了。

花开妍好，碧柳恣飘摇。
心境舒了，新诗从心造。

人生晴好，开拓路迢迢。
关山壮妙，努力奋征讨。

春光不嫩不老

        2025-4-4

春光不嫩不老，清明今日来到。
心志吾清好，东风其来潇。

写意是此尘嚣，野鸟尽都啼叫。
遍眼碧笼罩，河柳舞飘飘。

人生正志前道，关山朗度逍遥。
风雨吾经饱，开怀余一笑。

岁月侵人渐老，乐天知命悟道。
晨昏撰诗稿，读书乐昏朝。

时雨潇潇

        2025-4-5

时雨潇潇，今夜正来到。
四更起早，勃发我情抱。

写诗洒潇，春情舒不了。
清明过了，时光惊飞飙。

人生不老，容我舒情抱。
切莫草草，不可空过了。

振志前道，关山越朗傲。
英武襟抱，努力契大道。

清夜难眠

        2025-4-5

清夜难眠，内叩本心。
四更清静，精神振兴。
新诗哦吟，舒发心襟。
仲春情景，雅享和平。

清夜难眠，外缘抛清。
正志心灵，发为哦吟。
何所言云，吐我雅情。
人生前行，穿山越岭。

清夜难眠，思发无垠。
回思生平，百感盈心。
挺志前行，不畏艰辛。
浩志勃兴，天人之境。

清夜难眠，和乐身心。
霜华之境，一笑淡定。

名利云云，欺人丧心。
振志凌云，体道贞劲。

清夜难眠，窗外雨停。
四野寂静，一灯孤明。
清理心襟，朗志外映。
纵情哦吟，汪洋之行。

清夜难眠，此际清宁。
神思旺行，滔滔不停。
多言当竟，搁笔止鸣。
一笑爽清，人格毕明。

时雨此际又猖

2025-4-5

时雨此际又猖，窗外一片交响。
五更之时间，天还没有亮。

人生情志清昂，春来心襟奔放。
能不哦诗章？能不舒昂藏？

笑傲红尘无恙，裁思雅有清香。
正直人生场，不惧风雨艰。

华年任其逝淌，中和中正阳光。
展颜微笑放，无机我扬长。

第三十卷《卷舒集》

早起吾三光

2025-4-5

早起吾三光，读书颇激昂。
天色渐明亮，窗外啭莺簧。
烟雨迷蒙间，春风颇扬长。
清吸空气香，怜惜落红殇。

岁月展奔放，时光如川淌。
振志作文章，一舒我昂扬。
人生贵慨慷，豪放天地间。
奋志万里疆，世界正平旷。

季春正是好时光

2025-4-5

季春正是好时光，风又条畅，
雨又条畅，窗外一片鸟歌唱，
引我思想，引我欣赏，
引我放歌纵哦唱。

弹指华年奋逝淌，不计鬓苍，
享受安祥，老来心志抱贞刚，
读书兴旷，写诗奔放，
晚晴人生纵激昂。

野境老柳毵毵荡，展眼远望，
大好春光，田园清美若画廊，
听鸟啭唱，赏花开放，
意兴纵展讴扬长。

只是人生不胜苍，风雨凄凉，
咽尽苦艰，而今享受此平康，
神恩广长，阖家平康，
思此颂发出襟房。

爽风习习来奔放
2025-4-5

爽风习习来奔放，朝日东上，
霭气迷漾，不尽鸟语纵歌唱。
荡气回肠，中心讴扬，
写诗颂赞此春光。

一笑从心吾欢畅，人生安享，
名利弃放，读书意气发洋洋。
华年任放，清贫无妨，
英武不屈持贞刚。

人生学取松生长，挺志顽强，
沐浴风狂，绝壁之上青而苍。
风雨无妨，暑寒无妨，
君子人格何昂藏。

八十华年今来访，纵展思想，
历史平章，总结人生奋向上。
晚晴时光，时光飞殇，
不减少年之襟房。

清静人生
2025-4-5

清静人生，享受心之雅芬。
季春届正，朝日洒得和温。

清听鸟振，野风清新吹逞。
惬意生成，写诗舒发心身。

人生奋争，不为名利俯身。
逸意红尘，叩道是我本分。

霭烟迷骋，雨后万物苗生
花开妍芬，引我微笑生成。

回味人生，淡荡盈满周身。
风雨艰深，神恩更加丰盛。

步我前程，万里风云苗正。
旷怀无伦，济世傲立乾坤。

华年逝骋，不必计较斑盛。
少年心神，青春心志旺盛。

读书怡神，品茗悠悠兴奋。
自我慰问，情感舒发真诚。

鸟语缤纷，喜鹊最为大声
明媚清芬，田野似画十分。

振我心神，鼓志万里驰骋。
百年人生，业绩矢创纷呈。

笑傲红尘，淡度冬夏秋春。
哦唱晨昏，光明是我心身。

感谢神恩，赐下如此福分。
讴出心身，努力奔走灵程。

标举灵魂，矢为真理奋身。
天国永生，乐园无比安稳。

颂赞神恩，伴我人生历程。
不畏艰深，不畏试炼生成。

人生吾清好

2025-4-5

人生吾清好，春来意发逍遥。
多情不烦恼，快乐盈满心窍。

红尘何娟好，田野如若画稿。
野禽均啼叫，花开无比芳妙。

我自情致饶，哦诗适情雅好。
赞此乾坤妙，乃是真神所造。

步履奋前道，岂为困障笼罩。
爽然开颜笑，清度人生洒潇。

飞英缤纷

2025-4-5

飞英缤纷，飞英飘洒缤纷。
引我思深，人生同此相论。

华年逝骋，笑我斑慵伤损。
情志犹振，奋发往前驰骋。

山高水深，人生绝不沉沦。
神恩丰盛，导引吾之灵程。

叩道奋身，冲决沧桑成阵。
尽力持稳，胜过试炼艰深。

淡定人生场

2025-4-5

淡定人生场，心襟雅旷。
爱好作诗章，纵情哦唱。
时值季春间，东风轻狂。
百花竞争放，小蜂来访。

昨夜风雨狂，红雨堪伤。
时光是飞畅，老我即将。
振志天涯向，坚贞理想。
不屈世之网，挺志飞翔。

身心吾扬长，慨当以慷。
修身奋尽量，克己污脏。
岂惧风雨艰，奋发向上。
试炼任其放，心磐石壮。

午时阳光靓，白云淡翔。
群鸟放歌唱，宛转悠扬。
田野菜花黄，灿其色相。
讴歌此春光，不胜叹赏。

五更无恙

2025-4-6

五更无恙，春禽放啼唱。
激情此际若水淌，天还没有亮。

裁思汪洋，东风正清凉。
季春时节宜心房，振志作讴唱。

人生回想，泪下分两行。
苦旅艰深神恩壮，起死回生昂。

努力往前闯，关山叠万幢。
心志如铁复如钢，正如梅花桩。

笑意展扬长，人生不张狂。
谦和贞定人生场，爱好作文章。

舒出我思想，舒发我情肠。
标的天国旷飞翔，跃星河漫浪。

百年人生不长，弹指华年逝淌。
修心养德吾康强，正志人生场。

窗外鸟啭情长，灯下思展奔放。
听见儿童嬉唱，我心悠起安祥。

早起五更听鸟唱
2025-4-6

早起五更听鸟唱，
渐次曙色东方。
清风来拂我襟房，愉悦真无量。

写诗不已舒扬长，
季春大好时光。
一片鸟歌林野间，流美圆润旷。

正志人生奋向上，
不可停滞久长。
一切流变是无限，贞定心地间。

大千世界是神创，
宇宙辽广无疆。
人生恒荷希与望，神恩赐茁壮。

扬心人生奋启航，
冲决试炼艰苍。
困苦磨难是寻常，天父有葆奖。

一笑清雅岂寻常，
无机心地之间。
正直人生不张狂，努力向前闯。

逸意情肠
2025-4-6

逸意情肠，享受心的安祥。
东风爽凉，春禽旷意鸣唱。

喜悦心间，新诗纵情哦唱。
季春无恙，柳碧花芳奔放。

音乐何方？激越吾之心房。
人生疆场，鼓志努力驱闯。

淡霞东方，有鸟掠入天苍。
喜鹊大唱，生机世界昂扬。

崇德人生
2025-4-6

崇德人生，加强修养心身。
谦正一生，德操尽力加增。

清度世尘，绝不迷失本真。
雅洁秋春，读书明理奋争。

红尘滚滚，大浪淘沙是真。
叩道持诚，拙朴清度人生。

世事纭纷，因果报应精准。
淡荡心身，名利抛弃十分。

觉醒人生
        2025-4-6

觉醒人生，崇德崇俭一生。
叩道求真，素朴清度秋春。

感谢神恩，导引灵性旅程。
努力修身，克己污秽奋争。

岁月进深，斑苍晚晴时分。
珍惜秒分，践履思想真诚。

红尘滚滚，太多磨炼艰深。
诱惑战胜，万里行旅轻身。

风雨兼程，览尽关山雄浑。
爽洁心身，颂赞丰沛神恩。

德为福本，不争不夺安稳。
清度人生，享受水云清芬。

人生持稳
        2025-4-6

人生持稳，躁动可不成。
上进人生，努力擎心灯。

丰沛神恩，导引我人生。
努力前骋，万里奋征程。

时正季春，时光正飞奔。
惜时奋争，修心在朝昏。

雅度秋春，名利合弃扔。
高蹈心身，餐霞微笑生。

宁静心身
        2025-4-6

宁静心身，荷负丰沛神恩。
季春届正，清听鸟语啼奋。

东风清生，惬意中心生成。
哦咏真诚，吐出正义心身。

人生奋争，力战魔敌凶狠。
叩道征程，历尽山水险阵。

一笑清生，豁怀雅洁无伦。
百度秋春，著书垂世久存。

我心安祥
        2025-4-6

我心安祥，休憩吾情肠。
春阳温让，东风来悠扬。

红尘无恙，遍野菜花芳。
柳绿堪赏，鹊噪何响亮。

定定当当，享受此平康。
人生向上，奋志旷无疆。

展眼长望，天际淡霭漾。
鸟飞流畅，云飘自澹荡。

啾啾鸟语动人肠

2025-4-6

啾啾鸟语动人肠，
莳花种草也悠扬。
春日阳光洒清靓，
写意风来惬襟房。
向阳情志春来敞，
田野菜花动人芳。
一种情致清无恙，
写诗舒发是扬长。

守拙人生

2025-4-6

守拙人生，努力保持诚真。
无机心身，合将名利弃扔。

物欲损人，淡泊雅守天真。
慧意秋春，德操尽力加增。

世事红尘，幻化自是永恒。
百年人生，大浪淘沙是真。

修心历程，岂易一帆平顺。
挺志前骋，层层云岭山村。

四更醒转复无眠

2025-4-7

四更醒转复无眠，心志理难清。
开窗深吸风清新，远野犬吠鸣。

人生奋发当殷殷，切莫守因循。
共时进步奋雷霆，丈夫意清俊。

时值季春旷心灵，灯下整身心。
清风醒我脑无垠，哦诗吐空灵。

人生身心当调停，春来鼓干劲。
男儿合当志凌云，济世乐无垠。

脚踏实地奋去行，风雨兼程进。
关山座座好风情，惬我心与灵。

展转桑沧一笑清，纵我志豪劲。
力战虎豹与狼群，英武纵横行。

六十华年已来临，裁思哦清新。
不惧斑苍霜华境，奋志纵心灵。

大千世界幻无垠，因缘不止停。
履缘身心持清明，悟道圆融境。

挺志人生乐无垠，春秋度安平。
读书写诗也爽清，不必计利名。

笑傲红尘吾清俊，若松之苍劲。
风雨之中长虬峻，挺生绝壁岭。

五更鸟鸣宛转唱

2025-4-7

五更鸟鸣宛转唱，惬我心房，
惬我心房，写诗舒发我中肠。

季春时节好时光，发奋向上，
发奋向上，珍惜韶华莫费浪。

红尘安处吾无恙，振志奔放，
振志奔放，乐天知命享安祥。

红尘气焰放万丈，名利弃放，
名利弃放，高蹈身心水云间。

鸟啭圆润

2025-4-7

鸟啭圆润，晨风此际生成。
惬我心身，此际正值五更。

早起爽神，写诗挥洒刚正。
时正季春，天气清和宜人。

振我心身，人生骋志远程。
山水丰盛，惬我心志灵魂。

时光飞骋，不必嗟叹惊震。
清度世尘，秉持正直心身。

五更清坐听鸟唱

2025-4-7

五更清坐听鸟唱，天还没有亮。
清风惬意我襟房，灯下写诗章。

一片宛转圆润放，我心起悠扬。
鸟语娟娟何奔放，季春妙无恙。

此际心志起昂扬，人生旷意向。
讴歌生活吾扬长，神恩不可忘。

体道人生勿匆忙，前旅吾定当。
一路悠悠放歌唱，天地久回响。

云淡天晴

2025-4-7

云淡天晴，雀鸟振其高鸣。
风来清新，愉悦我的身心。

季春妙境，百花争妍多情。
悠悠品茗，心襟无比奋兴。

人生前行，清持明媚心襟。
风雨苍劲，不过磨炼胸心。

振志凌云，却须踏实追寻。
男儿刚劲，傲骨支撑天青。

不随世俗邪风

2025-4-7

不随世俗邪风，处身吾凝重。
追求真理奋勇，名利弃空空。

淡泊情志中庸，吾和而不同。
诗书一生清诵，智慧积淀中。

人生持志前冲，风雨任烈猛。
洒然一笑灵动，悟彻世穷通。

坎坷一生回讽，神恩赐隆重。
恩典足够我用，颂声入霄中。

人生拙正

2025-4-7

人生拙正，雅持吾之真诚。
岁月进深，不减心之热忱。

赤子情深，济世挥洒刚正。
傲立乾坤，岂屈魔敌纵横。

红尘滚滚，大化何其炼人。
威武方正，绝无圆滑半分。

时值季春，惬意听取鸟声。
风来清芬，骋志哦诗欢生。

雀鸟清鸣唱
　　　　　　　　　2025-4-7

雀鸟清鸣唱，樱花开放。
季春好风光，百花竞芳。

菜花灿金黄，海棠妍靓。
月季七色芳，柳飘淡荡。

心志喜洋洋，衷心哦唱。
神恩敷茁壮，灵程奋闯。

怀情吾何讲？激越情肠。
旷怀正无量，踏实去闯。

勿陷名利坑
　　　　　　　　　2025-4-7

勿陷名利坑，恐难脱身。
奋志当诚真，向上力争。

季春时届正，灯下思深。
清度我人生，洒脱嚣尘。

红尘是滚滚，磨炼心身。
绝不可沉沦，展翅飞腾。

世界妙无伦，人生一瞬。
修心须力争，抛弃污尘。

正直之人生，必蒙神恩。
叩道吾沉稳，风雨兼程。

物欲当弃扔，高蹈心身。
餐霞度秋春，诗书一生。

此际值四更
　　　　　　　　　2025-4-8

此际值四更，醒转思深。
人生奋前骋，况值芳春。

时光是飞奔，霜华渐逞。
豁怀取无伦，正直持身。

分秒也必争，业绩创成。
内叩我心身，哦诗真诚。

短章具温存，人生纵论。
德操须守遵，尽力修身。

大化运滚滚，嗟此红尘。
丰沛是神恩，赐下丰盛。

不屈名利阵，容我挺身。
迷雾中不昏，力擎慧灯。

挺志人生
　　　　　　　　　2025-4-8

挺志人生，贵在践履真诚。
风雨兼程，迎难努力奋争。

大化红尘，正是磨炼心身。
如钢之纯，如水之清之润。

笑傲世尘，不屈名利十分。
容我轻身，物欲尽力弃扔。

诗书一生，体道吾志刚贞。
微笑清芬，诗意清度秋春。

朝日光明

2025-4-8

朝日光明，东风亦清新。
远际音乐空灵，撩拨我的身心。

仲春之境，雀鸟竞鸣。
洒脱清持身心，振志奋欲远行。

体道之境，层层云岭。
持正持善修心，朗步万里无垠。

神恩充劲，思此愉心。
努力矢志挺进，览尽关山风景。

落英缤纷

2025-4-8

落英缤纷，心志吾平正。
时值季春，樱花正开盛。

雀鸟啼春，鼓唱惬心身。
东风温存，朗日照乾坤。

岁月进深，霜华漫自生。
体道沉稳，努力以修身。

振奋精神，新诗哦真诚。
扬眉人生，神恩领丰盛。

爽意人生

2025-4-8

爽意人生，裁思哦咏真诚。
春风清振，鸟语何其宜人。

花开芳芬，引我赞赏真诚。
旷怀无伦，时光却须惜珍。

笑度红尘，乐观慨慷真诚。
叩道奋身，风雨之中兼程。

淡荡秋春，不为名利俯身。
英武心身，原也傲骨铮铮。

春风爽朗

2025-4-8

春风爽朗，心志生成无恙。
撰写诗章，一倾情怀奔放。

仲春之间，一片鸟语花芳。
情志激昂，能不雅放歌唱。

神恩广长，思此颂赞献上。
人生向上，灵程挥洒慨慷。

修身必讲，践履思想昂扬。
克己污脏，圣洁心地清芳。

弹指华年逝淌

2025-4-8

弹指华年逝淌，芳春逝去扬长。
东风此际轻狂，逸意我之心房。

鸟语振其娇唱，花开何其妍芳。
春来人生奔放，骋志万里无疆。

心怀意念贞刚，向前向上尽量。
修身切莫稍忘，叩道灵程奋闯。

微笑从心浮上，清和清平心间。
大千多么昂扬，宇宙运化向上。

流风此际鼓畅

2025-4-8

流风此际鼓畅，心地充满安祥。
散步徐步缓放，天地明媚无恙。

向神敞开心肠，努力奋志向上。
克己私欲必讲，贞洁圣洁襟房。

人生前途无量，文明进步无疆。
努力向前向上，高远直至天堂。

微笑从心展放，焕发自我心房。
骋志人生疆场，冲决利锁名缰。

和蔼盈满心房，正气充盈宇间。
天地多么奔放，生机勃勃野间。

傲立乾坤昂扬，修身谦正尽量。
百度人生不长，务须珍惜寸光。

素朴人生

2025-4-8

素朴人生，努力守拙求真。
大千宇城，运化何其永恒。

天地乾坤，乃是神所创成。
灵妙难论，奇迹时时发生。

中正心身，体道悟道奋争。
百度秋春，华年切记谨珍。

裁心真诚，呼出吾之心身。
正直力遵，名利应弃应扔。

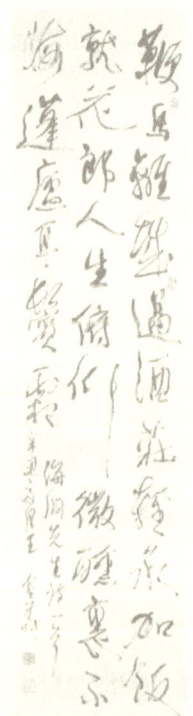

第三十一卷《挺进集》

振意人生
2025-4-8

振意人生,发奋图强是真。
涉过艰深,涉过风雨暴盛。

彩虹心生,七色瑰丽无伦。
努力修身,正意冬夏秋春。

时正季春,窗外呼啸风声。
落红堪震,嗟时感发心身。

人生同论,吾已斑苍之身。
寸阴须珍,努力发光十分。

裁心无恙
2025-4-8

裁心无恙,人生正意向上。
所谓险艰,只是幻化之象。

英武心间,春来情志张扬。
心胸明靓,注目万里远方。

踏实去闯,山水用脚丈量。
世界广长,宇宙更是无量。

百年艰苍,回思何须泪淌。
共春鼓荡,男儿豪情满腔。

发奋人生
2025-4-8

发奋人生,劳逸结合颂遵。
休憩心身,养颐吾之精神。

感谢神恩,赐我阖家平顺。
努力灵程,努力体道奋争。

时届季春,窗外响着风声。
品茗情振,哦咏新诗真诚。

花开芳芬,鸟语啭其圆润。
朗朗乾坤,天人大道敬遵。

爽意鸟歌宛转唱
2025-4-8

爽意鸟歌宛转唱,风呼作交响。
季春时节美无恙,我心持扬长。

闲雅心地放歌唱,人生旷意向。
不为名利诗书向,体道奋昂扬。

振志人生赴遐方,天涯风光靓。
济世情怀悠悠旷,努力践履间。

积淀思想路漫长,待时发清响。
丈夫意气自豪壮,铮铮铁骨刚。

逸意人生
2025-4-8

逸意人生,笑傲此浊世红尘。
东风清生,爽朗我身心意神。

散步意振，清听鸟啭放声声。
野草萋生，粉蝶翩翩何轻身。

意放乾坤，男儿豪情共春振。
畅意生成，哦咏新诗情茂盛。

正直一生，吃尽苦头不沉沦。
一身刚正，如松如梅品自纯。

不为名利所动
　　　　　　　　　2025-4-8
不为名利所动，男儿高哦大风。
东风惬意心胸，清展吾之灵动。

舒出心地沉雄，舒出气象恢弘。
舒出一腔情浓，舒出正意刚猛。

英武是我襟胸，岂会久困樊笼。
如鸟掠过长空，飞向天涯乘风。

春意撩我情动，听鸟爽雅心胸。
赏花妙丽无穷，散步悠怀清空。

斜照在望
　　　　　　　　　2025-4-8
斜照在望，云天展其苍茫。
悠悠情肠，向谁倾吐流畅。

孤旅向上，咽尽无限凄凉。
奋发贞刚，男儿岂屈困障。

神恩广长，赐我心灵力量。
如鹰飞翔，如风自由吹旷。

红尘无恙，演绎不尽桑沧。
百年瞬间，振志万里穹苍。

振志是我人生
　　　　　　　　　2025-4-8
振志是我人生，心灵洒脱十分。
窗外风号声声，雀鸟惬意啼纯。

时节既届季春，花开自然繁盛。
引我欣赏真诚，哦诗赞美芳春。

人生骋志前奔，不计山高水深。
风雨任其生成，兼程鼓勇驰骋。

红尘暂且憩身，标的天国精准。
灵程奋不顾身，叩道骚雅心身。

花开迎人笑
　　　　　　　　　2025-4-8
花开迎人笑，芳春何美好。
心志吾潇骚，深吸清风妙。

鸟语啭娇娇，蝶翩舞逍遥。
世界是神造，蕴蓄奇与妙。

蕴蓄奇与妙，正意吾洒潇。
写诗哦不了，情怀勃发骚。

坦荡人生道，风雨早经饱。
爽然展一笑，乐天度昏朝。

八．天人康庄

振志人生疆场
2025-4-8

振志人生疆场，悠悠扬扬歌唱。
不须太紧张，学取水流畅。

春来意发汪洋，新诗哦咏奔放。
舒出情志昂，舒出心地芳。

胸襟心胆雄壮，冲决黑暗之障。
性光发明亮，慧炬手中掌。

努力穿越迷茫，太阳终会显光。
世界是神创，进步无止疆。

俭德人生
2025-4-8

俭德人生，远弃奢华吾纯真。
修心历程，步步云烟纵生成。

正志秋春，不屈世网与凡尘。
展我刚贞，济世发光发热忱。

红尘滚滚，众生迷惑陷沉沦。
神恩丰盛，导引灵程奔天城。

春已经深，振我情志是十分。
灯下思深，笔下龙蛇奋驰骋。

贞志吾强刚
2025-4-8

贞志吾强刚，人生奋向上。
修心尽力量，岂惧迷雾障。

六十华年放，中心喜洋洋。
季春届正当，灯下思扬长。

四围静悄间，心志展平康。
内叩襟与肠，思想泻汪洋。

正意人生场，标的明襟房。
悟道不退让，胸怀磐石壮。

此际四更
2025-4-9

此际四更，灯下容我思深。
人生前骋，自我激励诚真。

感谢神恩，导引灵修旅程。
圣洁心身，力将污秽抛扔。

正志人生，勿为名利所乘。
世界是阵，迷雾重重深沉。

物欲弃扔，高蹈吾之心身。
崇德奋争，简朴生活力遵。

清度红尘，务须轻装上阵。
无机清纯，才合神意真正。

正直持身，吃亏是福谨遵。
诱惑损人，务须完全战胜。

五更鸟初唱
2025-4-9

五更鸟初唱，清风来航。
不眠我思想，激情汪洋。

人生正意向，修身尽量。
行旅越桑沧，一笑爽朗。

不必稍匆忙，骋志定当。
天地有安祥，神恩茁壮。

颂神理应当，灵程奋闯。
善良日增长，智慧盈仓。

清雅人生
2025-4-9

清雅人生，春来焕发青春。
东风怡神，耳际响振鸟声。

花开妍芬，老柳飘荡纷纷。
清心晨昏，读书写诗兴奋。

人生刚正，莫忘奋力前骋。
山高水深，显我英勇真正。

淡度红尘，不为名利损身。
修心历程，德操尽力加增。

处心平正
2025-4-9

处心平正，履尽烟云滚滚。
清度世尘，高蹈吾之心身。

奋发刚正，男儿傲立乾坤。
卑媚抛扔，剩有铁骨铮铮。

时已季春，花开花落缤纷。
岁月进深，笑我华发生成。

努力前骋，风风雨雨不论。
一生坦诚，无机心地清芬。

心志清芬
2025-4-9

心志清芬，沐浴丰沛神恩。
春来情振，惬听旷意鸟声。

内叩心身，努力灵程前骋。
雅持安稳，不为迷惑诱损。

清志生成，叩道是我本分。
修心秉诚，文过饰非弃扔。

质朴心身，向神坦露真诚。
百度秋春，未可空过一生。

雁过留声，容我著书勤奋。
正直为人，济世挥洒热忱。

踏实晨昏，步步为营前奔。
山水历程，见证风光茂盛。

人生拙正
2025-4-9

人生拙正，心志吾雅芬。
清度世尘，名利已弃扔。

年轮滚滚，霜华渐渐盛。
淡定人生，修心在晨昏。

穿越雾阵，丰沛领神恩。
笑傲红尘，谦正度秋春。

季春届正，鸟语啼勤奋。
东风清生，惬意心生成。

烈日烘人

2025-4-9

烈日烘人，桐花开得纷纷。
时值季春，樱花灿烂繁盛。

我心安稳，颂赞神恩真诚。
努力前骋，灵程风光清纯。

修我心身，振志是我人生。
质朴秋春，淡荡清度一生。

红尘滚滚，只是幻化之城。
唯有天城，才有丰美永生。

此际初进四更

2025-4-10

此际初进四更，灯下思深。
四围寂静无声，远犬吠振。

小风温柔清纯，惬我心身。
内叩自我心身，思想生成。

人生标的精准，努力修身。
天国才有永生，福乐至尊。

圣洁自我灵魂，叩道奋争。
一生努力持正，整顿心身。

六十华年已骋，心志清芬。
向阳情志清振，名利弃扔。

世界日新奔腾，桑沧幻成。
拙朴是我心身，无机秋春。

时时祈祷真神，导引灵程。
悔改罪孽心身，洗涤污尘。

笑意从心生成，豁度人生。
诗意冬夏秋春，持心秉诚。

天色初明亮

2025-4-10

天色初明亮，鸟语情长。
一片吱喳响，惬我情肠。

东风复轻狂，带来凉爽。
柳烟淡飘荡，碧绿堪赏。

季春美无限，引我讴唱。
神恩敷广长，颂赞心间。

人生天地间，最贵思想。
德操未可忘，修心必讲。

世界日新样，运化桑沧。
宇宙广无限，进步无疆。

文明演化间，历史叠放。
瞻望未来旷，因缘广长。

思想纵无疆，弹指华年逝淌。
清听喜鹊鸣唱，我心浩起感伤。

斑苍已经造访，人生晚晴之间。
更应发热发光，济世困穷向上。

践履我之思想，实践征途漫长。
不计风雨苍凉，兼程果敢奔放。

笑傲尘世艰苍，男儿怀情无限。
百年生死苍茫，挥洒热情贞刚。

世事多苍茫
2025-4-10

世事多苍茫，人生莫忘向上。
春来情志旷，莫忘养德心间。

思想作导航，实践践履莫忘。
济世困厄间，男儿怀情无限。

早起听鸟唱，享受风来扬长。
季春好风光，未可得意形忘。

雅怀贞志向，丈夫意气何壮。
修心尽力量，正志迈步无疆。

爽风清来开意境
2025-4-10

爽风清来开意境，朝日光明，
清听鸟鸣，季春正是好光景。

淡泊情志奋发行，关山苍峻，
惬我身心，努力万里以驱行。

红尘清度雅身心，不图利名，
修心奋进，爽然一笑豁无垠。

展眼碧野正芳青，老柳飘行，
万物茂劲，一片生机堪讴吟。

颂赞雅发我中心，音乐空灵，
撩我心襟，诗书漫起出胸心。

大千世界妙曼境，神恩无垠，
思此动情，努力奋沿灵程行。

闲雅心襟
2025-4-10

闲雅心襟，容我振志凌云。
踏实追寻，走过千山万岭。

悠悠风清，远处音乐爽心。
清风来行，撩起余心意境。

天日喜晴，雀鸟尽都欢鸣。
红尘妙境，季春清展美景。

欢愉盈心，新诗纵情而吟。
老柳飘青，浪漫世界多情。

清风流畅
2025-4-10

清风流畅，爽意我之情肠。
振志奔放，春来气宇轩昂。

写诗狂放，舒发吾之思想。
理想心间，百折奋发驱闯。

关山万幢，纵展我之强刚。
展翅飞翔，摩云畅意云间。

心怀豪放，不执名利机缰。
无机心房，原也雅怀无量。

心情愉畅

2025-4-10

心情愉畅,雅将神恩颂扬。
明媚春光,妙丽真是无限。

落红堪伤,时光飞逝匆忙。
惜时心间,努力工作应当。

振奋志向,男儿一生贞刚。
不屈世网,不屈罪恶强梁。

修身向上,前途无比广长。
神恩茁壮,导引文明康庄。

雀鸟啼纷

2025-4-10

雀鸟啼纷,逸意中心生成。
东风温存,爽朗吾之心身。

时既季春,万物生机茂盛。
落花缤纷,诗意弥满乾坤。

人生纵论,心中标的须准。
风雨兼程,文明进步永恒。

物欲弃扔,此物迷惑心身。
正志刚贞,前驱风光清纯。

心志清明

2025-4-10

心志清明,人生纵欲可不行。
务须警醒,时时省察己内心。

红尘艰境,太多磨炼成队行。
浩志凌云,矢沿正道力挺进。

试炼任凌,叵耐我心持坚定。
贞洁心灵,神恩赐下必丰盈。

努力前行,文明进步不止停。
修身上进,顺应时代之更新。

名利抛清,高蹈自我真性灵。
享受清贫,内心情志却丰盈。

不计艰辛,前进路上越山岭。
心志朗晴,终有彩虹雨后临。

踏青寻芳

2025-4-10

踏青寻芳,步过草野之间。
心志扬长,春衫敞开胸膛。

东风清旷,老柳毵毵舞荡。
紫燕飞翔,喃喃低声歌唱。

风啸作响,有絮轻轻飞扬。
怀情心间,雅将新诗哦唱。

季春之间,春老花渐凋丧。
情思广长,独立中心苍茫。

流年更张

2025-4-10

流年更张,世界换了新样。
春光悠扬,生机一片勃放。

我自情畅，呼吸清风安祥。
和蔼尘壤，万紫千红绚旷。

正襟之向，恒是在于远疆。
奋志去闯，高山用脚衡量。

豪情心间，不屈万千困障。
男儿雅爽，气宇寰宇包藏。

情志人生

2025-4-10

情志人生，雅思中心生成。
淡荡秋春，胸怀水云清芬。

身处红尘，绝不失陷心身。
名利弃扔，持心中庸中正。

和蔼宇城，春来生气勃盛。
鸟歌花芬，野风十分宜人。

朗晴时分，清坐品茗思深。
清度世尘，不入浊流滚滚。

质朴人生

2025-4-10

质朴人生，一生感谢神恩。
春来情振，淡眼花开繁盛。

灵程前骋，努力行得安稳。
风雨兼程，胜过试炼艰深。

岁月进深，霜华侵袭我身。
心志清纯，依持炽热心身。

奋我诚真，叩道坚持刚贞。
谦和谦正，虔诚清度秋春。

一身轻松

2025-4-10

一身轻松，纵展气势如虹。
一身轻松，挥洒身心灵动。

季春之中，心志清雅随风。
恣意行动，中和中正中庸。

红尘春涌，柳碧花芳重浓。
快慰襟胸，诗书畅意哦讽。

一笑情钟，男儿合哦大风。
踏实行动，清展吾之刚雄。

戒定人生

2025-4-10

戒定人生，慧意从心生成。
感谢神恩，导引人生旅程。

春已经深，花卉飘落纷纷。
东风清逞，雀鸟欢呼声声。

人生纵论，正是客旅行程。
标的圣城，追求福乐永生。

守好心门，努力圣洁灵魂。
修好心身，正直清度一生。

人生须凝重

2025-4-10

人生须凝重，步履迈我从容。
心志持清空，不为名利所动。

正义盈心胸，雅将真神歌颂。
创世爱心浓，运化宇宙无穷。

大道叩灵动，身心趋向圆通。
随缘持勇猛，奋进心怀彩虹。

春来心志洪，诉出中心情涌。
万物生机隆，一片欣欣向荣。

拙朴人生

2025-4-10

拙朴人生，保持心的纯真。
叩道奋身，体道宁静十分。

时已季春，万物生机茂盛。
灯下思深，心潮起伏生成。

人生刚正，履尽烟雨缤纷。
唯赖神恩，赐下平安妥稳。

奋行灵程，胜过魔敌绑捆。
灵性清纯，飞赴天国圣城。

清志从心生成

2025-4-10

清志从心生成，人生容我纵论。
履尽坎坷艰深，而今幸福安稳。

一生仰赖神恩，赐下福分丰盛。
讴呼发自心身，努力步履灵程。

红尘浊浪滚滚，太多磨炼艰深。
奋发男儿刚正，冲决迷雾层层。

笑傲浊世红尘，正直清贫雅芬。
诗书一生潜沉，赢得智慧生成。

放松身心

2025-4-10

放松身心，新诗从心哦吟。
音乐空灵，撩动我的心襟。

奋志殷殷，人生岂惧艰辛。
努力挺进，努力焕发心灵。

振志去行，踏破千山万岭。
胸怀无垠，此生不图利名。

济世要紧，心中清怀白云。
雅洁心襟，正气盈满寰境。

勿急勿躁

2025-4-10

勿急勿躁，踏实行动方好。
人生风标，切莫付之草草。

心勿高傲，谦虚谦贞力保。
正意心窍，胜过试炼艰饶。

勿行险道，平坦心怀意窍。
向神切祷，恩典必然来到。

奋行前道,关山朗度逍遥。
风光大好,惬我情志无二。

华年逝飘,我已斑苍趋老。
开怀一笑,青春心志堪瞧。

洒脱情抱,向阳心襟洒潇。
名利弃了,胸怀明媚雅好。

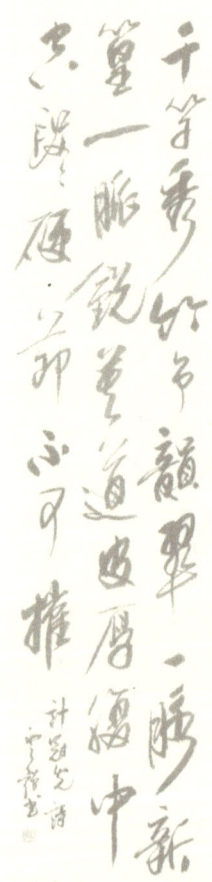

第三十二卷《文焕集》

时既三更兮

2025-4-11

时既三更兮,灯下思深。
清风来振兮,远犬吠闻。

校诗怡神兮,运我精诚。
思想深沉兮,体道刚贞。

季春妙盛兮,清夜宜人。
温和心身兮,清心时分。

人生前骋兮,志秉清纯。
处心静澄兮,叩道奋身。

蛙鼓忽闻兮,悦我心身。
时节飞骋兮,不觉晚春。

清明心身兮,感谢神恩。
努力灵程兮,步履持稳。

华年逝奋兮,霜华清逞。
淡荡人生兮,著书勤奋。

努力修身兮,力辞污损。
圣洁灵魂兮,济世秉诚。

挥洒刚正兮,发光十分。
微笑清生兮,豁达天人。

红尘滚滚兮,运转年轮。
桑沧生成兮,淡度秋春。

正意晨昏兮，雅怀热忱。
质朴心身兮，淡有清芬。

向阳情振兮，男儿秉诚。
不负人生兮，业绩创成。

清风徐生兮，远野灯昏。
子夜时分兮，雅思飞腾。

路上车声兮，连续响震。
生活平顺兮，荷负神恩。

振奋身心撰诗稿，舒出情娟妙。
大好时光莫负了，努力奋前道。

人生正志挥洒潇，名利当弃了。
英武心地奋刚傲，万里尽力造。

天涯风光定美好，风雨兼程跑。
爽情振志讴不了，男儿之怀抱。

济世情怀铁肩挑，大风高唱骚。
力战豺狼并虎豹，世界是神造。

已进四更
2025-4-11

已进四更，芳美心志生成。
写诗怡神，舒出吾之温存。

时值季春，清夜四围无声。
灯下思深，天人大道叩问。

正直人生，不为物欲所乘。
淡泊秋春，朗哦诗书晨昏。

整饰心身，一切虚伪抛扔。
剩有刚贞，剩有一腔纯正。

春日晴好
2025-4-11

春日晴好，振意听啼鸟。
心志骚骚，合当开怀抱。

奋发前道，关山越逍遥。
风雨经饱，男儿余一笑。

五湖归了，田园胡不好。
清风洒潇，山水生机饶。

红尘憩潇，名利不必表。
叩道体道，欢乐盈心窍。

五更初毕情志饶
2025-4-11

五更初毕情志饶，旷意听啼鸟。
东风清来正潇骚，远野村鸡叫。

时值季春季节好，万物繁盛了。
天色初亮空气好，一片鸟鸣潇。

春来意发潇骚
2025-4-11

春来意发潇骚，新诗朗哦不了。
东风怡情抱，振志万里遥。

喜鹊大声鸣叫，百鸟和唱声高。
碧柳恣飘摇，野草萋长逍。

人生旷展微笑，得意未可狂骄。
谦贞奋前道，风光览清好。

苦旅曾经经饱，风雨兼程开道。
英武盈心窍，丈夫意气饶。

休憩心身
2025-4-11

休憩心身，过于劳累可不成。
清听鸟声，享受清风来阵阵。

朝日朗升，时节灿然值季春。
百花开盛，野境一片生机逗。

碧柳飘纷，淡荡写意是红尘。
内叩心身，追求真理奋诚真。

物欲损人，清心寡欲叩道诚。
茂然心身，体道证道微笑生。

定定当当人生场（之一）
2025-4-11

定定当当人生场，迈步悠扬，
前进茁壮，身怀信念且自强。

神恩赐下何丰穰，修身向上，
克己污脏，努力圣洁己心房。

文明进步无止疆，扬升奔放，
上进康庄，未来无比敷明光。

百度人生一瞬间，抓紧时间，
前驱昂扬，荣归天国福无限。

努力清净己心
2025-4-11

努力清净己心，外界任其纷纭。
归根曰静，大道澄明。

世界日新日新，随缘吾心恒定。
变者是境，不变心性。

岁月畅飞迅行，老我华发苍鬘。
一笑多情，人生雅清。

季春妙丽情景，田园如画之境。
风来清新，纵志哦吟。

痛快心襟
2025-4-11

痛快心襟，感谢神恩丰盈。
努力前行，不负华年逝勤。

天气又阴，暝色笼罩均平。
灯下思清，振奋情志哦吟。

人生刚劲，此生不图利名。
倾我身心，济世挥洒热情。

红尘艰辛，履尽太多苦境。
而今安心，神恩赐下丰盈。

守护良心
2025-4-12

守护良心，正见充盈心襟。
五更情景，早起旷听鸟鸣。

风来清新,一片凉爽宜襟。
季春芳馨,万紫千红妙境。

我自开心,沐浴神恩温馨。
努力前行,努力坚持修心。

灵程奋进,战胜试炼艰辛。
凯歌奏鸣,圣洁讴神欢盈。

春日正阴

2025-4-12

春日正阴,爽风旷自吹行。
野禽欢鸣,自得乐其惬境。

情志殷殷,哦诗舒出灵明。
人生振兴,修心领取清平。

物欲辞屏,人生高蹈心襟。
岁月经行,胸怀水云雅清。

红尘幻境,大有利于修心。
守护清心,守护正义心灵。

时雨经行

2025-4-12

时雨经行,小风温柔多情。
春禽鼓鸣,野境正如画境。

我自空清,写诗舒出心襟。
振志凌云,中心盈满春情。

岁月进行,何许嗟我斑鬓。
依然劲挺,依然怀有雄心。

踏实追寻,穿越千山万岭。
风光清新,涤我身心意灵。

畅意心襟

2025-4-12

畅意心襟,春来勃发心灵。
东风清新,时雨洒降均平。

清听鸟鸣,享受此际安宁。
旷怀无垠,品茗写诗舒情。

人生振兴,万里克难前行。
关山峻岭,览尽大千风情。

斑苍之境,一笑蔼然清平。
雅思空灵,展眼天地苍清。

风狂雨浓

2025-4-12

风狂雨浓,芳菲催落丛丛。
淡定心中,品茗悠思从容。

季春之中,情思中心浓重。
写诗情涌,舒出心中感动。

人生情钟,不为名利所怂。
淡泊襟胸,正气盈满持中。

红尘妙浓,生机勃勃宇中。
惜此雨猛,无数繁花断送。

心志清明
2025-4-12

心志清明，洒脱是我心灵。
风雨之境，碧柳毵舞多情。

空气鲜新，爽我心襟无垠。
雨中鸟鸣，惬我身心振兴。

淡荡生平，体尽烟雨艰境。
神恩丰盈，赐下福分安平。

骋志挺进，力战魔敌仇兵。
凯歌声劲，灵程风光灿俊。

芳美身心
2025-4-12

芳美身心，体道领取均平。
风雨苍劲，红雨堪可惊心。

季春情景，碧柳雨中飘行。
东风吹清，爽我心志无垠。

休憩之境，雅将新诗哦吟。
品茗芳清，振起精神分明。

人生挺进，标的明于心襟。
不为利名，损了身心意灵。

人生此际细论
2025-4-12

人生此际细论，容我鼓足精神。
努力长途驱骋，努力轻装上阵。

红尘浊浪滚滚，太多烟雨艰深。
唯赖神恩丰盛，赐下平安福分。

此际风雨清生，落红无数逝损。
时节已届季春，中心希冀恒存。

文明岂会停顿，进步自是永恒。
努力圣洁灵魂，努力作工勤奋。

时雨潇潇
2025-4-12

时雨潇潇，雅爽吾之情抱。
人生晴好，不为名利所扰。

风吹洒潇，野境鸟语骚骚。
情怀娟妙，新诗从心哦巧。

晚春美好，繁花似锦怡抱。
落红堪悼，不必过于烦恼。

振志前道，万水千山行好。
风光何妙，涤我情志逍遥。

人生清度吾从容
2025-4-12

人生清度吾从容，激情盈中，
正见盈中，不怕风雨兼程冲。

慨慷心志灿如虹，济世行动，
风雨彩虹，神恩赐下是恢弘。

淡荡秋春诗书诵，沉潜其中，
思想厚重，识破机簧与世风。

文明进步是无穷，灿若彩虹，
辉耀星空，乃是真神所推动。

雨后絮飞飘

      2025-4-12

雨后絮飞飘，斜日朗照。
散步我清好，春风涤抱。

适意吾逍遥，新诗哦了。
生活何美好，神恩丰饶。

振志往前跑，灵程美妙。
慧意盈心窍，正气富饶。

修心奋前道，履尽迢迢。
展颜舒微笑，旷怀洒潇。

淡定人生场

      2025-4-12

淡定人生场，超脱寻常。
矢沿正道航，修身向上。

春意展无恙，柳碧花芳。
东风复轻狂，径吹扬长。

黄昏之时间，日已西降。
野鸟清啼唱，哔其意向。

颂神心地间，灵程奋闯。
不计我斑苍，豪情盈腔。

清夜无眠

      2025-4-13

清夜无眠，精神颇振兴。
四更正临，四围颇安静。

灯下思清，校诗吾用勤。
中心怀情，颂赞神恩盈。

人生前行，离不开导引。
神恩无垠，赐下安与平。

慧意中心，雅思运空灵。
正见盈襟，发热发光明。

时既五更

      2025-4-13

时既五更，思致深沉。
人生纵论，正道恒存。
大道运稳，进步永恒。
叩道秉诚，悟道良深。

时既五更，内叩心身。
感佩神恩，赐福丰盛。
阖家安稳，平安晨昏。
颂赞真诚，努力灵程。

践履思想

      2025-4-13

践履思想，人生昂扬。
蓬勃向上，神恩广长。
春夜畅想，神思汪洋。
激情短章，正见奔放。

践履思想，不屈驱闯。
胜过魔障，试炼任艰。
世界神创，奇妙无疆。
努力贞刚，奋发心房。

雀鸟喧唱

2025-4-13

雀鸟喧唱，天启微微亮。
曙色东方，心志吾悠扬。

季春之间，万物生机畅。
清风来旷，惬我意无限。

正见心间，写诗复流畅。
人生理想，支撑我前闯。

胸襟奔放，激情当泻淌。
人间无恙，神恩敷广长。

定定当当人生场（之二）

2025-4-13

定定当当人生场，步履我安祥。
灵程道路奋发闯，叩道奋昂扬。

此际东天曙光亮，红日行将上。
百鸟争喧林野间，季春妙无限。

中心怀情放哦唱，天人正和畅。
神恩敷布何奔放，生机天地间。

红尘清度不张狂，正意作诗章。
百年人生持漫浪，清澈是襟房。

应时行动

2025-4-13

应时行动，人生吾英勇。
奋发前冲，关山风光灿恢弘。

秉持中庸，悟彻是圆通。
正志盈中，踏实风雨兼程冲。

红尘汹涌，大化恒运动。
共缘而从，文明进步无止穷。

春意心中，胸襟怀彩虹。
男儿奋勇，此生绝不做孬种。

清志人生场

2025-4-13

清志人生场，不为名利奔忙。
心襟怀定当，何许匆匆忙忙。

春来气昂藏，悠听禽鸟鸣唱。
爽风来淡荡，野境正如画廊。

清怀正无限，雅将世界包藏。
理想践履间，汗水岂会白淌。

男儿怀贞刚，矢志挺身向上。
不屈物欲场，不屈尘世罗网。

蓝天广长

2025-4-13

蓝天广长，心志悠悠扬扬。
清听鸟唱，享受和蔼阳光。

八．天人康庄

季春无恙，野境生机勃放。
万物欣长，沐浴煦日阳光。

我自慨慷，新诗纵情哦唱。
颂神应当，世界是神所创。

音乐嘹亮，婉转并且淡荡。
明媚春光，惬我心襟无限。

情怀无限

2025-4-13

情怀无限，人生淡淡荡荡。
大好春光，引我惬意欣赏。

碧柳摇芳，清风涤人襟房。
菜花金黄，田野妙丽奔放。

舒发情肠，衷心我要歌唱。
生此世间，沐浴神恩广长。

正意心间，一生坦坦荡荡。
修身向上，挺志奋发昂扬。

悠悠人生

2025-4 13

悠悠人生，道德尽力守遵。
心灵雅贞，矢沿正道驰奔。

红尘滚滚，正是试炼之阵。
持心沉稳，仰赖神恩丰盛。

奋志刚正，退缩卑媚不成。
努力前骋，克尽一切艰深。

光明前景，圣父倚门在等。
天国永生，福乐至宝至尊。

人生世间

2025-4-13

人生世间，博爱未可稍忘。
骋志昂扬，活出正义模样。

男儿豪放，岂会屈于强梁。
正见心间，识破诡计机奸。

坦荡情肠，向神敞开襟房。
颂神应当，神必赐下安祥。

灵程奋闯，德操尽量加强。
神恩茁壮，大地人民欢畅。

东风清吹畅

2025-4-13

东风清吹畅，妙发情肠。
煦日暖洋洋，我意奔放。

雀鸟纵啼唱，赞此尘壤。
万物生机放，蓬勃野间。

花开花又殇，引我嗟怅。
时光飞若狂，老我斑苍。

率意哦昂藏，身心雅闲。
正见与理想，支撑我闯。

傲骨颇强刚，不屈强梁。
如松之生长，绝壁之上。

百年持漫浪，风雨任狂。
坚贞心地间，叩道矢闯。

笑意展温让，不取猖狂。
君子人格养，心志端方。

诗书一生向，半世潜藏。
龙吟一声响，天地惊向。

阳光和畅
　　　　　　　　2025-4-13

阳光和畅，春光明媚生机昂。
东风吹扬，野境鸟语奏响亮。

我自安祥，向神献上颂无限。
人生向上，奋发志向何强刚。

红尘攘攘，太多机关并暗枪。
神恩广长，导引选民入康庄。

大道叩访，心得体会入诗唱。
践履思想，正见眼中有慧光。

向前向上，修身养德无止疆。
百年不长，务须抓紧彼时间。

天堂辉煌，圣洁灵魂才能上。
共父永长，享受幸福万年康。

鸟语啾啾喧意向
　　　　　　　　2025-4-13

鸟语啾啾喧意向，春日情长，
新诗哦唱，舒出中心情志芳。

花红柳碧真无限，菜花金黄，
河水绿荡，田园妙丽何吉祥。

写意红尘真无恙，引我欣赏，
颂赞襟房，推因皆出神恩壮。

努力叩道灵程闯，风雨任艰，
试炼任放，丈夫意志磐石壮。

如花绽放
　　　　　　　　2025-4-13

如花绽放，心志如花绽放。
春来情长，春来心地情长。

爽意尘壤，一片鸟之歌唱。
人民安祥，乐度生涯欢畅。

感发心间，颂神出自心膛。
世界神创，其中灵妙难详。

骋志茁壮，奋沿灵程闯荡。
飞奔天堂，彼处无限荣光。

身处世间，修身养性向上。
克己污脏，活出圣洁模样。

正念襟房，无有机奸隐藏。
作盐作光，荣耀圣父无限。

心志平旷
　　　　　　　　2025-4-13

心志平旷，颂赞神恩茁壮。
春来扬长，欢愉盈满襟房。

世界无恙，欣欣向荣无限。
万物生长，阳光温和明亮。

蓝天云翔，小鸟自由歌唱。
生机田壤，菜花漫眼金黄。

衷心讴唱，颂此地久天长。
人生世间，仰赖神恩奔放。

坚贞理想，鼓励我往前闯。
高远遐方，风光雄浑丽壮。

风雨无妨，男儿俊骨强刚。
用脚步量，直至天涯遐方。

彩虹心间，七彩闪耀慧光。
谦贞情肠，原无私密隐藏。

正直向上，无机是我心房。
挺身阳光，济世奋发图强。

朝日敷其明光

2025-4-13

朝日敷其明光，灿烂我之心房。
季春妙无恙，天地明媚漾。

清听小鸟歌唱，享受和风之扬。
惬意我情肠，新诗连踵唱。

岁月侵我华霜，一笑颇自安祥。
神恩赐茁壮，阖家享安康。

向神敞开襟房，努力圣洁情肠。
正意盈心间，讴咏舒奔放。

九. 地久天长

第三十三卷《恒昌集》

雅旷身心
2025-4-13

雅旷身心，人生振志凌云。
朔风呼劲，冷寒无妨心境。

季春情景，雀鸟大声啼鸣。
柳碧芳青，自由摇摆多情。

我自镇定，不为落花伤情。
世事浮云，吾只独守本心。

正志前行，不惧崇山峻岭。
微笑浮萦，豁怀清淡和平。

云天舒朗
2025-4-13

云天舒朗，人生振奋意向。
北风号狂，深吸空气快畅。

华年逝淌，又到季春时间。
落花堪伤，时光如水之殇。

情志奔放，努力长途驱闯。
心怀向上，不屈不挠阳刚。

骋志阳光，冲决黑暗之障。
性天清朗，秉持正直天良。

人生情志清骋
2025-4-13

人生情志清骋，哦出吾之兴奋。
夜风吹来清纯，醒转撰诗诚真。

时节已届季春，物华遍野生成。
万红千紫繁盛，讴呼颂赞真神。

路上响着车声，时间已近三更。
秉持中心真诚，舒发情志温存。

不为名利竞争，淡泊是我心身。
叩道奋身长骋，万里风雨兼程。

领略人生
2025-4-13

领略人生，力保心灵纯正。
叩道历程，风雨之中驰奔。

正义刚贞，面对红尘滚滚。
加强修身，污浊努力战胜。

试炼任生，心志如磐方正。
处心沉稳，物欲尽力弃扔。

去伪存真，质朴是我本分。
大道昌盛，叩道奋不顾身。

直面人生

2025-4-13

直面人生，吾不畏惧艰深。
丰富神恩，导引吾之灵程。

夜犬吠振，点缀春夜温存。
清风来生，振奋情志十分。

时已三更，不眠思发深深。
清度世尘，直面残酷人生。

仰赖神恩，赐我阖家福分。
尽力修身，正直清度一生。

清静人生

2025-4-13

清静人生，不为名利奋争。
淡泊心身，原也雅洁清芬。

污秽抛扔，剩有一腔刚正。
力保清纯，力保心志平稳。

向上力争，灵程道路驰奔。
试探任生，心灵稳妥十分。

颂赞神恩，恩典何其丰盛。
微笑清生，步履丰美灵程。

朗月在望

2025-4-14

朗月在望，四更之时间。
醒转安祥，提笔作诗章。
晚春无恙，气氛和蔼漾。
不热不凉，身心适而康。

人生情荡，正志讴奔放。
不为物丧，修心奋向上。
时光飞殇，惜时铭襟房。
茁壮理想，鼓励我成长。

心志均平

2025-4-14

心志均平，惬听鸟之鸣。
朔风吹劲，空气是鲜新。
晚春妙境，柳碧菜花金。
中心高兴，新诗哦不停。

人生振兴，不为利与名。
济世心襟，原也旷凌云。
心中怀情，颂赞神恩盈。
加强修心，灵程力挺进。

悠悠人生场

2025-4-14

悠悠人生场，何许着急发狂。
合当持定当，行旅稳步安祥。

人生振志向，况当此芳春间。
万物俱生长，一片蓬勃景象。

颂神理应当，世界是神所创。
奇妙不可讲，文明进步无疆。

裁心哦诗章，呼出吾之昂扬。
奋发前驱闯，关山用脚丈量。

杨柳舞风

2025-4-14

杨柳舞风，杨柳惬意舞风。
淡泊心胸，散步吾意从容。

春意重浓，雀鸟啼鸣奋勇。
落花堪痛，时光飞逝匆匆。

大化运动，几人真的能懂。
万有空空，名利损人心胸。

我意情浓，写诗呼出沉痛。
合当凝重，心志趋向清空。

肆意是此风声

2025-4-14

肆意是此风声，一路狂奔。
时节已届晚春，落花嗟损。

清净是我心身，体道诚真。
悠悠守我本份，诗书潜沉。

此际振我心身，哦咏清芬。
窗外响着鸟声，娇啭温存。

淡泊情志生成，展眼云层。
旷怀雅洁无伦，不忘前骋。

清夜宁静

2025-4-14

清夜宁静，月华爽然在映。
三更之境，醒转灯下思清。

人生殷殷，奋志挥洒用勤。
踏实追寻，此际休憩身心。

春夜和凝，小风其来温情。
远野灯映，点缀世宇和平。

岁月进行，华发减去英俊。
心志空清，悠悠情怀谁明。

人生前行，已越崇山峻岭。
六十斑境，豁怀自是无垠。

桑沧经行，未减慨慷心性。
慵懒抛屏，勤奋读书用劲。

凝重人生

2025-4-15

凝重人生，此际早起五更。
时值季春，小风无比温存。

振奋精神，写诗舒发心身。
人生刚正，不忘谦和谦贞。

向上力争，如松挺拔之生。
不妄纷争，淡定清度秋春。

诗书清骋，哦唱每一晨昏。
豁怀无伦，正见支撑人生。

九．地久天长

逸意生成

2025-4-15

逸意生成，人生纵情而论。
雀鸟啼春，写意东风温存。

早起情振，新诗纵哦真诚。
吐出心身，吐出正意刚贞。

清度红尘，努力修心是真。
整束心身，未可外逸肆奔。

约己归正，污秽矢志抛扔。
清志雅芬，叩道乐达天人。

读书无恙

2025-4-15

读书无恙，写诗无恙，
春来情旷，惬听鸟唱，
享受悠闲。

红尘奔放，花红柳芳，
生机宇间，淡荡襟房，
纵情哦唱。

岁月飞畅，不老心房，
正志向上，持心贞刚，
晚晴扬长。

未可耽闲，振志向上，
克己昂扬，修身端壮，
微笑浮上。

清度逸意红尘

2025-4-15

清度逸意红尘，处心吾平正。
不为名利所损，淡度朝昏。

晚春清听鸟声，风儿来清奔。
读书写诗馨温，爽雅心身。

岁月侵人已深，霜华吾渐盛。
淡荡一笑温存，依然清纯。

红尘浊浪滚滚，正可磨炼心神。
正志旷怀真诚，叩道奋身。

爽意人生场

2025-4-15

爽意人生场，听取鸟唱。
午时阳光靓，云天澹荡。
季春之时间，万物荣昌。
感发我襟肠，哦咏奔放。

旷风吹扬长，带来凉爽。
品茗振意向，激情盈腔。
中心怀理想，奋发闯荡。
风雨任苍凉，勇武襟房。

此际心安祥，颂神心间。
人生奋贞刚，灵程勇闯。
试炼任其艰，我志强壮。
万里履平旷，风光润肠。

春意美无限，花开花殇。
流年飞逝狂，霜华渐涨。

313

一笑吾澹荡,共缘旅航。
百年持定当,著书雅闲。

红尘清度了
2025-4-16

红尘清度了,
正志人生切莫付草草。
春夜心志正潇骚,
新诗纵哦怡心窍。

旷怀雅且妙,
子夜醒转身心俱洒潇。
裁思不已舒奇妙,
正见人生吾逍遥。

乐天知命了,
清振心身奋志叩大道。
不为名利支配好,
镇定万里征程潇。

耳顺之年到,
华年逝去任其水上飘。
淡泊情志余一笑,
春来情怀何美妙。

初进五更
2025-4-16

初进五更,不眠灯下思深。
人生奋骋,淡定清持心身。

世事纭纷,勿为名利所损。
守我心身,守护吾之心灯。

百年人生,真如转眼一瞬。
正志刚贞,务须努力修身。

清度红尘,正直无机秉诚。
雅洁秋春,哦咏新诗晨昏。

心志沉静
2025-4-16

心志沉静,淡眼天色苍青。
凯风进行,晚春清喜天晴。

花落无垠,引我嗟叹心襟。
雀鸟奏鸣,愉悦余之意兴。

生活和平,安乐享此清宁。
读书品茗,写诗描述心灵。

振起身心,人生高歌猛进。
莫为利名,损了英武心襟。

况味人生
2025-4-16

况味人生,勃发情志诚真。
春来兴奋,展眼花繁柳盛。

南风清生,时节欣此晚春。
雀鸟啼奋,点缀和平十分。

品茗意振,哦咏新诗怡神。
坎坷浮生,而今领受安稳。

奋向前骋,越过山高水深。
红尘滚滚,磨炼英武心身。

九．地久天长

流年光阴飞劲
2025-4-16

流年光阴飞劲，心志吾均平。
斑苍不减奋兴，努力以前行。

晚春欣此天晴，爽风恣进行。
蓝天流变白云，世界若画境。

我自悠悠品茗，心志怀雅清。
抛却尘世利名，省了多少心。

修养吾之性灵，胸襟怀水云。
诗书惬我身心，哦咏不止停。

清净身心
2025-4-16

清净身心，人生挺志前行。
穿山越岭，一路雅放歌吟。

世事艰辛，时怀苦痛心情。
神恩丰盈，赐下福分安平。

悠悠此心，活泼自是无垠。
体道上进，不惹俗世利名。

高蹈心襟，趋向化外之境。
烟霞怡心，水云惬我心灵。

心志平静
2025-4-16

心志平静，温柔小风正经行。
世宇和平，晚春夜色何爽清。

灯下思凝，人生振志往前行。
坦荡盈心，不图利来不图名。

修身之境，层层烟峦并云岭。
努力前行，努力鼓勇奋上进。

慧炬燃明，烛照暗夜与雾境。
中心光明，坚信前路通天庭。

此际安宁，写诗哦咏我心灵。
伪饰抛清，拙正人生吾多情。

胸怀雅清，淡泊情志入水云。
一笑淡定，世事风波是缘行。

子夜时分
2025-4-17

子夜时分，心志旷然生成。
春夜温存，远野犬吠声声。

风来清奔，灯下思展深沉。
人生纵论，仍须奋发心身。

霜华清生，不减少年风神。
振志前骋，履尽山高水深。

世事纭纷，浊流其运滚滚。
清澈心身，绝不允许沉沦。

正志秋春，守心崇德一生。
诗书潜沉，哦咏冬夏秋春。

此际心芬，写诗舒出精诚。
时光飞奔，点滴寸阴惜珍。

五更渐有鸟鸣唱

2025-4-17

五更渐有鸟鸣唱，早起吾悠扬。
写诗适情肠，上网漫冲浪。

晚春天气温和漾，小风来清爽。
灯下展思想，人生振志向。

清平世界神所创，春来生气昂。
百花都开放，群鸟讴奔放。

不嗟华年逝淌，不嗟鬓发萧苍。
迎难吾径上，克己修襟房。

晨风清绕

2025-4-17

晨风清绕，写意红尘吾逍遥。
暮春芳好，清心静意听啼鸟。

五更初了，天色初明吾洒潇。
撰写诗稿，哦点新诗颇奇妙。

人生晴好，万里风烟领尽了。
情志娟妙，展颜微露我清笑。

心怀不老，斑苍不减我刚傲。
迈越迢迢，追寻真理奋奔跑。

心志平静

2025-4-17

心志平静，淡眼尘世风云。
人生挺进，览尽大千风景。

晚春妙境，花香鸟语多情。
哦诗舒情，人生此际振兴。

岁月进行，不觉已染苍鬓。
依然怀情，依然向往殷殷。

坎坷生平，赢得潇潇心襟。
旷怀无垠，处世身心清宁。

休闲领取彼意境

2025-4-17

休闲领取彼意境，爽听鸟鸣，
振奋心襟，品茗写诗何愉心。

淡泊秋春领意境，不图利名，
爽雅身心，天人大道奋叩寻。

展转桑沧吾淡定，观取风云，
寰宇包并，修养潇潇之身心。

六十华年已来临，微笑浮萦，
心怀镇定，著书记录余心襟。

爽风进行

2025-4-17

爽风进行，快慰吾之心襟。
休闲怡心，培花种草多情。

暮春情景，繁花渐次凋零。
不必伤心，人生共缘挺进。

大千旷运，天晴野鸟纷鸣。
悠悠心境，哦咏新诗奋兴。

九．地久天长

人生前行，领略关山风情。
世界妙境，惬我身心意灵。

旷意人生

2025-4-17

旷意人生，保守心之纯真。
清听鸟声，享受风之清纯。

和蔼宇城，时节正届晚春。
万物繁盛，勃勃是我心身。

展眼云层，自在淡飞纷纷。
写诗怡神，舒出人生刚正。

岁月飞骋，华年一若水奔。
霜华渐盛，呵呵一笑温存。

喜鹊大鸣唱

2025-4-17

喜鹊大鸣唱，引我心襟悠扬。
时近谷雨间，芳春清喜晴朗。

东风复吹旷，递来不尽鸟唱。
田野茂荣昌，老柳毵毵而荡。

读书声震响，婉转并且扬长。
适意人生场，春来激情发扬。

努力奋向上，未可耽于暇闲。
男儿奋贞刚，克尽一切困障。

贞志人生

2025-4-17

贞志人生，领略尽烟雨缤纷。
鸟啭声声，春来惬我心意神。

情志容申，哦歌诗书放声声。
激情旷正，人生尽力以驰骋。

晚春时分，朗意东风吹清纯。
田野茂盛，碧柳舞动其青春。

振意秋春，男儿怀情济世诚。
正直一生，不屈磨难与困城。

神恩丰盛，赐下平安之福分。
沉潜书城，寻觅真理慧心身。

一笑纯真，中心怀有意深沉。
理想支撑，奋发万里之旅程。

爽朗人生

2025-4-17

爽朗人生，激情岁月度清芬。
苦痛抛扔，清心诚意持雅正。

红尘滚滚，大浪淘沙是真正。
努力奋身，冲决困顿与艰深。

一笑倩芬，领略丰盛之神恩。
灵程奋骋，大好风光何清纯。

岁月进深，斑苍生成吾沉稳。
旷怀哦申，呼出新诗也宜人。

雀鸟纷鸣唱

2025-4-17

雀鸟纷鸣唱,写意尘壤。
东风来清爽,惬我意向。

读书声铿锵,激情发扬。
写诗复流畅,舒出情肠。

人生于世间,未可狂猖。
谦贞于襟房,修身尽量。

晚春真无恙,万物茂昌。
身心吾欢畅,体道昂藏。

天气初显炎蒸

2025-4-17

天气初显炎蒸,烈日此际烘人。
骑车穿过市镇,总赖爽风慰人。

人生清度红尘,时节正届晚春。
花开花落纷纷,愉悦余之心神。

世界浊浪滚滚,演绎故事深沉。
雅秉吾之心身,不为名利沉沦。

叩道奋不顾身,男儿挺直刚正。
如松之生虬贞,不屈不挠旺盛。

情志人生场

2025-4-17

情志人生场,正义阳光。
春来情温让,诗书平章。

身心不张狂,谦正情肠。
人生奋向上,克己污脏。

红尘是攘攘,水云心间。
名利不必讲,心怀沧浪。

濯足吾何讲,一笑淡荡。
一切共缘航,坦荡心房。

春天乃是好时光

2025-4-17

春天乃是好时光,雀鸟鸣放,
花开妍芳,畅意东风吹澹荡。

此际清坐展思想,一曲激昂,
撰诗奔放,舒出情志是无恙。

暮春时节黄昏间,热气犹亢,
野境鸟唱,灯下情思展扬长。

人生奋发慨而慷,男儿豪放,
心怀贞刚,不屈豺虎与强梁。

振志万里长驱闯,关山万幢,
风光无限,引我心襟志情壮。

履尽坎艰不悲怅,一笑温让,
一笑安祥,正志寰宇均包藏。

写意红尘何空清

2025-4-17

写意红尘何空清,爽我身心,
炼我心灵,人生奋志往前行。

春来奋发意殷勤，步履强劲，
天涯挺进，不畏风雨与艰辛。

此心活泼妙无垠，人生多情，
叩道圆明，圆通圆融悟心襟。

展眼田野如画境，东风清新，
众禽鼓鸣，欢愉余意与余心。

蓬勃人生
2025-4-17

蓬勃人生，春来情志清振。
感发真诚，哦诗倾吐心身。

鸟鸣阵阵，惬我情思温存。
风来爽神，云天淡荡怡人。

清度红尘，百年真似一瞬。
奋志挺身，力战魔敌凶狠。

神恩丰盛，赐下平安妥稳。
颂出心身，努力步履灵程。

第三十四卷《自尊集》

觉悟人生
2025-4-17

觉悟人生，秉持信念诚真。
去伪存真，叩道奋我心身。

感谢神恩，导引丰美灵程。
克敌制胜，不惧试炼艰深。

努力修身，圣洁自我灵魂。
污秽抛扔，淡荡清度秋春。

观此世尘，大化运行何稳。
颂出心身，赞美天父鸿恩。

快意人生
2025-4-18

快意人生，心志从心生成。
早起时分，旷听晚春鸟声。

风来清奔，爽雅吾之心身。
清度世尘，不惹俗雾凡尘。

一身刚正，岂屈魔敌缤纷。
傲骨铮铮，怀德怀璧人生。

努力灵程，努力加强修身。
努力驱骋，努力振我心身。

挺志人生
2025-4-18

挺志人生，冲决风雨艰深。
正直一生，不畏险恶旅程。

岁月进深，愈添余之沉稳。
斑苍清生，赢得一笑真诚。

蒙福何深，天父导引灵程。
奋志十分，步履脚下坚正。

无愧人生，如松无比坚韧。
努力昌盛，努力绝壁生存。

情志吾雅好
2025-4-18

情志吾雅好，振志人生奋前道。
芳春惬情抱，畅吸清风听啼鸟。

花开何其娇，花落何须人烦恼。
处缘吾洒潇，诗书润我襟怀抱。

人生未许傲，谦和谦贞须力保。
正义之心窍，叩道体道乐逍遥。

红尘胡不好，天地明媚生机饶。
淡霭空际飘，田野如画何美妙。

谦正人生
2025-4-18

谦正人生，未许心志生疼。
奋发刚正，努力万里驱骋。

百年人生，弹指正如一瞬。
莫妄纷争，雅持淡泊心身。

红尘滚滚，浊浪是缘推成。
清静沉稳，雅洁清度秋春。

悟彻红尘，微笑从心而生。
正志晨昏，朗放读书之声。

情思悠扬
2025-4-18

情思悠扬，淡眼木香初开芳。
洁白妙放，引我折腰以欣赏。

东风吹狂，野境雀鸟欢欣唱。
生机宇间，晚春时节美无恙。

我自情长，激情新诗纵哦唱。
颂神心间，创化宇宙妙无限。

正志向上，人生标的明襟房。
修身尽量，克己养德无止疆。

适意人生
2025-4-19

适意人生，努力保守纯真。
尽力修身，清度冬夏秋春。

振志前骋，山水悦我心身。
风光雄浑，壮我情志十分。

此际暮春，窗外鸟语缤纷。
休闲时分，写诗舒发心声。

世事纵论，困果递进生成。
圆明悟证，守戒守拙守贞。

暮春无恙
　　　　　　　　2025-4-21

暮春无恙，芳美盈此寰壤。
小风清畅，无数野禽鸣唱。

木香开芳，引我中心叹赏。
月季妍靓，又引余意赞扬。

心怀勃放，情志共春同长。
正见心间，曲邪尽力克降。

努力向上，修身无有止疆。
清度尘壤，克己是有荣光。

时雨又生成
　　　　　　　　2025-4-21

时雨又生成，淅淅纷纷。
灯下思深沉，暮春时分。

阖家享馨芬，神恩丰盛。
父母健康身，慰我十分。

人生奋刚正，努力驰骋。
不畏彼艰深，浩志沉稳。

笑意从心生，勿忘修身。
正直度秋春，诗书哦芬。

逼仄人生
　　　　　　　　2025-4-24

逼仄人生，赢得心襟生疼。
丰沛神恩，赐下平安安稳。

努力灵程，努力叩道奋身。
努力前骋，努力正直立身。

红尘滚滚，又到暮春时分。
天阴风骋，清坐思发深沉。

雀鸟啼纷，园圃花开妍芬。
岁月进深，不减胸襟风神。

此际休闲
　　　　　　　　2025-4-24

此际休闲，心襟旷展温让。
小风悠扬，青野生机勃放。

残春正当，万物生长茂壮。
鸟语娟唱，花开妍丽娇芳。

我自安祥，中心不思不想。
品茗兴涨，小哦新诗一章。

人生旷放，不为名利遮障。
性天敞亮，叩心觅求慧藏。

人生志向知多少
　　　　　　　　2025-4-24

人生志向知多少，激情如春草。
新诗从心纵哦了，舒出心奇妙。

红尘清度莫草草,正志关山道。
莫为名利耽误了,清心叩道妙。

此际爽意听啼鸟,写意风来骚。
春暮情怀萋若草,心事向谁道?

振奋情志长驱跑,风雨不足道。
六十华年来到了,赢得开怀笑。

品味人生
2025-4-24

品味人生,雅放我正义刚贞。
此际黄昏,清心静意听鸟声。

又值残春,清喜万物都勃盛。
小桃青春,茁壮成长喜煞人。

园圃花芬,洁白木香笑迎人。
月季灿盛,七色争妍开芳纯。

苍烟生成,展眼天际霭烟横。
嗟叹心身,时光若水迅前奔。

鼓志前骋,万里山水风光胜。
惬意心生,不畏风雨力兼程。

斑苍惜生,华年逝去不断增。
心志清纯,不老情怀奋刚正。

早起听鸟簧
2025-4-25

早起听鸟簧,哨遍田壤。
五更时正当,钩月东方。

暮春之时间,寰宇温让。
微风来清爽,振我情肠。

写诗以讴扬,旷怀扬长。
人生奋向上,豪情盈腔。

勿负此韶光,如金相仿。
努力修襟房,努力昂扬。

大好春光
2025-4-25

大好春光,芳美晨光,
煦阳温让,野禽啼唱,
东风悠扬。

散步兴旷,心情扬长,
感发心间,哦咏诗章,
舒发情肠。

百草萋长,老柳飘扬,
青芦茁壮,月季娇芳,
木香澹荡。

蓝天云翔,自由天壤,
纵情欲上,旷飞无疆,
胸襟奔放。

心志和平
2025-4-25

心志和平,窗外喜鹊正清鸣。
残春经行,天晴和风吹多情。

中心高兴，呼出情兴讴清平。
振奋心灵，爽雅人生挺志行。

红尘艰辛，唯赖神恩大无垠。
赐下康平，赐下福分是满盈。

正义盈襟，一切卑弱均抛屏。
叩道意境，山回路转过千岭。

谨慎人生

2025-4-25

谨慎人生，步步为营是真。
慎独心身，稳扎稳打前骋。

此际暮春，此际阳光清纯。
此际鸟振，此际和风清逞。

爽雅时分，品茗情志生成。
哦诗清芬，展眼蓝天云奔。

秉持真诚，正直清度一生。
尽力修身，尽力向上力争。

云天爽朗

2025-4-26

云天爽朗，雀鸟纵歌唱。
喜悦心间，父母俱健康。

神恩丰穰，思此颂赞放。
振志前闯，高山任万幢。

残春正当，东风吹悠扬。
和蔼尘壤，生机勃勃放。

撰写诗章，情怀舒扬长。
人生向上，韶华勿费浪。

爽意人生

2025-4-26

爽意人生，正直坚持一生。
不畏艰深，不屈虎豹之阵。

此际残春，万物生机勃盛。
清听鸟声，品茗意兴生成。

哦诗清芬，舒出心志刚正。
傲骨铮铮，绝无卑媚半分。

红尘滚滚，大浪淘沙真正。
修我心身，无机心地清纯。

小桃茁壮长

2025-4-28

小桃茁壮长，残春正当。
心境持悠扬，风来和祥。

天气喜晴朗，清听鸟唱。
月季盛开放，妙丽色相。

人生奋向上，冲决艰苍。
微笑展无恙，神恩奔放。

华年任逝放，我心顽强。
挺志天涯向，阔步无疆。

时光雅飞骋

2025-4-28

时光雅飞骋，人生纵情论。
落照灿光逞，爽风袭心身。
时既值残春，万物欣欣盛。
余意慨慷生，哦诗情志振。

哦诗情志振，野境遍鸟声。
天晴苍烟生，世界美无伦。
神恩赐丰盛，感恩我虔诚。
努力灵程奔，山水越昌盛。

学海奋舟航

2025-4-29

学海奋舟航，人生吾向上。
此际残春间，天气喜晴朗。
流风旷吹翔，雀鸟欢鸣唱。
生机盈寰壤，能不纵哦唱。

客旅人生场

2025-4-29

客旅人生场，总凭正意作导航。
残春此清当，天气晴和风爽朗。

野禽鼓啼唱，逸意生成于心间。
奋志读诗章，更哦新诗舒情肠。

人生矢向上，不畏风雨不畏艰。
展颜微笑放，骋志天涯怀漫浪。

我是读书郎，不为名利而奔忙。
清心叩道藏，胸襟明媚烟霞靓。

寂寞人生场

2025-5-1

寂寞人生场，雅思奔放。
新诗纵情唱，情志悠扬。

此际吾休闲，假日正当。
残春不必讲，生机茁壮。

人生怀向往，正志向上。
履尽彼艰苍，一笑爽朗。

展眼吾旷望，青茂田壤。
雀鸟纵鸣唱，自由安祥。

蛙鼓悠扬

2025-5-2

蛙鼓悠扬，袤起我的意向。
春夜清当，立夏数日之间。

三更无恙，醒转清闻蛙唱。
引我情肠，写诗勃发张扬。

人生安祥，天人大道叩访。
天籁之放，风递蛙鼓悠扬。

微笑浮上，正志天涯之向。
人格必讲，修身原也贞刚。

情志悠扬

2025-5-2

情志悠扬，挺志人生向上。
煦日温让，紫燕喃喃低唱。

风来闲旷，喜鹊振意鸣放。
喜悦心间，品茗诗意袭上。

处心安祥，不为名利起浪。
淡定情肠，原也无有机奸。

红尘无恙，一片生机兴旺。
残春清当，花红柳绿盛昌。

斜照朗朗

2025-5-2

斜照朗朗，蓝天云澹荡。
小风悠扬，听得鸟啼唱。

立夏将访，残春妙无限。
月季妍芳，青桃茁壮长。

心怀无恙，休闲吾雅旷。
读书安祥，朗放我哦唱。

正志之向，依然在远疆。
不计苍茫，不计艰与障。

夜蛙又鸣唱

2025-5-3

夜蛙又鸣唱，四更之间。
醒转我思想，激情张扬。

旷风吹来畅，一片凉爽。
时近立夏间，残春正当。

岁月走奔放，微笑清放。
霜华任增长，心襟淡荡。

红尘清度间，挺志前闯。
不畏惧苍凉，修身向上。

时近五更

2025-5-3

时近五更，心志清明十分。
爽风清逞，惬意盈我心身。

人生奋争，时节已届残春。
韶华水奔，努力万里驱骋。

远抛心疼，共缘履历缤纷。
正志刚贞，清度红尘滚滚。

心向谁论？淡然一笑清芬。
孤寂秋春，哦诗读书晨昏。

拙正人生场

2025-5-3

拙正人生场，此际听取蛙唱。
夜风来清凉，爽意天地之间。

五更初进间，不眠发我思想。
人生正志向，不屈尘世艰苍。

心怀持雅靓，质朴秋春之间。
不计名利彰，淡度岁月悠扬。

百年是飞畅，笑我霜华新涨。
随缘吾安祥，一笑蔼然淡荡。

五更爽风畅

2025-5-3

五更爽风畅，心地潇旷。
野境蛙鼓唱，一片悠扬。

情志清无恙，新诗哦唱。
舒出意扬长，舒出心芳。

有鸟初啼唱，宛转意向。
残春此正当，适意情肠。

天还没有亮，灯下思想。
振志向前闯，越山万幛。

风作呼啸响

2025-5-3

风作呼啸响，蛙鼓悠扬。
一片晨鸟唱，五更之间。

后日立夏访，春去扬长。
时光是飞殇，笑我华霜。

人生奋向上，履尽险艰。
依然情怀朗，依然贞刚。

澹荡之襟房，无机雅靓。
正义人生场，舒我奔放。

流风鼓畅

2025-5-3

流风鼓畅，有蜜蜂采花正忙。
残春清当，紫燕喃喃旷飞翔。

和平宇间，天气清和且晴朗。
流云淡荡，惬意人生骋意向。

情志张扬，旷怀高兴哦诗章。
一曲流畅，一曲激越且奔放。

微笑浮上，人生豁达且平康。
且向前闯，展眼天下都平旷。

旷怀悠扬

2025-5-3

旷怀悠扬，雅将人生歌唱。
东风吹翔，展眼卵青天壤。

鸟纵鸣放，赞此写意尘壤。
残春之间，天气清和无恙。

休闲情肠，哦诗品茗澹荡。
清怀扬长，纵我人生慨慷。

处心平旷，不执名利增减。
无机心房，叩道是我志向。

楝花开放

2025-5-3

楝花开放，粉蝶翩翩飞翔。
河水汤汤，老柳舞其淡荡。

散步闲逛，呼吸清风快畅。
水鸟悠扬，掠水低飞安祥。

耳际鸟唱，蓝天白云流荡。
残春花芳，大千一片盛旺。

情志奔放，哦咏新诗激昂。
人生向往，依然系于远疆。

晚霞正红

2025-5-3

晚霞正红，旷来彼爽风。
残春匆匆，立夏步履来奋勇。

心志中庸，不妄去行动。
内叩心胸，正思雅见凝于中。

人生前冲，踏破山水踪。
雨雨风风，不过磨炼我襟胸。

华年逝送，百感盈于胸。
霜华渐浓，豁怀清取淡无穷。

暮色初浓，市井热闹中。
车水马龙，熙熙攘攘人挤拥。

裁思灵动，哦出我情浓。
焕发心胸，生活恒使余感动。

今夜蛙鼓悠扬

2025-5-4

今夜蛙鼓悠扬，清风其来流畅。
时值五更间，早起心澹荡。

春去转眼之间，明日立夏来访。
不必觉茫苍，人生振志向。

百感浩发襟房，诗意盈于心间。
有鸟初啼唱，天还未启亮。

心怀和平无恙，情志茁发昂扬。
朱夏来即将，惜时勿稍忘。

晨鸟纷啼唱

2025-5-4

晨鸟纷啼唱，晨光悠扬。
野风来清爽，一片爽凉。

春去已无恙，立夏明访。
情怀吾安祥，微笑浮上。

豁怀取平康，振志向上。
人生若疆场，努力昂扬。

只是时光殇，老我即将。
更应放马闯，发热发光。

独立襟雄

2025-5-4

独立襟雄，旷对彼清风。
蓝天云动，阳光正和慵。

春去无踪，感发于襟胸。
时光匆匆，情志勃发中。

柳摇从容，月季灿妍浓。
楝花开隆，小桃成长中。

岁月如风，霜华不嗟重。
心怀灵动，哦诗吐清空。

流年更张何迅猛

2025-5-4

流年更张何迅猛，春去匆匆，
春去匆匆，明日立夏来访中。

此际清听鸟鸣颂，写意清风，
写意清风，大千生气勃发中。

淡泊情志讴从容，舒发心胸，
舒发心胸，正志万里迈越中。

六十华年逝随风，一笑清空，
一笑清空，人生客旅吾凝重。

灿放人生笑容

2025-5-4

灿放人生笑容，豁达盈满襟中。
清听鸟颂，清听鸟颂，
快慰情志欢浓。

春去从从容容，天气多云之中。
休闲和慵，休闲和慵，
雅将新诗哦诵。

人生无比情钟，赞此写意字穹。
野风来送，野风来送，
旷怀舒发无穷。

正志放我歌咏，神恩无比丰隆。
灵程奋冲，灵程奋冲，
修心养德中庸。

正志人生

2025-5-4

正志人生，不减吾之真诚。
春去无声，淡定是我心身。

奋志刚贞，冲决磨难层层。
鼓志前骋，不畏山高水深。

红尘滚滚，磨炼吾之心身。
一笑纯真，男儿英勇十分。

野风来逞，耳际灌得鸟声。
花开倩芬，楝花开得何盛。

生机勃盛，田园妙丽十分。
柳舞青春，婀娜多姿生成。

展眼云层，中心情向谁论？
清度秋春，读书写诗意奋。

第三十五卷《快哉集》

此际休闲

2025-5-4

此际休闲，中心充满淡荡。
小风来翔，鸟语吱喳奔放。

情志悠长，人生坦坦荡荡。
客旅人间，合当清度扬长。

名利虚妄，正见支撑理想。
奋向前闯，越过高山万幢。

纵我情肠，新诗从心哦唱。
品茗意旷，激情畅意流淌。

处心平正

2025-5-4

处心平正，人生雅思纵横。
春去无声，雀鸟清啼振奋。

旷怀秉诚，人生叩道奋争。
诗书潜沉，赢得潇洒心身。

哦诗深沉，舒出人生刚正。
名利弃扔，高蹈心襟清芬。

憩此红尘，洒脱清度秋春。
淡泊晨昏，朗放读书之声。

沉静人生场

2025-5-4

沉静人生场，挺志前闯。
此际听鸟唱，风来爽凉。

快意盈襟房，人生向上。
不畏惧艰苍，迎难径闯。

修身晨昏间，克己污脏。
圣洁盈心房，眼目明亮。

天气喜晴朗，春去安祥。
大千气象壮，颂发情肠。

坎苍不必讲，已成过往。
男儿情怀靓，一笑澹荡。

神恩未可忘，赐福康强。
阖家享平康，颂赞献上。

天日喜晴朗

2025-5-4

天日喜晴朗，闲情雅旷。
斜照复朗朗，流云淡荡。

写意此尘壤，生机勃壮。
明日立夏访，春去无彰。

休闲品茗旷，洁净心房。
正义我强刚，胸怀茁壮。

人生若花放，灿烂无恙。
履尽彼苍茫，寻觅慧藏。

岁月走悠扬，年华增长。
回味我思想，感发襟房。

向上我尽量，修身必讲。
行旅越桑沧，哦歌奔放。

坎坷不回放，展眼远望。
天涯是方向，努力驱闯。

天地宽且广，最贵思想。
人生勿迷茫，守拙情肠。

共缘而旅航，穿越雾障。
性光当明亮，烛照远长。

坦荡盈襟房，胸涵雅量。
无机吾扬长，摩云飞翔。

流风肆其张扬

2025-5-4

流风肆其张扬，
喜鹊大声鼓唱。
天日晴朗，斜照辉煌，
春尽之日吾安祥。

清心拙守情肠，
不向名利投降。
正义之向，恒在远疆，
男儿矢志奋闯荡。

鸟语啾啾演唱，
点缀世宇平康。
生活茁壮，我意扬长，
人生步履入康庄。

向上我要尽量，
污浊努力抛光。
明慧情肠，无机雅靓，
质朴清度我辰光。

心志平静

2025-5-4

心志平静，夜色如此鲜明。
华灯灿映，远际歌声悠行。

灯下思清，明日朱夏将临。
春去无影，剩有情思淡映。

旷怀雅清，人生振志前行。
悠悠风景，怡悦余之心灵。

体道生平，赢得一笑爽清。
回顾淡定，更应挺志前进。

子夜时分

2025-5-5

子夜时分，清听蛙鼓之鸣振。
爽洁心身，不尽小风来慰问。

立夏今正，正志人生奋刚贞。
时光飞骋，霜华渐老浑不论。

岁月进深，故事演绎是层层。
幻化红尘，桑沧叠变真不胜。

感发心身，清平清和度人生。
一笑清芬，雅致秋春并晨昏。

蛙鼓逍遥

2025-5-5

蛙鼓逍遥，夜风从心而绕。
不眠人儿，读书四更清潇。

人生渐老，心怀犹持刚傲。
不屈奋跑，关山履历迢迢。

红尘正好，风雨磨炼心窍。
振志前道，山水丰标美妙。

清展微笑，人生得意洒潇。
谦贞力保，向学万里征讨。

五更雨潇潇

2025-5-5

五更雨潇潇，朱夏今到。
雨中闻啼鸟，小风骚骚。

早起撰诗稿，灵动心窍。
舒出我风标，正义刚傲。

红尘胡不好，雨顺风调。
颂赞声应高，神恩丰饶。

努力步前道，迈越迢迢。
百年人生潇，志气纵豪。

天启蒙蒙亮

2025-5-5

天启蒙蒙亮，雨中鸟清唱。
风来复悠扬，世界爽无恙。

立夏今届当，春去颇安祥。
裁思作诗章，一曲奏奔放。

一曲奏奔放，人生振慨慷。
男儿作交响，呼出我情肠。
岁月颇流畅，红尘清度间。
淡荡微笑放，豁达吾扬长。

朱夏今日到

2025-5-5

朱夏今日到，沛雨喜膏。
爽风复洒潇，递来鸟叫。

晨起精神饱，清撰诗稿。
短章具力道，舒出逍遥。

展眼野境瞧，青绿笼罩。
生机勃发潇，怡我情窍。

空气新鲜好，深吸为妙。
人生吾雅骚，清展微笑。

正志人生吾洒潇

2025-5-5

正志人生吾洒潇，
风雨磨难经饱。
老来开怀赢一笑，
人生客旅逍遥。

雨中清听鸟鸣叫，
风来写意爽窍。

新诗从心任构造，
舒出情志娟妙。

立夏今日喜临到，
时光飞逝渺渺。
霜华催人不嗟老，
振志朗奔前道。

诗书人生莫草草，
叩道步履正道。
悟彻世界之机窍，
拙正持心方好。

时雨进行中
2025-5-5

时雨进行中，心志从容。
展眼雨濛濛，有鸟啼颂。

岁月飞匆匆，春去无踪。
立夏届临中，旷雅心胸。

读书怡情浓，放声歌咏。
激情盈于中，振志无穷。

红尘清度中，修身奋勇。
仁爱持襟胸，中正和慵。

挺志前行
2025-5-5

挺志前行，穿透人生烟云。
身心淡定，不为名利争竞。

修我身心，觑破尘世幻境。
奋发进行，叩道领取意境。

初夏来临，此际雨已止停。
野鸟欢鸣，旷风其来清新。

中心高兴，连哦新诗奋兴。
舒出心襟，舒出正志凌云。

昨夜雨狂
2025-5-5

昨夜雨狂，打落芳菲无限。
落花堪伤，春去却很扬长。

立夏正当，耳际清听鸟唱。
悠扬心间，舒情撰写诗章。

人生向上，克己修身莫忘。
正志之向，是在大同理想。

践履思想，步履迈越昂扬。
学思之间，读书晨昏无恙。

优雅人生
2025-5-5

优雅人生，秉持信念诚真。
天阴时分，野外清递鸟声。

初暑届正，林野一片繁盛。
碧柳飘纷，远际有蛙鸣振。

清志生成，休闲养颐十分。
品茗意振，写诗舒发精诚。

奋我人生，矢志穿越艰深。
清度红尘，不惹俗雾凡尘。

清听鸟唱

2025-5-5

清听鸟唱，享受心之休闲。
风递爽凉，隐隐有蛙鸣放。

假日正当，放松情志安祥。
初暑正当，万物生机昂扬。

我自情畅，读书写诗奔放。
骋志疆场，人生不忘闯荡。

名利弃放，守拙秋春之间。
朗放哦唱，呼出激越情肠。

雨后草野鲜新

2025-5-5

雨后草野鲜新，
一片葱茏情景。
爽风经行，小蜂辛勤，
鸟语啭其空清。

心志朗放清明，
哦咏适我心灵。
立夏今临，天气正阴，
休闲悠悠品茗。

人生振志前行，
奋发穿山越岭。
意志坚定，风雨兼行，
一路朗放歌吟。

六十华年逝劲，
笑我华发苍鬓。
依然劲挺，依然奋兴，
努力天涯挺进。

一笑清展淡定，
阅尽尘世风云。
我今何云？心怀雅清，
吐辞圆通圆明。

展转尘世阴晴，
身心依持朗晴。
叩道领境，柳暗花明，
风光步步怡心。

不惧风暴雷鸣，
不惧恶狼横行。
提刀奋进，男儿勇英，
丈夫意志贞定。

世界变幻风云，
大道普覆均平。
神恩无垠，领受安宁，
祥和盈满肺心。

灵程奋志去行，
力战魔敌仇兵。
凯歌彻云，圣洁盈心，
标的天国妙境。

此际哦歌尽兴，
呼出自我热情。
体道均平，身心振兴，
不忘水云清境。

鸟语从容

2025-5-5

鸟语从容，圆润并且轻松。
飞掠长空，豪情堪可称颂。

初暑之中，旷来写意清风。
裁思凝重，呼出吾之心胸。

人生情钟，不为名利所动。
定志凝中，努力修身奋勇。

岁月飞猛，霜华渐渐浓重。
情怀于中，旷朗心志清空。

鸟语情长

2025-5-5

鸟语情长，喜鹊喳喳振响。
逸致心间，清风其来悠扬。

天阴无恙，草野一片芬芳。
初暑风光，堪叹堪称堪赏。

小桃成长，颗颗展其茁壮。
落花堪伤，有蜂采蜜正忙。

休闲情肠，吐辞哦咏奔放。
品茗兴涨，旷欲向天飞翔。

裁心无恙

2025-5-5

裁心无恙，人生不取张扬。
贞定志向，悠展吾之扬长。

情志清芳，诗书润我襟房。
修身向上，力抛污秽肮脏。

一笑淡荡，无机是我心肠。
正志之向，远奔天涯遐方。

红尘攘攘，心襟未可失陷。
水云之乡，是我一生向往。

勃发情肠

2025-5-5

勃发情肠，人生挺志向上。
悠悠心房，向阳情志轩昂。

耳际鸟唱，东风清来澹荡。
初暑之间，万物生机勃畅。

一笑扬长，人生骋志无恙。
高远理想，支撑我往前闯。

阖家平康，神恩感于襟房。
颂神尽量，领受平安吉祥。

红尘履历艰辛

2025-5-5

红尘履历艰辛，赢得妙曼心襟。
清听鸟鸣，清听鸟鸣，
写意东风何清。

淡荡是我心灵，不执尘世利名。
谦贞持心，谦贞持心，
向上挺志鲜明。

初暑风光灿俊，引我微笑浮萦。
修身要紧，修身要紧，
勤勉叩道领境。

勃勃是我身心，诗书一生浸淫。
朗哦多情，朗哦多情，
清度岁月淡定。

旷志人生

2025-5-5

旷志人生，向上容我力争。
天阴时分，闲雅听取鸟声。

立夏届正，东风吹得清纯。
草木荣盛，欣欣向荣生成。

我自情振，哦咏新诗清芬。
一身刚正，不屈磨难十分。

岁月飞骋，使余身心兴奋。
霜华惜生，寸阴更须惜珍。

黄昏无恙

2025-5-5

黄昏无恙，情志正轩畅。
鸟语奔放，东风吹浩荡。

赞此尘壤，孟夏美无限。
生机勃放，野境若画廊。

假日休闲，身心都健旺。
撰写诗章，舒出意扬长。

微笑淡放，人生奋前闯。
不为物障，性光旷显亮。

夜幕笼降

2025-5-5

夜幕笼降，听得远际悠歌唱。
感发襟房，裁心哦得新诗行。

心志广长，不知却向何人讲。
晚风清凉，身心孤寂哦奔放。

人生感想，正志秋春冬夏间。
奋发向上，矢志克去千重艰。

初夏无恙，已知时光若飞殇。
老冉冉访，雅然一笑也澹荡。

鸟语啼纷

2025-5-6

鸟语啼纷，晨起蛙鼓鸣振。
小风慰问，天阴初暑时分。

旷怀雅正，新诗从心哦成。
人生奋争，叩道朝夕只争。

一笑清纯，不妄名利纷争。
淡度红尘，心灵清澈雅芬。

感谢神恩，赐我阖家平顺。
努力灵程，努力修心历程。

爽朗人生

2025-5-6

爽朗人生，雅持心的纯真。
初暑届正，晨起悠听鸟声。

天阴时分，微雨清新洒逞。
东风阵阵，拂我心身意振。

清朗心身，奋发吾之刚正。
怀情十分，纵哦新诗生成。

淡荡生辰，不为名利倾身。
正直一生，克难克险前奔。

人生雅意生成

2025-5-6

人生雅意生成，
清度此患难生辰。
唯赖神恩丰盛，
赐下了平安福分。

此际朗晴时分，
远际有悠悠歌声。
鸟语明媚十分，
清风传递着温存。

初暑已经届正，
晨起爽朗我意奋。
新诗连续哦成，
舒出我心地清芬。

合展我男儿刚正，
合展我丈夫清纯。
合展我意充乾坤，
合展我英武十分。

人生情志缤纷，质朴中心生成。
不为物欲奋争，淡泊清度秋春。

歌声撩我心身，中心情志生成。
展眼苍天云纷，感发向谁细论。

爽雅人生

2025-5-6

爽雅人生，此际正意生成。
初暑时分，朝日届正，
雀鸟清啼纷纷。

早起情振，哦咏新诗温存。
人生刚贞，努力前奔，
山水丰沛无伦。

一笑清芬，中心坦荡十分。
男儿豪正，慨慷生成，
意气弥于乾坤。

舒发心身，旷欲向天飞奔。
不守困城，努力前骋，
不惧山高水深。

天气阴晴是不定

2025-5-6

天气阴晴是不定，心怀朗晴，
心怀朗晴，写意东风来何清。

九．地久天长

时值初暑情淡定，有絮飘行，
有絮飘行，清坐听取鸟之鸣。

红尘生活多艰辛，一笑空灵，
一笑空灵，不执尘世利与名。

读书写诗有意境，旷志分明，
旷志分明，矢向天涯觅远景。

振奋身心朗哦吟，舒出胸襟，
舒出胸襟，原也清雅且圆明。

悟彻世事吾何云，共缘去行，
共缘去行，不必计较阴与晴。

爽听鸟唱
2025-5-6

爽听鸟唱，爽听鸟唱，
初暑孟夏好风光，我意悠扬，
我意悠扬，清心雅意撰诗章。

惬意风畅，惬意风畅，
天气不热复不凉，身心平康，
身心平康，清度日月也雅闲。

展转桑沧，展转桑沧，
六十华年吾何讲，体道淡荡，
体道淡荡，愉悦情志放哦唱。

读书安祥，读书安祥，
激情来时高声唱，声入云间，
声入云间，旷怀天下意何壮。

律动心襟
2025-5-8

律动心襟，人生正志凌云。
持心清平，雅度日月多情。

此际风鸣，天阴悠悠品茗。
鸟语尽兴，一片吱喳欢庆。

坦荡生平，不计名利前行。
诗书之境，融通中外古今。

岁月进行，不嗟斑苍经行。
人生挺进，一路悠放歌吟。

时雨均平
2025-5-8

时雨均平，暮色悄悄临。
灯下思清，洒脱盈心境。

初暑正临，爽凉是意境。
心志康宁，哦诗亦清新。

人生前行，挺志吾分明。
不为物欲，损了我心襟。

红尘妙境，磨炼我心灵。
振志凌云，微笑吾浮萦。

雨骤风复狂
2025-5-8

雨骤风复狂，我心定当。
二更之时间，灯下思想。

人生情志昂，冲决艰障。
神恩赐茁壮，奋发向上。

初暑妙无限，裁思汪洋。
人生振志向，万里无疆。

老渐冉冉访，一笑淡荡。
不执于心间，诗书扬长。

心志清宁

2025-5-10

心志清宁，惬意听取鸟鸣。
天气惜阴，初暑爽风经行。

坦腹哦吟，舒出人生振兴。
万里挺进，一路悠放歌吟。

淡淡定定，诗书容我浸淫。
雅思均平，晨昏哦咏尽兴。

百年生命，匆匆如鸟飞行。
不必震惊，共缘起伏前行。

喜鹊又复喳鸣

2025-5-10

喜鹊又复喳鸣，振奋余之心襟。
天气任阴，爽风经行，
休闲清品意境。

孟夏雅具风情，田野青茂挺劲。
我心多情，写诗适襟，
旷怀无比空灵。

悠悠是我心灵，人生不图利名。
高蹈心襟，趋向水云，
心怀意念雅清。

尘世客旅之行，轻装雅放歌吟。
风光灿俊，惬我心灵，
微笑从心浮萦。

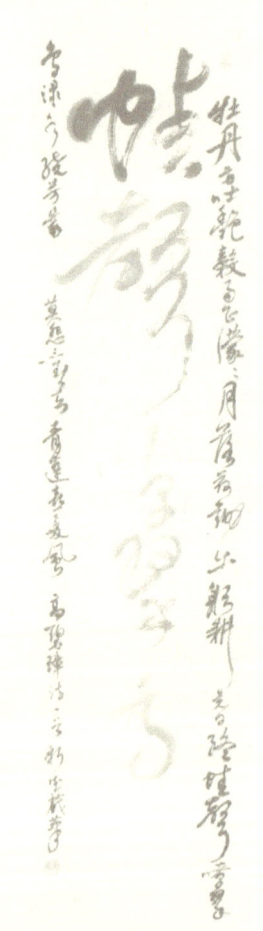

第三十六卷《飞藻集》

人生雅怀意向
       2025-5-10

人生雅怀意向，此际清听鸟唱。
初暑凉爽，野风悠航，
情怀无比扬长。

阖家享受平康，神恩颂于襟房。
努力向上，奋发闯荡，
冲决试炼艰苍。

天阴雅有云翔，心境无比澹荡。
岁月飞旷，人趋老苍，
青春心志昂扬。

孤旅挺志前闯，万里江山雄壮。
风雨之间，兼程奔放，
放我中心歌唱。

爽度人生
       2025-5-10

爽度人生，正义奋我刚贞。
不屈奋争，男儿傲骨铮铮。

爽听鸟声，初暑时节届正。
悠来风奔，惬我心志意神。

爽哦清芬，诗书一生潜沉。
不老心身，一任霜华清逞。

爽持心身，迎难挺志前奔。
清度红尘，赢得潇洒沉稳。

啾啾鸟鸣
       2025-5-11

啾啾鸟鸣，清振余之意兴。
蓝天爽青，飞絮飘飘而行。

初暑情景，万物生机勃兴。
慰余心襟，写诗赞美讴吟。

挺志前行，人生不畏艰境。
男儿豪英，岂屈鬼魅妖兵。

一笑浮萦，豁达人生康平。
努力奋进，努力修身不停。

约身自重
       2025-5-11

约身自重，人生行迹匆匆。
不惧成翁，不惧风狂雨浓。

此际轻松，清哦新诗从容。
神恩恢弘，赐我身心灵动。

平和心胸，不为名利怂恿。
淡定之中，诗书晨昏哦诵。

红尘汹涌，磨炼吾之心胸。
正志前冲，踏遍山水凝重。

鸟语缤纷

2025-5-11

鸟语缤纷，花开馨温。
阳光温存，蝶舞纷呈。
小风爽神，我意清振。
初暑宜人，写诗自我慰问。

鸟语缤纷，淡荡心身。
品茗清芬，休闲时分。
阖家平顺，神恩丰盛。
颂赞真诚，努力灵程前奔。

情怀无限

2025-5-11

情怀无限，展眼天地苍茫。
有絮飘扬，有风吹得悠旷。

鸟清啼唱，写意赞此尘壤。
万类荣昌，初暑野景堪赏。

妙丽情肠，哦出新诗奔放。
心旋流淌，舒出正义阳光。

人生向上，不屈世之艰苍。
百年昂扬，可歌可泣无疆。

落日辉光灿映

2025-5-11

落日辉光灿映，透过林隙如金。
我心多情，惬听鸟鸣，
享受风清。

心志奋发殷殷，人生鼓志前行。
风雨艰辛，兼程挺进，
一笑爽清。

振志当发雷霆，扫除污秽一清。
男儿豪英，不计利名，
雅洁空清。

此际初暑情景，万物生机毕挺。
花开妍俊，草长萋青，
柳摆尽兴。

夜已初静

2025-5-11

夜已初静，灯下内叩身心。
情怀平静，不惹尘世烟云。

路上车鸣，打破此际宁静。
人生怀情，写诗聊舒心灵。

百年生命，何必嗟如电影。
踏实追寻，著书记录生平。

暮年来临，不减胸襟意兴。
挺志前行，万里关山苍峻。

犬吠汪汪

2025-5-12

犬吠汪汪，晨雀噪激昂。
五更之间，小风正流畅。

打开灯光，写诗舒奔放。
初暑时光，一切俱安祥。

人生扬长，不忘我理想。
正志慨慷，努力以向上。

万里无疆，风雨兼程闯。
览尽风光，览尽彼雄壮。

水鸟低翔

2025-5-12

水鸟低翔，柳风舒旷，
楝花飘香，散步悠闲，
心志无恙。

鸟纵歌唱，田野茂昌，
月季娇靓，金银花芳，
我意扬长。

初暑之间，凯风吹畅，
心怀奔放，飞絮轻扬，
紫燕喃唱。

蓬勃情肠，小哦诗章，
情致昂扬，晨光清享，
大千安祥。

喜鹊大鸣唱

2025-5-12

喜鹊大鸣唱，引我意悠扬。
百鸟和鸣之间，初暑风清旷，
喃喃燕低唱。

晨起天晴朗，朝日灿明光。
大千朗具气象，万物勃生长，
田野布荣昌。

写诗放哦唱，诉出我志昂。
人生怀有情肠，骋志致遐方，
万里挺志闯。

百转是我情肠，悠悠向谁放？
孤旅不计深艰，努力奋意向，
男儿纵强刚。

芳怀清好

2025-5-12

芳怀清好，正志人生吾风标。
有蝶飞逍，喜鹊大声以鸣叫。

心志爽妙，新诗从容以构造。
哦出风骚，哦出人生之情抱。

红尘洒潇，初暑风光正清妙。
洒脱心窍，读书朗声放高啸。

不为物扰，虚名妄利均弃了。
我心高蹈，田园乡村寄心抱。

挺秀人生

2025-5-12

挺秀人生，正志挥洒刚贞。
清度红尘，不屈卓浪生成。

初暑届正，爽风吹来清芬。
鸟语花芬，赞此写意宇城。

笑傲红尘，不为名利所损。
正义秋春，诗书奋我晨昏。

淡泊心身，努力万里前骋。
风光雄浑，涤我身心意神。

絮舞轻狂

2025-5-12

絮舞轻狂，鸟纵歌唱，
风儿爽朗，振我意向，
从心讴放。

不折之间，人生向上，
履尽险艰，一笑澹荡，
努力奔放。

此际安祥，品茗悠扬，
初暑风光，野境画廊，
中心赞赏。

流云飞翔，粉蝶翩荡，
花开妍芳，小蜂勤忙，
喝彩心间。

晨起鸟噪

2025-5-14

晨起鸟噪，蛙鼓均平敲。
五更当道，东风正清潇。

初暑美好，情致勃发了。
新诗构造，舒出情致饶。

红尘笑傲，何许名利扰。
淡泊心窍，正志复洒潇。

努力前道，万里风云妙。
壮我怀抱，英武盈襟窍。

天气正阴

2025-5-14

天气正阴，小风悠悠经行。
满耳鸟鸣，爽我心襟意兴。

写诗舒情，人生雅享清平。
无忧心襟，合向诗书浸淫。

回思生平，叠遭暴雨雷霆。
神恩丰劲，赐下平安福盈。

微笑浮萦，修心不忘于心。
正直力行，山水踏破无垠。

鸟语缤纷

2025-5-15

鸟语缤纷，初暑风光正盛。
天气阴沉，小风其来慰问。

旷意生成，新诗脱口哦芬。
榴花开盛，灿红惊人心魂。

岁月飞骋，不必计较斑盛。
雅思温存，努力修养人生。

红尘滚滚，幻化桑沧层层。
不减真诚，持心良善十分。

布谷啼唱

2025-5-15

布谷啼唱,悠扬吾之情肠。
鸟语娟靓,野境十分荣昌。

初暑风光,大千清展昂扬。
生机勃放,一片欣欣景象。

我自安祥,晨起哦咏诗章。
激情张扬,旷欲向天飞翔。

人生奔放,冲决利锁名缰。
淡荡襟房,原也无机清芳。

别致人生

2025-5-15

别致人生,履尽风雨艰深。
神恩丰盛,屡屡起死回生。

微笑清生,中心充满感恩。
努力灵程,战胜试炼层层。

笑傲红尘,不为名利所损。
清听鸟声,享受风来清纯。

天气阴沉,初暑风光妙胜。
花开妍芬,振奋余之精神。

子规清啼唱

2025-5-16

子规清啼唱,我意悠扬。
初暑好风光,蓝天云荡。

午时阳光靓,清风来畅。
况复品茗香,心意扬长。

人生情淡荡,无执心间。
正志往前闯,山水青苍。

往事何必想,应向前望。
人生客旅间,豁怀清旷。

沉潜诗书间,时光逝淌。
著书录思想,玄发斑苍。

淡泊人生场,清心安祥。
闲时放哦唱,勃发情肠。

悠悠我心房,无机雅靓。
坚贞持理想,风雨昂扬。

已值晚晴间,一笑何讲。
垂世有华章,无愧襟房。

夕照向晚

2025-5-16

夕照向晚,絮飞浪漫。
东风开展,鸟语绵蛮。
心境雅安,写诗恬淡。
人生傲岸,未许名利纠缠。

夕照向晚,身心舒展。
红尘妙曼,初暑堪谈。
花妍非凡,柳舞飘淡。
处心平安,微笑从心开展。

不疾不徐人生场

2025-5-18

不疾不徐人生场，
淡定纵我之雅闲。
初暑清听鸟啼唱，
享受风来之清旷。

已知品茗意兴涨，
一首新诗从心唱。
展眼天际多苍茫，
中心有感向谁讲。

中心有感向谁讲，
骋志人生奋向上。
六十年来风雨艰，
身心依然慨而慷。

心中不减漫与浪，
正志恒是在远疆。
冲决羁缰吾前闯，
万里江山阅奇壮。

又值子夜时分

2025-5-19

又值子夜时分，醒转思致生成。
小风慰问，远际蛙声，
初暑温馨十分。

路上响着车声，心境平静十分。
写诗聊申，自我慰问，
孤旅奋发人生。

清度世尘滚滚，不减人生刚贞。
修心秉诚，道德力遵，
向阳心态和温。

华年逝去纷纷，笑傲浊世红尘。
不老心身，情志温存，
努力万里奋骋。

牵牛初芳

2025-5-19

牵牛初芳，一使余意喜洋洋。
朗日旷放，蓝天白云暑初亢。

写意风翔，野鸟尽情奏欢唱。
心地安祥，从容写诗舒奔放。

激越情肠，不肯安静守洞房。
自由无上，要向青天搏击翔。

人生昂扬，老来心地不颓唐。
正志之向，是在远山至险疆。

闷热冲霄汉

2025-5-20

闷热冲霄汉，喜鹊大声鸣喊。
南风吹浩瀚，清坐哦诗散淡。

初暑风光灿，只是闷热难缠。
电扇把风展，爽快吾之心胆。

人生守平凡，骋志不忘前瞻。
名利属扯淡，害人自是非凡。

一笑也雅淡，六十华年逝帆。
合当展眉眼，清度秋春安然。

初进五更鸟便噪
2025-5-21

初进五更鸟便噪，吱喳清好，
小风骚骚，初暑风光何美妙。

早起写诗怡心窍，坦荡无二，
正义情抱，人生奋志趋远道。

红尘清度吾逍遥，名利弃抛，
不为所扰，正志从来慨慷饶。

淡泊身心不轻飘，凝重前道，
风雨任嚣，万里风光涤心抱。

纵展心地之洒潇，诗书笑傲，
谦贞情抱，向阳心志何美好。

天还没亮人声嚣，淡然微笑，
撰写诗稿，情怀共风同飘渺。

天气阴沉热闷
2025-5-21

天气阴沉热闷，小满今日届正。
喜鹊大声鸣振，汗水衣襟沁润。

向阳情志生成，写诗自我慰问。
不嗟孤旅艰深，男儿鼓志前骋。

履尽山高水深，依然一笑清诚。
不为尘世污损，心怀清澈净纯。

展眼苍烟纷纷，初暑鸟语纷呈。
希冀爽风成阵，慰藉余之心身。

小满届正
2025-5-21

小满届正，杜鹃清啼声声。
天气热闷，热极正有风生。

撰诗怡神，舒出吾之精诚。
人生奋身，三万朝夕只争。

红尘滚滚，岁月何其炼人。
潇潇心身，洒脱如云之腾。

品茗惬芬，精神此际清振。
满耳鸟声，点缀世宇无伦。

天热如蒸
2025-5-21

天热如蒸，慰人是有鸟声。
从容心身，品茗怡我精神。

赞此宇城，初暑风光清纯。
花开妍盛，惬我心志十分。

小满今正，燥热郁此红尘。
休憩心身，不想读书是真。

旷我心神，电扇播风正纯。
时光流骋，盼望天气降温。

适然心襟

2025-5-22

适然心襟，悠听杜宇之鸣。
爽风多情，吹来何其尽兴。

音乐空灵，撩动吾之身心。
牵牛开俊，一使余意振兴。

人生前行，不计穿山越岭。
大好风景，爽雅吾之心灵。

回思生平，履尽狼烟经行。
一笑安宁，神恩总是无垠。

小风和祥

2025-5-22

小风和祥，天气阴晴之间。
爽听鸟唱，子规最为悠扬。

心志清昂，人生奋发向上。
年虽斑苍，不减中心奔放。

休憩情肠，此际品茗淡荡。
享受安祥，心怀无比平康。

阖家康壮，父母健康在堂。
讴呼心间，颂神赐福无限。

心境清好

2025-5-22

心境清好，惬意听取啼鸟。
适我襟抱，品茗意气骚骚。

时光飞跑，我已斑苍趋老。
爽然一笑，红尘客旅逍遥。

正志洒潇，不为名利倾倒。
诗书笑傲，著书写诗正妙。

初暑情调，花红复有鸟叫。
风来飘潇，心襟洒脱微笑。

小风清来开意境

2025-5-23

小风清来开意境，适然心襟，
子规啼鸣，初暑天气一任阴。

牵牛花儿开妍俊，爽我心灵，
写诗舒情，旷发身心也振兴。

岁月进行无止境，老我霜鬓，
一笑淡定，挺志人生奋前行。

履尽艰苍不必云，胸怀镇定，
淡眼烟云，不为名利动身心。

有鸟清啼唱

2025-5-24

有鸟清啼唱，布谷悠扬，
喜鹊奔放，一使余意喜洋洋。

感兴从心涨，风来滃荡，
花开妍芳，初暑风光何妙旷。

不热复不凉，周末休闲，
写诗昂扬，人生情志天涯间。

诗书放哦唱，正志心间，
胸襟何旷，天地寰宇俱包藏。

不屈往前闯，山高水长，
风光雄壮，五湖归来一笑扬。

任起霜华苍，心怀平康，
晚晴向上，矢志冲决彼艰苍。

展眼以旷望，田野青苍，
老柳毵荡，河水从容以流旷。

世界是神创，灵妙无疆，
用心寻访，叩道体道妙悟间。

雅听杜宇之啼唱

2025-5-24

雅听杜宇之啼唱，心地悠扬，
撩起情肠，享受初暑好风光。

午睡初起心平康，北风张狂，
天气凉爽，不由微笑浮脸上。

红尘此际多漫浪，榴花红芳，
碧柳飘荡，牵牛月季齐开放。

正义人生吾扬长，不为名妨，
不为利障，性天由来多清凉。

修身骋志向遐方，冲决险艰，
试炼任放，总存恒心往前闯。

六十华年匆匆放，霜华渐苍，
心怀澹荡，步履人生吾昂扬。

为花浇水亦悠扬

2025-5-24

为花浇水亦悠扬，夕照正苍茫。
长风吹来何清旷，喜悦心地间。

初暑雅闻子规唱，激越动人肠。
更有喜鹊大鸣放，喳喳何昂扬。

阖家清度岁月康，父母健在堂。
神恩丰富正无疆，衷心发讴唱。

百年人生似漫长，其实一瞬间。
六十华年已来访，一笑吾澹荡。

恬淡人生吾悠扬

2025-5-24

恬淡人生吾悠扬，夕照正舒光。
休闲身心都澹荡，从心讴诗章。

野地听得子规唱，喜鹊欢鸣放。
清风自在以巡航，心地欢然畅。

前旅何许太匆忙，共缘漫履航。
一切若水自然淌，一笑也扬长。

未许名利肆狂猖，谦贞是情肠。
身处清贫也安祥，诗书晨昏唱。

夜已深

2025-5-24

夜已深，激情盈心身。
初暑正，路上响车声。

思生成，灯下哦深沉。
人持正，奋发我刚贞。

度红尘，合当持轻身。
万里骋，风光阅清纯。

近三更，心志旷生成。
舒心身，小风正慰问。

早起鸟还没有唱
2025-5-25

早起鸟还没有唱，初值五更间。
路上已闻人嬉唱，天还没有亮。

初暑野风来清芳，惬我意与向。
振奋情志写诗章，舒出我奔放。

人生前行不畏艰，万里奋志向。
坎坷艰苍不回放，一心往前闯。

华年逝去似无疆，不觉霜华苍。
正志人生歌激昂，男儿傲骨刚。

喃喃燕翔
2025-5-25

喃喃燕翔，朝暾正舒光。
清风凉爽，红蓝牵牛齐开放。

散步悠闲，子规奋啼唱。
喜鹊大嗓，老柳迎风氄氄荡。

河水缓淌，水草旺盛长。
青芦青蒲正茁壮，水鸟掠水翔。

意取奔放，诗意心地间。
展眼野境生机昂，能不放歌唱。

爽意人生场
2025-5-25

爽意人生场，清听鸟唱，
清听鸟唱，初暑晨风正清凉。

音乐撩人肠，动我心向，
动我心向，雅将新诗来哦唱。

写意红尘芳，牵牛开放，
牵牛开放，更有月季绽妍香。

淡荡盈襟房，一笑和祥，
一笑和祥，清度日月也安康。

赞此卵青天壤
2025-5-25

赞此卵青天壤，晨风悠扬，
爽听鸟唱，写意红尘无恙。

中心欢乐盈腔，正义奔放，
万里克艰，男儿一生阳光。

展眼大千安祥，初暑清凉，
生机茁壮，榴红如火灿芳。

心志向谁开敞？孤旅昂扬，
一笑澹荡，人生随缘旷靓。

老柳垂青

2025-5-25

老柳垂青，雀鸟娇鸣，
人生多情，散步徐徐而行。

步过市井，人熙车竞，
爽风经行，惬我心怀意兴。

初暑之境，万物勃兴，
生机野境，蓝天清展卵青。

中心高兴，心志和平，
从心讴吟，舒出吾之灵明。

周日吾休闲

2025-5-25

周日吾休闲，听取鸟唱。
旷怀无极限，哦咏诗章。

品茗情志畅，好风来翔。
阖家享平康，欢乐安祥。

端午接近间，大好风光。
天晴云淡荡，花开奔放。

正志人生场，不畏险艰。
处心诗书向，诵读无疆。

微笑从心放，豁怀扬长。
著书录思想，垂世久长。

百年任艰苍，不取颓唐。
凌云是志向，傲骨强刚。

华年任逝淌，故事千章。
不必回首望，烟锁艰长。

展眼万里间，风云茁壮。
努力挺志闯，风雨任狂。

朗日天晴

2025-5-25

朗日天晴，写意风清，
适我身心，最喜牵牛开俊。

有絮飞行，鸟语清新，
初暑风情，子规喜鹊大鸣。

展眼野青，老柳飘轻，
旷宇妙境，赞此山河雄峻。

哦诗舒情，雅思空灵，
正志前行，不计人生晚晴。

天气不热复不凉

2025-5-25

天气不热复不凉，野风吹来旷。
周身舒畅，品茗惬肠，
况复清听群鸟唱。

岁月正值初暑间，有絮轻飞扬。
淡泊安康，情志轩畅，
读书写诗意洋洋。

展眼田野布青芳，葱茏之景象。
情怀漫浪，心有向往，
正志万里奋前闯。

男儿雅淡盈襟房，温和心地间。
岁月飞翔，霜华任苍，
依然心志持茁壮。

闲去野外逛
2025-5-25

闲去野外逛，粉蝶飞翔，
大鸟飞旷，东风吹得轻狂。

天气初燥亢，总赖风旷，
心志平康，清享生活安祥。

不计霜华苍，奋发顽强，
正志向上，修身岂有止疆。

诗书晨昏唱，慰我情肠，
学识增长，慧意蕴于襟房。

弹指华年淌，幻变桑沧，
不叹炎凉，平心静意淡荡。

生活费平章，勿为物丧，
名利弃放，捧心正直无恙。

展眼天青苍
2025-5-26

展眼天青苍，雀鸟放其讴唱。
小风和气翔，节近端午之间。

岁月侵鬓苍，不减心志向上。
奋发我顽强，读书写诗昂扬。

舒出我感想，不求知音世间。

孤旅展贞刚，万里迎难克艰。

红尘徒幻象，百度人生瞬间。
德操力增长，修心骋志遐方。

悠悠人生
2025-5-26

悠悠人生，正志由我生成。
写诗怡神，舒发自我心身。

爽听鸟声，风来何其清纯。
初暑时分，牵牛纷纷开盛。

一笑倩芬，男儿不屈刚贞。
努力前骋，山水阅历雄浑。

六十年轮，华发斑苍日增。
淡荡心神，心志雅持沉稳。

鸟语啾啾喧意向
2025-5-26

鸟语啾啾喧意向，
子规独立大唱。
更有喜鹊哦昂扬，
初暑好个风光。

爽风清来惬意肠，
男儿矢志闯荡。
烂漫情志也淡荡，
不执名利扬长。

红尘浊浪放万丈，
众生争竞奔忙。

更有杀伐致丧亡，
悲悯心地之间。

展眼天际旷骋望，
群鸟飞越天苍。
正志从来盈心间，
丈夫意志雄壮。

世界存清旷
　　　　　　　2025-5-26

世界存清旷，东风此际送爽。
布谷漫声唱，众鸟和鸣无恙。

端午接近间，初暑天微燥亢。
牵牛盛开芳，月季七色灿靓。

中心喜洋洋，读书写诗上网。
时光飞逝淌，情怀不减漫浪。

人生振志向，前驱万水千嶂。
微笑浮面庞，男儿铁胆雄刚。

天气多云
　　　　　　　2025-5-26

天气多云，爽雅东风正经行。
薄酒微醺，旷听子规之清鸣。

人生振兴，此生不图利与名。
叩道领境，重重云山与峻岭。

一笑鲜明，君子男儿怀远情。
正志中心，济世挥洒我才情。

心痛抛屏，清心定志吾淡定。
神恩丰盈，赐下平安福分临。

身心劲挺，不畏尘世风与云。
如松之峻，生长绝壁始终青。

旷怀雅俊，诗书一生吾奋劲。
哦诗空清，一若闲云之飞行。

爽清人生
　　　　　　　2025-5-26

爽清人生，过于执着可不成。
名利弃扔，水云高蹈吾心身。

初暑届正，惬意听取鸟鸣声。
风来清纯，心怀意念不染尘。

朗放书声，智慧积淀不嫌深。
谦怀刚正，君子人格修层层。

红尘滚滚，大化运行难细问。
一笑清生，豁达人生乐朝昏。

华灯灿放
　　　　　　　2025-5-26

华灯灿放，有音乐撩人无恙。
温和情肠，此际激越又平康。

有风来爽，初暑夜晚正清凉。
灯下思想，哦诗舒情也雅闲。

人生向上，此生已克千关障。
未来瞻望，应许风云多茁壮。

男儿豪强，绝无媚骨若松长。
迎风昂扬，傲岸心襟何贞刚。

挺步人生

2025-5-26

挺步人生，不畏风声并雨声。
旷怀雅正，晨昏朗放读书声。

此际思深，灯下栽思哦真诚。
远际歌声，激越动人我振奋。

初暑届正，夜晚正有爽风逞。
快意心身，满腹心事共谁论。

孤旅奋争，不为名利损心身。
淡荡秋春，正志万里力驱骋。

朗放心襟

2025-5-26

朗放心襟，人生正志颇鲜明。
夜风正清，爽雅吾之心与灵。

灯下哦吟，初暑风光宜人心。
华年逝劲，笑我霜华渐渐盈。

展转阴晴，心志始终放朗晴。
奋发前行，力斩虎豹与狼群。

红尘惊心，唯赖神恩赐丰盈。
领受安平，欢乐从容度生平。

天地舒爽

2025-5-27

天地舒爽，五更鸟鸣唱。
天远未亮，灯下清思想。

撰写诗章，舒出情昂扬。
初暑之间，心志怀漫浪。

安静尘间，初闻人声响。
鸟语奔放，吱喳一片响。

子规悠扬，远野村鸡唱。
车声偶响，和气天地间。

天地存清旷

2025-5-27

天地存清旷，鸟语展其奔放。
清风写意翔，早起五更之间。

初暑好风光，情志鲜明无恙。
精神都爽朗，况闻百鸟鸣唱。

节近端午间，万物欣欣成长。
喜悦心地间，能不讴唱激昂。

心怀向谁讲？孤旅一笑扬长。
六十华年放，赢得心襟潇爽。

心志潇爽

2025-5-27

心志潇爽，听取啼鸟唱。
晨风清凉，涤我意与肠。

大好风光，正值初暑间。
心志清昂，纵情把诗唱。

人生向上，定会遇阻艰。
一笑爽朗，铁志早成钢。

处心平常，风雨任艰苍。
男儿豪旷，骋志天涯间。

名利何功

2025-5-27

名利何功，害人入于平庸。
正志如虹，踏破山水无穷。

此际晨风，递来鸟语从容。
音乐灵动，惬我心志意胸。

子规鸣颂，悠扬并且轻松。
心志清空，哦诗适我襟胸。

胸怀长空，寰宇包于襟中。
踏实前冲，不惧风狂雨浓。

大鸟飞翔

2025-5-27

大鸟飞翔，掠过天之苍。
朝日正放，清风递来鸟之唱。

心志悠扬，散步迎风旷。
市场繁忙，闲与渔翁谈家常。

大千奔放，孟夏之时间。
牵牛花芳，一使余意喜洋洋。

杜宇鸣唱，引我放思想。
人生情长，独立行旅越桑沧。

挺拔人生

2025-5-27

挺拔人生，不屈名利是真。
清听鸟声，享受畅风阵阵。

初暑届正，野境惬人振奋。
大千红尘，万物蘩长茂盛。

花开妍芬，牵牛红蓝丰润。
月季开盛，色彩惬人心神。

欣慰心身，微笑从心生成。
生活平顺，不忘向神感恩。

人生清志旷生成

2025-5-27

人生清志旷生成，不取沉沦，
不取沉沦，奋发意志是刚贞。

哦诗舒出是心身，温和沉稳。
温和沉稳，人生努力以修身。

淡荡生辰若水奔，幻化层层，
幻化层层，不为物欲损心身。

随缘履历任艰深，一笑清纯，
一笑清纯，男儿万里力驱骋。

诚挚人生

2025-5-27

诚挚人生，履尽心襟痛疼。
而今沉稳，而今一笑清生。

豁达秋春，恒向诗书驰骋。
笑傲红尘，不为名利污损。

保守天真，心志雅洁清芬。
身处世尘，心怀水云远程。

淡荡心身，著书奉献精诚。
思想生成，德操尽力加增。

长风吹旷

2025-5-27

长风吹旷，流云飞翔，
雀鸟鸣唱，初暑燥亢，
好个尘壤。

清思奔放，人生安祥，
裁思汪洋，哦咏诗章，
激越情肠。

人生向上，力克阻艰，
奋志前闯，山高水长，
风景万方。

阖家平康，神恩茁壮，
振志昂扬，迈越关障，
骋志遐方。

蔚蓝晴空

2025-5-28

蔚蓝晴空，赞此写意宇穹。
旷来晨风，牵牛花开丛丛。

鸟语鸣颂，子规悠扬灵动。
赞此宇穹，初暑风光何隆。

心志轻松，雅将新诗哦颂。
人生前冲，不计风暴雨猛。

展我襟胸，原也正气盈中。
人生情钟，是在诗书清讽。

奋展英勇，迈越困障重重。
济世行动，男儿豪勇无穷。

淡荡心胸，惬意水云从容。
名利何功？徒是扰人重浓。

群卉繁盛

2025-5-28

群卉繁盛，有牵牛开得清芬。
心志振奋，清风旷递子规声。

人生刚正，不屈困障之层层。
努力前骋，风雨之中放歌声。

红尘滚滚，众生纷纷失陷坑。
吾意雅芬，不惹名利持轻身。

万里奋争，天涯风光何清纯。
情思生成，小哦新诗舒温存。

www.ingramcontent.com/pod-product-compliance
Lightning Source LLC
Chambersburg PA
CBHW060549080526
44585CB00013B/492